职业院校公共基础课系列教材

校企双元合作新形态系列教材

职业心理素质训练

（第二版）

主　编　王立前　　史志芳　　王付顺

副主编　郭　威　　武亚卫　　杨文忠

　　　　刘振广　　孙亚红　　师倩茹

主　审　于彦良

西安电子科技大学出版社

内容简介

　　本书的主要内容由 11 个训练构成，包括职业适应、团队建设、有效沟通、冲突管理、情绪管理、意志力训练、问题解决、对战拖延、危急情况应对、正念减压和团队展示，每个训练包括训练目标、训练内容简述、训练内容、知识链接、案例链接、总结与考核和拓展训练 7 个部分。

　　本书站在"育人"的角度，将心理素质训练与学生所学专业有机结合，使心理素质训练与品德教育并行并重，注重学生优秀心理品质的塑造与开发，帮助其成长、成才。

　　本书可作为职业院校学生职业心理素质训练课程的教材，也可作为学校辅导员、心理学爱好者的参考书。

图书在版编目（CIP）数据

职业心理素质训练 / 王立前，史志芳，王付顺主编. –2 版.
西安：西安电子科技大学出版社，2024. 7(2025. 8 重印). -- ISBN
978-7-5606-7312-7

　　Ⅰ. C913.2

中国国家版本馆 CIP 数据核字第 2024YA0540 号

策　　划　杨航斌
责任编辑　雷鸿俊
出版发行　西安电子科技大学出版社（西安市太白南路 2 号）
电　　话　（029）88202421　88201467　　　　邮　　编　710071
网　　址　www.xduph.com　　　　　　　　电子邮箱　xdupfxb001@163.com
经　　销　新华书店
印刷单位　陕西天意印务有限责任公司
版　　次　2024 年 7 月第 2 版　　2025 年 8 月第 4 次印刷
开　　本　787 毫米×1092 毫米　1/16　印　张　16
字　　数　370 千字
定　　价　45.00 元
ISBN 978-7-5606-7312-7

XDUP 7613002-4

*** 如有印装问题可调换 ***

《职业心理素质训练》（第二版）编委名单

主　编：

王立前　河北轨道运输职业技术学院

史志芳　河北轨道运输职业技术学院

王付顺　河北轨道运输职业技术学院

副主编：

郭　威　河北交通职业技术学院

武亚卫　中国铁路北京局集团有限公司

杨文忠　大秦铁路股份有限公司

刘振广　中国铁路北京局集团有限公司

孙亚红　河北轨道运输职业技术学院

师倩茹　河北轨道运输职业技术学院

编　委：

苏浩淼　河北轨道运输职业技术学院

石晓娟　河北轨道运输职业技术学院

马裴伟　河北轨道运输职业技术学院

周　阳　河北轨道运输职业技术学院

康　悦　河北轨道运输职业技术学院

张　璐　河北轨道运输职业技术学院

朱　萌　河北轨道运输职业技术学院

王　涵　河北轨道运输职业技术学院

❖❖❖ 前　　言 ❖❖❖

本书是按照国家职业教育人才培养目标的要求，依据《教育部办公厅关于印发〈普通高等学校学生心理健康教育课程教学基本要求〉的通知》(教思政厅〔2011〕5 号)、《中共教育部党组关于印发〈高等学校学生心理健康教育指导纲要〉的通知》(教党〔2018〕41 号)、《教育部等十七部门关于印发〈全面加强和改进新时代学生心理健康工作专项行动计划(2023—2025 年)〉的通知》(教体艺〔2023〕1 号)等文件精神，结合《高校思政工作质量提升工程实施纲要》以及《中华人民共和国职业教育法》精神，组织一线教师、企业相关工作人员精心编写而成的。

2021 年 4 月，习近平主席指出：加快构建现代职业教育体系，培养更多高素质技术技能人才、能工巧匠、大国工匠。2022 年 5 月，《中华人民共和国职业教育法》颁布。党的二十大报告进一步强调推进职普融通、产教融合、科教融汇，优化职业教育类型定位。职业教育任重道远，职业教育前途无量、大有可为。职业院校肩负着培育新时代"大国工匠"的重任。党的二十大报告两次提到产教融合，说明其重要性，职业院校要为技能型社会提供人才支撑，离不开与企业的合作。本书作者中有在企业工作多年的职业院校毕业生，他们的参与使本书内容更符合社会对技能人才的需求，在职业人才的培养上更有针对性。同时，本书引入信息化技术手段，以多维立体方式呈现教学资源，潜移默化地培养学生的创新意识和科技引领意识，体现科教融汇的理念。

本书以培养和提高学生职业心理素质为主要目的，帮助学生将专业能力与职业精神相融合，实现职业心理素质与专业能力同步发展；注重培养学生的责任担当意识、科学精神、健康生活理念、实践创新能力等，以培育"有理想、有本领、有担当"的时代新人。

本书谨记"立德树人"的根本任务，谨遵"心理育人"的教育责任，体现了以学生为本的教育理念和助力学生成长的课程目标。在编写本书的过程中，我们以"人的全面发展"为基本要求，在充分调研和实践的基础上，提出了心德并育、知识够用、生动有趣、实用高效等教材组织原则，通过 11 个心理素质训练，开发学生的职业心理潜能，培养其职业创新能力，以期通过第一课堂和第二课堂的有效衔接积极推进五育并举。

本书是河北省教育科学研究"十三五"重点资助课题《新时代职业院校思想政治教育范式研究》(课题编号：2002054)"心理育人"的研究成果，也是职业院校心理健康系列课程开发的重要成果。本书特色鲜明，有效地抓住了学生就业前的关键发展时段，将职业心理素质的训练要素全方位嵌入教学各环节，注重过程训练与评价，体现开放性的教学特点。本书在教学设计上更多运用团队活动，加强学生心理体验，培养团队合作精神，实现对学生理论学习、训练活动、项目任务完成以及学生成长全过程、全要素的管理和评价。

本次修订对第一版中不完善的内容进行了修改，增加了中华优秀传统文化和贴近学生未来职业的内容，还根据时代发展对案例进行了更新，如增加了二十大代表风采、川航英雄机组事迹等内容。此外，本书还专门配备了立体化资源，在书中相应位置插入了二维码，扫描二维码便可浏览或聆听编者精心录制的活动视频、音频以及案例等资源，以响应国家深入推进教育信息化和数字化教材建设的号召。

本书作者既有工作在职业教育一线、具备丰富经验的职业院校心理健康专业的教师，也有在企业工作多年的一线职工。本书作者中，具有国家二级心理咨询师资质的老师有5人，咨询量超过1000小时的老师有4人，主编之一王立前老师是河北省大中小学校心理健康教育专家指导委员会委员、全国高校心理委员研究协作组常务理事、河北省心理学会心理危机干预专业委员会秘书长。本书由王立前、史志芳、王付顺担任主编，郭威、武亚卫、杨文忠、刘振广、孙亚红、师倩茹担任副主编，参加编写的还有苏浩淼、石晓娟、马裴伟、周阳、康悦、张璐、朱萌、王涵。太原高铁工务段党委书记杨文忠、石家庄电力机务段党委副书记武亚卫、衡水车务段副段长刘振广等企业一线干部负责本书职业适用性调研与修改。全书由王付顺组稿，王立前、康悦统稿，河北轨道运输职业技术学院副校长于彦良教授担任主审。

感谢河北轨道运输职业技术学院的领导对本书编写工作给予的大力支持，感谢给予指导和支持的兄弟院校的同仁们，感谢相关企业领导的指导与帮助，感谢本书所有参编人员的辛勤付出。

在本书的编写过程中，我们借鉴了很多专家的相关著作和文章，在此谨表示最诚挚的敬意和感谢！

由于编者水平有限，书中不足之处在所难免，恳请读者批评指正。

编　者
2024 年 5 月

❖❖❖ 目　　录 ❖❖❖

职业适应

功崇惟志，业广惟勤。

——《尚书》

理想是事业之母。

——叶圣陶

古今中外，凡成就事业，对人类有所作为的，无一不是脚踏实地、艰苦攀登的结果。

——钱三强

在选择职业时，我们应该遵循的主要方针是人类的幸福和我们自身的完美。

——马克思

训练目标

(1) 了解职业心理素质对人生发展的重要性。

(2) 了解职业心态在职业发展中的重要价值。

(3) 充分认识团队合作的重要意义，了解并实践主动、沟通、合作、勤奋等基本心理素质在职业活动中的重要作用。

(4) 引导学生树立职业理想，在认识和了解自己的基础上，与所学专业岗位需求相对照，以"人岗匹配"为原则，确立个人职业心理素质训练目标。

(5) 为心理素质训练做好心理上和物质上的准备。

训练内容简述

介绍职业心理素质训练课程的开设目的、特点、训练内容、学习方法、成绩考核等内容；以课前作业的形式，让学生完成气质类型和个性成熟度等测试问卷，使学生了解所学专业的特点以及岗位要求，增进对自我的认识和了解，并与专业岗位要求对照，分析个人训练学习的努力方向，不断提高职业适应能力。

训练内容

活动一　了解本课程

活动目标

(1) 了解本课程的开设目的、特点及设计理念。

(2) 掌握本课程的学习方法。

(3) 了解本课程的考核办法。

活动准备

(1) 教师准备相关内容。

(2) 同学们结合个人实际，思考本课程的特点与要求。

活动内容

具体活动内容及步骤如下：

(1) 了解本课程的开设目的、特点、组织形式及学习方法等。

首先阅读本训练的"知识链接"内容，并分组讨论以下问题：

① 如何理解本课程的特点？学习中应注意什么问题？

② 本课程的学习方法与其他课程的有什么区别？

③ 本课程以团队为主要的组织形式，大家会面临哪些新的挑战？

接下来进行集体讨论，各小组派一名同学代表本小组做汇报发言。通过讨论分享，加深同学们对本课程的了解，做好思想上的准备。

(2) 本课程的考核办法。本课程的考核是为了有效地反映被考核人经过一段时间的训练和学习后，能力和水平的提升度或者达到的最高水平，是一个结果评定。本课程的成绩考核与最终成绩评定既要综合考虑学生的心理素质提升水平，也要兼顾学生的最高水平。基于本课程的特点，过程考核与感悟提升考查应作为本课程的考核重点。尽管这两部分的考核实质上是软指标，但也要把软指标量化为考核依据。

考核办法要充分体现"我的成绩我做主"的思想理念，并以争创优秀成绩来促进课程效果的提升，以课程的顺利实施助力大家的能力提升，真正实现心理健康终身化的目标，达到心理素质训练长期持续的结果。

请同学们根据以下考核内容和方法分组讨论，讨论内容包括：形式上能否促进课程目标的实现；考核内容是否全面，是否合理，是否有利于调动同学们学习与实践的积极性；有什么建议。通过讨论分享，完善考核形式和内容，提高课程的实效性。

① 考核主体。全部课程的参与人员：学生、教师、团队成员、组长等相关人员。

团队成果考核：团队成果、团队活动过程的反馈与反思。

② 成绩构成。心理素质训练考核成绩如表 1-1 所示。

表 1-1　心理素质训练考核成绩

考核内容		分值	考核标准	说　明
平时成绩 (80分)	考勤	5分	正常上课	全勤 5 分；迟到等课堂考勤违纪以班级商讨规则执行
	训练过程	5分	完成个人训练任务	完成 5 分
	训练表现	10分	积极讨论和发言，不做与训练无关的事	具体规则由班级商讨决定
	团队训练表现	30分	团队所有成员守时守纪、积极参与及认真配合，成绩显著(因个人突出表现，团队分可以 5 倍地加或减)	个人得分不高于团队得分，团队得分以全部参与、参与过程和最后成绩三项为评价标准
	长程团队项目及个人任务进程监控记录，贡献与反思	30分	每周记录内容：团队本周目标完成情况，个人任务完成情况。反思内容包括团队项目完成情况，个人对团队的贡献，存在的问题与改进意见、改进措施等	

续表

考核内容		分值	考核标准	说　明
训练感悟(20分)	心理素质训练或团队项目实践的感悟与能力提升报告	20分	两种方式：一是课前 5～10 分钟发言；二是 1000 字以上纸质手写报告	选择发言，至少上课前一天通知课代表并提交发言提纲，每课一人，特殊情况下不超过两人
备注	1. 平时成绩每课一结，个人自评，组长核查汇总，组员监督。 2. 平时成绩每课总分 80 分，期末加总求平均分，作为期末成绩，占总成绩的80%。 3. 训练感悟得分直接计入期末总成绩，占总成绩的 20%			

③ 训练要求。主动参与，全情投入，尊重并接纳同伴；保护自身和他人安全；愿意倾听他人意见；遵守训练时间，不迟到、早退，不无故中途退场；不在训练过程中接打手机，不做与训练无关的事情；完成团队工作。

讨论结束，组长代表小组总结发言，师生共同修改和完善考核办法并定稿。

体验分享

本活动结束后，同学们可自由发言，谈体验，分享心得感受。

活动总结

教师对学生在本活动中的表现进行总结，对本活动形成的共识进行梳理确认。希望大家共同维护与遵守课程规则，完成课程训练要求，以确保实现课程目标。对训练过程中出现的突发问题，教师要有预防、有措施，并引导学生认真观察、积极思考，尤其要培养好组长，使之成为教师的得力助手，能及时发现并解决问题。整个训练过程要注意安全第一，以积极引导为主，传递正能量，体现尊重与平等，活动难度应适中，参与自愿，点拨到位。

活动二　全面认识和概括所学专业的特点及其对心理素质的要求

活动目标

(1) 了解所学专业的特点。
(2) 了解所学专业对本行业职工心理素质的要求。
(3) 根据以上内容做深入分析。

活动准备

同学们按时完成教师布置的课前访谈任务。
访谈任务：了解所学专业对应的岗位有哪些；了解所学专业及对应岗位的核心特点是

什么；了解所学专业及对应岗位对职工的核心心理素质要求有哪些；了解所学专业及对应岗位在社会中的影响和角色地位如何。

访谈对象：专业课教师，认识的一线职工。

访谈方式：图书馆资料查阅、网络查询等。

活动内容

根据访谈与资料查询并结合自己对所学专业的理解，完成表 1-2。

表 1-2　所学专业的特点及其对心理素质的要求

所学专业对应岗位的名称	核 心 特 点	对职工心理素质的要求
概括本专业或本行业职工应具备的核心心理素质：		

体验分享

活动结束后，组织讨论和分享(如果条件允许，也可以请本行业一线职工或专业课教师和同学们一起讨论，并进行案例分析，进一步说明良好的心理素质对本行业工作的重要性)：

(1) 喜欢自己所学的专业吗？谈谈自己对所学专业的理解与期待。

(2) 从心理素质的角度分析自己从事所学专业的优势。哪些地方需要加强和提高？

活动总结

体验分享结束后，再次梳理本行业职工应具备的核心心理素质，分析同学们目前的心理素质总体情况，提出培养和训练个人心理素质的总体方向，鼓励大家树立信心，在本课程和生活中勇于实践、大胆尝试，不断提升个人能力，并注重团队配合，为今后的职业生涯做好能力和心理上的准备。

活动三　认识和了解个人气质类型

活动目标

(1) 了解气质类型的特点。
(2) 了解自己的气质类型。
(3) 对照职业要求进行讨论分析。

活动准备

(1) 完成教师课前安排的作业。
(2) 进行个人气质类型的测试。

活动内容

具体活动内容与步骤如下：

阅读"知识链接"内容，结合自己课前完成的气质类型测试作业进行小组讨论，每个小组将讨论结果以书面形式呈现，参与全班集体讨论。

(1) 了解个人气质类型的特点，分析个人气质类型是否有好坏之分。通过讨论总结心得体会，分析个人气质对今后人际交往有哪些启示。

通过讨论，引导大家形成正确的认识，在人际交往中真正做到理解、包容、接纳与支持。

(2) 了解气质与职业的关系，分析自己的气质类型是否适合所学专业。

通过大家的讨论，引导同学们进行深入分析，提高分析问题、解决问题的能力。

体验分享

请同学们就刚才学习讨论的内容做体验分享。

活动总结

分享结束后，教师对活动情况进行点评，再次梳理本活动内容，提醒同学们在今后生活实践中应注意的问题，结合专业特点，分析如何充分利用自己的气质优势学好专业技能，提升心理素质，做到扬长避短；鼓励、帮助同学们树立自信心，不断提高个人能力素质。

活动四　了解个性成熟度及其与职业的关系

活动目标

(1) 了解自己的个性成熟度。

(2) 了解个性成熟度与职业的关系。

(3) 分析讨论，明确自己的努力方向。

活动准备

准备个性成熟度的测试卷。

活动内容

具体活动内容及步骤如下：

1. 个性成熟度测试

请根据自己的实际情况，仔细审题，从下面每道题给出的五个备选答案中选择一个符合自己实际想法和做法的答案。请注意，只能选择一个答案，这个答案没有正确与否，真实回答即可。

(1) 所在学校的老师对我的态度是(　　)。

A. 老是吹毛求疵地批评我

B. 我一做错什么事，马上就批评我，从不表扬我

C. 只要我不犯错误，他们就不会指责我

D. 他们说我工作和学习还是勤恳的

E. 我有错误他们就批评，我有成绩他们就表扬

(2) 如果在比赛中我或我所在的一方输了，我通常的做法是(　　)。

A. 研究输的原因，提高技术，争取以后赢

B. 对获得胜利的一方表示赞赏

C. 认为对方没啥了不起，在别的方面自己(或自己一方)比对方强

D. 认为对方这次赢的原因微不足道，很快就忘了

E. 认为对方这次赢的原因是运气好，下次自己运气好的话也会赢对方

(3) 当生活中遇到重大挫折(如高考落榜、失恋)时，便会感到(　　)。

A. 自己这辈子肯定不会幸福

B. 我可以在其他方面获得成功，加以补偿

C. 我决心不惜任何代价，一定要实现自己的愿望

D. 没关系，我可以更改自己的计划或目标

E. 我认为自己本来就不应当抱有这样高的期望或抱负

(4) 别人喜欢我的程度是(　　)。

A. 有些人很喜欢我，其他人一点儿也不喜欢我

B. 一般都有点儿喜欢我，但都不把我当作知己

C. 没有人喜欢我

D. 许多人都在一定程度上喜欢我

E. 我不知道

(5) 我对谈论自己受挫折经历的态度是(　　)。

A. 只要有人对我受挫折的经历感兴趣，我就告诉他

B. 如果在谈话中涉及，我就无所顾忌地说出来

C. 我不想让别人怜悯自己，因此很少谈到自己受挫折的经历

D. 为了维护自尊，我从不谈自己受挫折的经历

E. 我觉得自己似乎没有遇到过什么挫折

(6) 通常情况下，与我意见不相同的人都是(　　)。

A. 想法太古怪，难以理解的人

B. 缺乏文化知识修养的人

C. 有正当理由坚持自己看法的人

D. 生活背景和我不同的人

E. 知识比我丰富的人

(7) 我在游戏或竞赛中喜欢遇到的对手是(　　)。

A. 技术很高超的人，让我有机会向他学习

B. 比我技术略高些的人，这样玩起来兴趣更高

C. 技术明显比我差的人，这样我就可以轻松地赢他，显示自己的实力

D. 和我技术不相上下的人，这样可以在平等的基础上展开竞争

E. 一个有比赛道德的人，不管他的技术水平如何

(8) 我喜欢的社会环境是(　　)。

A. 比现在更简单、更平静的社会环境

B. 就像现在这样的社会环境

C. 稳步向好的方向发展的社会环境

D. 变化很大的社会环境，使我能利用好机会发展自己

E. 比现在更富裕的社会环境

(9) 我对待争论的态度是(　　)。

A. 随时准备进行激烈争论

B. 只争论自己有兴趣的问题

C. 我很少与人争论，喜欢自己独立思考各种观点的正确与否

D. 我不喜欢争论，尽量避免

E. 我讨厌争论

(10) 受到别人批评时，我通常的反应是(　　)。

A. 分析别人为什么批评我，自己在哪些地方有错误

B. 保持沉默，对他记恨在心

C. 也对他进行批评

D. 保持沉默，毫不在意，过后置之脑后

E. 如果我认为自己是对的，就为自己辩护

(11) 我认为亲属的帮助对一个人事业成功的影响是(　　)。

A. 总是有害的，这会使他在无人帮助的时候面对困难一筹莫展

B. 通常是弊大于利，常常帮倒忙

C. 有时会有帮助，但这不是必需的

D. 为了获得事业成功，这是必需的

E. 在一个人刚从事某一职业时有帮助

(12) 我认为对待社会生活环境的正确态度是(　　)。

A. 使自己适应周围的社会生活环境

B. 尽量利用生活环境中的积极因素发展自己

C. 改造生活中的不良因素，使生活环境变好

D. 遇到不良的社会生活环境，就下决心脱离这个环境，争取调到别的地方

E. 自顾生活，不管周围生活环境是好是坏

(13) 我对死亡的态度是(　　)。

A. 从来不考虑死的问题

B. 经常想到死，但对死并不十分害怕

C. 把死看作必然要发生的事情，平时很少想到

D. 我每次想到死就十分害怕

E. 一点儿也不怕，认为自己死了就轻松了

(14) 为了让别人对自己有好的印象，我的做法是(　　)。

A. 在未见面时就预先想好自己应当怎样做

B. 虽然很少预先准备，但在见面时经常注重给人留下好的印象

C. 很少考虑应给人留下好的印象

D. 我从来不预先准备，也讨厌别人这么掩盖自己的本来面目

E. 有时为了工作和生活上的特殊需要，认真考虑如何给人以良好的印象

(15) 我认为要使自己生活得愉快而有意义，就必须生活在(　　)。

A. 关系融洽的亲属中间

B. 有知识的人们中间

C. 志同道合的朋友们中间

D. 为数众多的亲戚、同学和同事们中间

E. 不管生活在什么人中间都一样

(16) 在工作或学习中遇到困难时，我通常是(　　)。

A. 向比我懂得多的人请教

B. 只向我的好朋友请教

C. 我总是尽自己最大努力去解决，实在不行才去请求别人的帮助

D. 我几乎从不请求别人的帮助

E. 我找不到可以请教的人

(17) 当自己的亲人错误地责怪我时，我通常是(　　)。

A. 很反感，但不吱声

B. 为了家庭和睦，违心地承认自己做错了事

C. 当即发怒，并进行争论，以维护自己的自尊

D. 不发怒，耐心地解释和说明

E. 一笑了之，从不放在心上

(18) 在与别人的交往中，我通常是(　　)。

A. 喜欢故意引起别人对自己的注意

B. 希望别人注意我，但不想明显地表示出来

C. 喜欢别人注意我，但并不主动去追求这一点

D. 不喜欢别人注意我

E. 对于是否会引人注意，我从不在乎

(19) 外表对我来说(　　)。

A. 非常重要，常花很多时间修饰自己的外表

B. 比较重要，常花不多时间作修饰

C. 不重要，只要让人看得过去就行了

D. 完全不重要，我从不修饰自己的外表

E. 重要是重要，但我花在修饰上的时间不多

(20) 我喜欢与之经常交往的人通常是(　　)。

A. 异性，因为他们更容易相处

B. 同性，因为他们与我更合得来

C. 和我合得来的人，不管他们与我的性别是否相同

D. 我不喜欢与家庭以外的人多交往

E. 我只喜欢与少数合得来的同性朋友交往

(21) 当我必须在大庭广众之下讲话时，我总是(　　)。

A. 会因发窘而讲不清话

B. 尽管不习惯，但还是做出泰然自若的样子

C. 我把这看成是一次考验，毫不畏惧地去讲

D. 我喜欢对大家讲话

E. 坚决推辞，不敢去讲话

(22) 我对用相面、测字来算命的看法是(　　)。

A. 我发现算命能了解过去和未来

B. 算命人多数是骗子

C. 我不知道算命到底是胡说，还是确实有道理

D. 我不相信算命能知道人的过去和未来

E. 尽管我知道算命是迷信，但还是半信半疑

(23) 在参加小组讨论会时，我通常是(　　)。

A. 第一个发表意见

B. 只对自己了解的问题才发表看法

C. 除非我说的话比别人有价值，我才发言

D. 从来不在小组会上发言

E. 虽然不带头发言，但总是要发言的

(24) 我对社会的看法是(　　)。

A. 社会上到处都有丑恶的东西，我希望能逃避现实

B. 在社会上生活，要想永远保持正直、清白是很难的

C. 社会是人生的大舞台，我很喜欢研究社会现象

D. 我不想去了解社会，只希望自己能生活得愉快

E. 不管生活环境如何，我都要努力奋斗，无愧于自己的一生

(25) 当我在生活道路上遇到考验(如参加高考、承担有风险的工作)时，我总是(　　)。

A. 很兴奋，因为这能体现我的力量

B. 视作平常小事，因为我已经习惯了

C. 感到有些害怕，但仍硬着头皮去顶

D. 很害怕失败，常放弃尝试

E. 听从命运的安排

2. 测试计分

计分方法：将答案填入表 1-3 中，并对照表 1-4 中各选项的分值统计得分。计分过程中，负分数与正分数可以相互抵消，最终得分就是个性成熟度指数。

表 1-3　个性成熟度测试题答题卡

题号	答案	得分	题号	答案	得分	题号	答案	得分	题号	答案	得分
1			8			15			22		
2			9			16			23		
3			10			17			24		
4			11			18			25		
5			12			19			合计得分：		
6			13			20					
7			14			21					

表 1-4　个性成熟度测试题分值卡

题号	选项					题号	选项				
	A	B	C	D	E		A	B	C	D	E
1	−3	−2	+4	0	+6	14	−1	+8	0	−3	+4
2	+4	0	−3	+8	−4	15	0	+6	+4	−2	−4
3	−4	+10	0	+5	−3	16	+8	0	+4	−2	−4
4	0	+3	−3	+8	−2	17	−1	0	−4	+8	+4
5	−3	+8	+4	−2	0	18	−2	0	+8	−3	+4
6	−3	−2	+8	+4	0	19	−2	+6	0	−3	+4
7	−2	+6	−3	0	+8	20	−2	0	+8	−3	+4
8	−5	0	+6	+4	−3	21	−1	+4	+8	+2	−4
9	−4	+8	0	−2	+3	22	−5	+3	−2	+10	0
10	+8	−4	−4	0	+4	23	0	+8	−1	−4	+4
11	−2	0	+8	−4	+6	24	−3	−2	+6	0	+10
12	−2	+4	+8	−4	+6	25	+4	+8	0	−4	−1
13	0	+2	+10	−4	−3						

3．结果分析

每道测试题目的五个答案中，得分为正值的答案代表处理该问题时的合理做法，得分越高，说明做法越妥当，是个性成熟者的通常做法；相反，得分为负值的答案代表了不妥当或幼稚的做法，反映了个性的不成熟。因此，你可以观察一下自己在每道题目上的得分，在哪些题目上的得分较高，则说明自己在处理这些问题上较为成熟；在哪些题目上得了负分数，则说明自己在处理这些问题时还不成熟。经过这样的仔细分析，就可以看出自己处理社会生活问题的长处和短处，从而采取相应的措施，使自己尽快地成熟起来。

总分可以用来判断个人整体的个性成熟程度，总分越高，说明个性越成熟；总分越低，说明个性越不成熟。个性成熟的人大多有丰富的经历，也有大量过去失败的教训或成功的经验可供参考。但是，个性成熟的程度并不一定与人的年龄成正比。具体的个性成熟度的判别可参考以下几条：

(1) 测验总分在 150 分以上，说明你是个很成熟的人。你是一个个性成熟的人，掌握一套行之有效的适应社会的方法，知道怎样妥善地处理个人所遇到的各种社会问题；能准确地判断、处理问题，清楚哪些方式是有效的，哪些方式会造成不良的后果，从而选择一种最佳的处理方法。你常常成为别人讨教和仿效的对象。

(2) 测验总分为 100～149 分，说明你是个较为成熟的人。在大部分事情的处理上，你是很得体的。你能够很好地适应社会，建立起良好的人际关系。

(3) 测验总分为 50～99 分，说明你的个性成熟程度属于中等水平。你的个性具有两重性，一半是成熟，一半是幼稚，还需要在社会生活实践中磨炼。

(4) 测验总分为 0～49 分，说明你的个性还欠成熟。你还不善于处理社会生活中的各种问题和矛盾，不善于观察影响问题的各种复杂因素，不能准确地预见自己行为的结果，还不能很好地适应复杂的社会生活。

(5) 测验总分为负数，说明你还十分幼稚。你处理问题很不成熟，喜欢仅凭个人肤浅的直觉印象和一时的感情行事，好冲动、莽撞、不识大体；或者相反，遇事退缩不前，生怕出头露面，孤独而自卑；很容易得罪人，也容易被人欺骗，在社会生活中到处碰壁，无法实现自己的理想和目标。这种状况与现代社会生活的要求很不适应，你必须设法使自己尽快地成熟起来。

体验分享

阅读"知识链接"内容，结合自己的测试结果，谈体验，分享自己的心得体会：
(1) 分析自己的个性成熟度，并与职业要求比较，明确今后的努力方向。
(2) 在成熟个性的 12 条心理特征中，我具备哪几条？
(3) 在不成熟个性的 10 条心理特征中，我不具备哪几条？

活动总结

教师根据大家的分享进行总结点评，处理学习过程中出现的问题；鼓励大家在学习生活中勇于实践，不断提高自己的个性成熟度，以更好地适应职业生活。

活动五　自我分析与总结

活动目标

(1) 总结与反思，明确努力方向。

(2) 创作激励语，为本课程的学习开好头。

活动准备

认真思考，全情投入。

活动内容

(1) 请同学们根据今天的学习，思考并完成表 1-5。

表 1-5　总结与反思

个人能力特点	专业要求	优　势	不足与欠缺	措　施
气质特点				
职业性格特点				
情绪特点				
个性成熟度				
其他方面				

完成表 1-5，同时思考以下问题：

① 现状：如学习成绩在全专业中的名次，自己的兴趣、特长、爱好，自己有何出众的能力等。

② 分析：是喜欢与事情打交道，还是喜欢与人打交道? 是喜欢挑战性强的工作，还是安稳的工作?

③ 未来：自己有哪些优势、哪些劣势，该如何扬长避短；自己究竟想做什么，即自己想在哪一方面有所发展，想成为什么样的人才。这个问题是希望大家能清楚自己求职时到底应注重些什么，哪些是主要的，哪些是次要的；你更看重的是自身的发展机会，还是工作报酬、工作环境或其他方面等。

(2) 创作个人素质训练激励语。

① 积极背诵。背诵以下句子，领会其中的意思。

我有积极进取的人生态度。

我对未来的成就充满希望。

我有良好的人际关系。

我有强健的体魄，更有优雅的风度。

我愿意与他人共享自己的成就。

我胸襟宽阔，能容人容物。

我有良好的自律性。

我热爱自然，热爱自己，热爱他人。

我渴望成功，而且一定能够成功。

我遵纪守时。

我诚信待人。

我很漂亮。

我很潇洒。

我快乐，今天心情很好。

② 拟写自我激励用语。要求：内容上要求能集中表达自己的想法，形式上要求简短有力、易于传播。

我的激励语：

(a)

(b)

在小组中分享自己的激励语(见表 1-6)，并大声地说出激励语，要求声音洪亮、吐字清晰。

表 1-6　我的激励语

我的激励语	最感动我的朋友激励语	
	姓　名	内　容
(a)		
(b)		

体验分享

活动结束后，集体讨论，并针对五个活动谈谈个人的感受，分享心得体会：

(1) 对个人测试情况的总结与反思。

(2) 对激励语创作的感悟。

活动总结

(1) 教师根据大家的分享进行点评，处理学习过程中出现的问题。

(2) 针对测试问卷，提醒大家两个需要注意的问题。

① 适用性：任何一套问卷有其效度，每一个测评的人有其信度，环境不同、背景不同，问卷展示出来的结果和适用度也不同。就忠诚度而言，什么样的举动叫忠诚，中西方的理解肯定是不相同的，即使在同一环境下，因个人掌握的尺度不同，结果也会有很大差异。所以，在使用测评数据尤其是西方的问卷(如 MBTI)时，要以参考的心态，不把测评绝对化、唯一化。

② 针对性：企业进行职业性格测评以及其他心理素质测试旨在为企业提供选择人才的依据，这种依据需要在企业有针对性地使用测评工具时才能发挥最大的参考价值。本训练中开展的活动，旨在全面深入地了解和认识我们自己，而接下来更有意义和更有价值的是，如何利用这个测试结果并结合自我日常观察与体验，来描绘一个较为清晰的自我轮廓，并与所选专业比对，坚定信心，从差异中确立方向和目标，激励自己不断进步与成长。

(3) 对同学们的表现表示期待，鼓励大家踏实努力，认真体悟与观察，树立自信心，争取好成绩。

(知识链接)

一、"职业心理素质训练"课程概述

（一）"职业心理素质训练"课程的开设目的

1. 帮助我们认识自我、认识职业环境

全面地认识自我、认识周围环境并能客观公正地进行评价是良好心理素质的表现，也是我们接受并解释与职业相关的各种信息的基本出发点。了解自我包括对职业心理素质中的心理调节系统和职业能力系统的充分认识，明确自己的职业兴趣、爱好、职业气质等与职业选择之间的关系，了解相应职业活动对个性特征、专业知识、运动技能、心理状态的要求；同时，关注所学专业的职业现状和发展前景，提高我们对未来职业的适应能力。

2. 培养良好的职业心理素质

良好的职业心理素质可以使我们出色地完成职业角色要求，心态平和稳定，还可以帮助我们弥补自身能力与学识方面的某些不足，在职场中获得更多的机会。如正确的职业态度可以引导从业者积极乐观地接受工作中的挑战，良好的职业情商可以调动积极情绪，建立良好的人际关系等。根据现阶段职业院校学生就业存在的一些问题和用人单位对从业者的普遍要求，"职业心理素质训练"课程着重从职业意识、团队意识与合作、团队与个人创造力、责任与担当、适应能力、沟通技巧、良好习惯、调适能力等方面来提升学生个人素质，培养学生的职业能力，塑造良好的职业精神。

（二）"职业心理素质训练"课程的特点

1. 自觉性与长期性

"职业心理素质训练"课程能让我们以"人的全面发展"的视角，以人生规划和人生发展为基础，充分认识职业的发展特点，充分理解个人心理素质与人生发展的相关性，把职业心理素质训练当作长期的、自觉的行动，不断学习、不断丰富与调整能力结构，培养良好的职业心理品质，以提高个人与社会的融入度，增强职业适应能力，具备创新、创业精神，实现人生价值。

2. 开放性与实践性

"职业心理素质训练"课程是一门综合实训课，它将理论应用于实际，探求未知心理世界和职业世界。课程突出实效性，要求在生活中增加体验与感悟，并要全身心投入，尤其注重团队配合，在团队共同的活动中得到升华，把感悟内化，使之成为自身能力和气质的一部分。课程设置由浅入深，设计的训练活动与生活、工作紧密相关，强调角色承担，强调个人与团队的融入，并努力营造开放、接纳、探究的课堂氛围，以形成自由、轻松、有趣的课堂气氛，使学生从中认识自我、发现自我、完善自我，实现心理素质的提升和身心的健康发展。

3. 针对性与实用性

除普适性的心理素质外，不同职业因从事劳动的性质、方式、要求等不同，对劳动者

有不同的心理素质要求，同时职业心理素质制约着职业活动的各个层面，对职业活动具有调节和导向功能。所以，"职业心理素质训练"课程要结合专业特点，强调针对性与实用性。

(三) "职业心理素质训练"课程的设计理念

本课程的设计以一个相对长期的活动为主线，以团队为组织形式，通过担任不同角色，分工协作，共同完成团队学习训练的目标。本课程旨在培养团队意识与沟通能力、情绪管理技巧、抗挫折抗压能力、意志力、问题解决能力等，并将这些内容融入个人职业学习和生活交往中，实现在生活中体悟、在生活中成长和发展的目标。

(四) "职业心理素质训练"课程的学习方法

基于"职业心理素质训练"的课程特点和课程设计理念，本课程的学习方法简单明了，具体地说，就是积极参与团队活动，认真完成角色要求，积极表达身心感受，融入并创设集体活动情境，把课堂当作个人生活不可缺少的一部分，在活动中感悟，在感悟中成长，通过感悟—实践—感悟—再实践的循环过程使个人心理素质和个人能力得到提升。

二、个人气质类型及其与职业的关系

(一) 个人气质类型

1. 胆汁质型

胆汁质型的人反应速度快，具有较高的反应性与主动性。这类人情感和行为动作产生得迅速且强烈，有极明显的外部表现；性情开朗、热情、坦率，但脾气暴躁、好争论；情绪易于冲动但不持久；精力旺盛，经常以极大的热情从事工作，但有时缺乏耐心；思维具有一定的灵活性，但有时对问题的理解会有粗枝大叶、不求甚解的倾向；意志坚强、果断勇敢，注意力稳定而集中，但难以转移；行动利落而敏捷，说话速度快且声音洪亮。

2. 多血质型

多血质型的人行动具有很高的反应性。这类人的情感和行为动作发生得很快，变化得也快，但较为温和；易于产生情感，但体验不深，善于结交朋友，容易适应新的环境；语言具有表达力和感染力，姿态活泼，表情生动，有明显的外倾性特点；机智灵敏，思维灵活，但常表现出对问题不求甚解；注意力与兴趣易转移，不稳定；在意志力方面缺乏忍耐性，毅力不强。

3. 黏液质型

黏液质型的人反应性低，情感和行为动作迟缓而稳定，缺乏灵活性。这类人情绪不易发生变化，也不易外露，很少产生激情，遇到不愉快的事也不动声色；注意力稳定、持久，难以转移；思维灵活性较差，但比较细致，喜欢沉思；在意志力方面具有耐性，对自己的行为有较强的自制力；态度持重，沉默寡言，办事谨慎细致，不鲁莽，但对新的工作较难适应，行为和情绪都表现出内倾性，可塑性差。

4. 抑郁质型

抑郁质型的人有较高的感受性。这类人的情感和行为动作相对缓慢、柔弱；情感容易产生变化,而且体验相当深刻,隐晦而不外露,易多愁善感;往往富于想象,聪明且观察力敏锐,善于观察他人观察不到的细微事物,敏感性高,思维深刻;在意志方面常表现出胆小怕事、优柔寡断,受到挫折后常心神不安,但对力所能及的工作表现出坚忍的精神;不善交往,较为孤僻。

5. 混合型

在现实生活中,并不是每个人的气质都能归入某一气质类型。除少数人具有某种气质类型的典型特征之外,大多数人都偏于中间型或混合型,也就是说,他们具有较多的某一气质类型的特点,同时又具有其他气质类型的一些特点。一般来说,抑郁质型得分偏高的人容易产生心理困扰或不适应;而典型的胆汁质-抑郁质混合型的人面临挫折时,可能比其他气质类型的人有更明显、强烈的反应。

(二) 个人气质类型与职业的关系

气质是人们个性中最稳定的因素,没有好坏之分。气质不仅影响人的工作效率,而且还影响一个人事业的成败。个人如果能根据气质类型选择相适应的职业,就更能发挥自己的优势与特长,取得职业生涯上的更大成就。

1. 胆汁质型

胆汁质型又称为不可抑制型,属于战斗类型,适合从事刺激而富于挑战性的职业,如导游、节目主持人、推销员、演员、模特等。胆汁质型的人一般不适合做档案管理员、办公室文员等。

2. 多血质型

多血质型又称为活泼型,属于敏捷好动类型,职业选择较广泛,如管理、导游、外交、公安、军官、新闻工作、服务、咨询等。多血质型的人一般不适合做机械重复、细致单调、环境过于安静的工作。

3. 黏液质型

黏液质型又称为安静型,属于缄默而沉静的类型,适合做管理人员、办公室文员、会计、出纳、播音员、法官、调解人员、外科医生等。黏液质型的人一般不适合做富于变化和挑战性大的工作。

4. 抑郁质型

抑郁质型又称为易抑制型,属于呆板而羞涩的类型,适合做打字员、校对员、检查员、化验员、数据登记人员、文字排版人员、机要秘书、保管员、保育员、研究人员等。抑郁质型的人一般不适合做变化多端、大量消耗体力和脑力的工作。

三、个性成熟度与职业的关系及入职匹配与个性成熟度

(一) 个性成熟度与职业的关系

个性是指一个人在生活、实践活动中经常表现出来的、比较稳定的、带有一定倾向性的个体心理特征的总和,是一个人区别于其他人的独特的精神面貌和心理特征。个性对于一个人的活动、生活具有直接的影响。个性与职业的匹配程度在职业发展过程中有着重要

作用。成熟是个常常与时间、年龄联系在一起的词，但是人的个性却并不一定随着人的年龄的增长而自然成熟。相反，有时年龄的增长可能给个性的成熟造成困难，或者是导致个性发生变化，或者使优化变得更加难以实现。相对来讲，个性成熟的人比较善于妥善地处理个人所遇到的各种社会问题，能在职业生涯中有较多的获得感。

(二) 人职匹配与个性成熟度

社会心理学家对个性成熟度与职业的关系进行了广泛的调查和研究，得出了比较一致的认识：具有成熟个性的人是能够最大限度地发挥自己的精神力量，并与环境建立起和谐关系的人。美国心理学家马斯洛挑选了一些可称为"最充分发挥作用"的人进行研究，他发现这些人的个性特征虽然极不相同，但却有某些共同的心理特征，主要表现为以下 12 项。

(1) 在对现实的客观知觉方面，能明确区别已知和未知、事实和对这些事实的意见、事物的本质和表象。

(2) 非利己主义，追求目标高远，不搞内部摩擦；经常考虑"我对单位有什么贡献""企业对社会能有什么贡献"。

(3) 不仅能正确地认识自己，还能正确地看待别人和世界。

(4) 能享受孤独。

(5) 富有创新精神。

(6) 行为自然，但不打算由于矛盾而简单地破坏常规。

(7) 对部分人常有深情的依恋；不无端地敌视别人。

(8) 看人重实际而不重表面，对那些有优良性格的人抱友好态度，无出身、门第和地位的偏见。

(9) 道德上是明确的，能辨别善恶，其实际行动与其道德认识表现出一致性。

(10) 具有相对摆脱现实环境的独立性。

(11) 能明确意识到目的与手段的区别，既注重目的，也不忽视手段。

(12) 超然于琐碎事物之上，具有广阔的视野与远见，其活动以是否有价值为指南。

这些特征又可分成三个方面：主体内部特征、主客体关系特征和人与人之间关系特征。能客观地观察事物，有较强的工作能力等都属于主客体关系特征；行为自然，能正确看待自己，有独立自由精神等属于主体内部特征；道德明确，非利己主义，不无端敌视别人，无出身、门第和地位的偏见等属于人与人之间关系特征。这三方面的恰当结合，就形成了成熟的个性。

还有一些心理学家通过相反的观察和研究，归纳了一些不成熟的个性特征。其表现主要有以下 10 项。

(1) 残留着对双亲的依从。

(2) 行为出于利己的动机。

(3) 通常由于胆小而不愿走入社会。

(4) 缺乏独立性、自觉性。

(5) 情绪不稳定，攻击性和逃避性行为偏多。

(6) 为人不可靠，没有责任感，不宽容。

(7) 生活图一时快乐。

(8) 劳动不认真。

(9) 不能正确认识自己与世界。

(10) 不能同别人建立和谐的关系。

这些特征也可以归结为主体内部特征、主客体关系特征和人与人之间关系特征三个方面。不成熟的个性在人生道路上往往会成为巨大的障碍，甚至使人终生平庸，碌碌无为。

四、理解职业心理素质训练

(一) 职业

1. 职业的定义

根据中国职业规划师协会的定义，职业(Occupation)是性质相近的工作的总称，通常指个人服务社会并作为主要生活来源的工作。它在特定的组织内表现为职位，即岗位(Position)。我们在谈某一具体的工作(职业)时，其实也就是在谈某一类职位。每一个职位都会对应着一组任务(Task)，作为任职者的岗位职责，而要完成这些任务就需要这个岗位上的人，即从事这个工作的人具备相应的知识、技能和职业心态等。

2. 职业的性质

(1) 基础性：职业是个人和社会存在和发展的基础，因为职业给人们解决了生活的经济来源问题。人们为了生存，必须从事职业活动，人们的各种社会活动大多都建立在职业的基础上，"衣食足而知荣辱"，有了职业生活，才有了其他一切社会活动的基础。

(2) 广泛性：职业涉及社会的大部分成员，也涉及社会、政治、经济、心理、教育、技术、伦理等许多领域，因而它具有广泛性。

(3) 时代性：职业的时代性有两个含义，一是职业随着时代的变化而变化，一部分新职业产生，替代一部分与社会不相适应的职业，二是每一个社会都有自己的"时尚"，它表现为该社会中人们所热衷的职业。

(4) 同一性：某一类别的职业内部，其劳动条件、工作对象、生产工具、操作内容、人际关系等都是相同或相近的。由于情境的同一，人们就会形成同一的行为模式，有共同语言，容易认同。

(5) 差异性：不同的职业之间存在着巨大的差异，这些差异包括职业劳动的内容、职业的社会心理、从业者个人的行为模式等。

(6) 层次性：众多的社会职业可以分为不同的层次。从社会需要看，各种职业没有重要与否，也没有"高低贵贱"的等级，但在现实社会中，人们对不同职业的评价的确存在着差别。这种职业评价的层次性，根源于不同职业的体力、脑力、付出和工作复杂程度的不同，以及工作的轻松性、教育资格条件、在工作组织权力结构中的地位、工作的自主权、收入水平、社会声望等方面的差别。不同职业的这些差别，是社会发展中自然形成的。这种职业层次的差异，为人们提供了公平竞争、自主择业的机会，促进了社会的健康发展。

3. 职业生涯

职业生涯是指一个人从事职业的经历，也可以说是一个人终生的工作经历。职业生涯规划即是在对个人的兴趣、价值观、技能、性格以及经历等方面进行客观具体分析的基础上，结合当前外部人力资源市场、行业、政策等社会整体环境，确定适合自己的最佳职业奋斗目标，并为实现目标采取行之有效的行动。职业生涯目标规划应着眼于一生的发展，然后分别设计十年计划、五年计划、三年计划、一年计划以及一月、一周、一日的计划。再从一日、一周、一月计划实行下去，直至实现一年计划、三年计划、五年计划、十年计划。

职业心理素质训练与职业生涯有着紧密的联系。国内专家张大均认为："个体职业心理素质的训练不仅仅体现在职业定向时期，即职业教育和专业教育时期，而且延伸到每个人的整个人生发展过程之中，同时心理素质培训的内容也应该被纳入职业生涯教育之中。"

(二) 职业心理素质

职业心理素质是个体拥有的对职业活动起重要影响的心理品质，是与人所从事职业相匹配的心理素质的总和。它包括特定职业对其从业者所需心理素质的总和，是特定职业顺利高效实现职业要求的必要保证；同时是指个体已经具备的与特定职业有关的心理素质的总和，是评价特定从业者能否顺利完成相应职业的基础。

职业心理素质的结构包括职业意识和职业能力。其中，职业需要、职业价值观、职业道德、职业气质都属于职业意识范畴，职业能力包括知识结构和技能结构的内容。

职业心理素质具有稳定性、基础性、综合性和发展性特征，对职业活动有制约、调节和鉴别功能。

职业心理素质培养是由学校、家庭和社会共同完成的。学校的职业心理素质培养主要有三个方面：一是职业定向时期的职业心理素质培训，包括专业学习过程中职业兴趣、职业意识和职业角色的强化；二是通过专门的职业心理素质训练课程，根据特定职业的要求，开展专门的心理训练活动、个别和团体心理训练及心理咨询等来优化个体的心理素质，提高个体对未来职业的适应程度；三是进行非职业定向的通用心理素质训练和专门技能培训，如进行心理健康教育、考取驾照、学习外语、学习第二专业等，以拓宽自己的专业知识面，获取相关的职业技能。

(三) 职业心理素质训练

通用的职业心理素质包括勇于竞争的自信力、经受挫折的容忍力、不断进取的毅力、对待批评的分辨力、行为抉择的自我控制力、环境变异的适应力等，但不同职业和岗位对人的心理品质的要求是有所侧重的。心理素质训练是指有意识地对学生的心理过程与个性心理特征施以影响，以发展学生的心理品质的过程。与此相对应，我们把职业心理训练定义为有意识地对学生的心理过程与个性心理特征施以影响，以发展学生在未来职业中所必需的心理品质的过程。

五、理解职业的相关概念

(一) 职业意识

所谓职业意识，是指人们对职业的认识、意向以及对职业所持的主要观点。职业意识的形成不是突然的,而是经历了一个由幻想到现实、由模糊到清晰、由摇摆到稳定、由远至近的产生和发展过程。它具体表现为:工作积极认真,有责任感,具有基本的职业道德。

职业意识既影响个人的就业和择业方向,又影响整个社会的就业状况。职业意识由就业意识和择业意识构成。就业意识指人们对自己从事的工作和任职角色的看法;择业意识指人们对自己希望从事的职业的认识和看法。

职业意识是人们对职业劳动的认识、评价、情感和态度等的综合反映,是支配和调控全部职业行为和职业活动的调节器,它包括创新意识、竞争意识、协作意识和奉献意识等方面。

职业意识是职业道德、职业操守、职业行为等职业要素的总和。职业意识是约定俗成和师承父传的。职业意识是用法律法规、行业自律、规章制度、企业条文来体现的。职业意识是每一个人从事一定岗位工作的最基本要求。

(二) 职业道德

1. 职业道德的概念

职业道德的概念有广义和狭义之分。广义的职业道德是指从业人员在职业活动中应该遵循的行为准则,涵盖了从业人员与服务对象、职业与职工、职业与职业之间的关系;狭义的职业道德是指在一定职业活动中应遵循的、体现一定职业特征的、调整一定职业关系的职业行为准则和规范。不同的职业人员在特定的职业活动中形成了特殊的职业关系,包括职业主体与职业服务对象之间的关系、职业团体之间的关系、同一职业团体内部人与人之间的关系以及职业劳动者、职业团体与国家之间的关系。

2. 职业道德的含义

(1) 职业道德是一种职业规范,社会普遍认可。

(2) 职业道德是长期发展形成的。

(3) 职业道德没有确定形式,通常体现为观念、习惯和信念等。

(4) 职业道德依靠文化、内心信念和习惯,通过员工的自律来实现。

(5) 职业道德大多没有实质的约束力和强制力。

(6) 职业道德的主要内容是对员工义务的要求。

(7) 职业道德承载着企业文化和企业凝聚力,影响深远。

3. 主要内容及要求

职业道德主要包括以下几方面的内容:忠于职守,乐于奉献;实事求是,不弄虚作假;依法行事,严守秘密;公正透明,服务社会。

(三) 职业理想

1. 职业理想的概念

职业理想是人们在职业设计上,依据社会要求和个人条件确立的奋斗目标,即个人渴望达到的职业境界。它是人们实现个人生活理想、道德理想和社会理想的手段,并受社会理想的制约。

职业理想是人们对职业活动和职业成就的超前反映,与人的价值观、职业期待、职业目标、世界观和人生观密切相关。

2. 职业理想的特点

(1) 差异性：一个人选择什么样的职业，与其思想品德、知识结构、能力水平、兴趣爱好等都有很大的关系。政治思想觉悟、道德修养水平以及人生观决定着一个人的职业理想方向。知识结构和能力水平决定着一个人职业理想追求的层次。个人的兴趣爱好、气质性格等非智力因素以及性别特征、身体状况等生理特征也影响着一个人的职业选择。因此，职业理想具有一定的个体差异性。

(2) 发展性：一个人的职业理想的内容会因时、因地、因事的不同而变化。随着年龄的增长、社会阅历的增加、知识水平的提高，职业理想会由朦胧变得清晰，由冲动变得理智，由波动变得稳定。因此，职业理想具有一定的发展性。

(3) 时代性：社会的分工和职业的变化是影响一个人职业理想的决定因素。生产力发展的水平、社会实践的深度和广度，都会影响人们的职业追求。职业理想是社会生产方式、职业地位、职业声望在一个人头脑中的集中反映。

3. 职业理想的作用

(1) 导向作用：理想是前进的方向，是心中的目标。人生发展的目标通过职业理想来确立，并最终通过职业理想的实现来实现。托尔斯泰曾说过："理想是指路的明灯，没有理想就没有坚定的方向，就没有生活。"同学们在现阶段的学习生活中也已经深切地感受到，一旦学习目标不明确，学习的热情就会低落，学习的效果就不明显。因此，有了明确的、切合实际的职业理想，再经过努力奋斗，人生发展目标必然会实现。

(2) 调节作用：职业理想指导并调整职业活动。当一个人在工作中偏离了理想目标时，职业理想就会发挥纠偏作用，尤其是在实践中遇到困难和阻力时，如果没有职业理想的支撑，人就会心灰意冷、丧失斗志。一个人只有树立了正确的职业理想，无论是在顺境或者是在逆境，都会奋发进取，勇往直前。

(3) 激励作用：职业理想源于现实又高于现实，它比现实更美好。为使美好的未来和憧憬变成现实，人们会以坚韧不拔的毅力、顽强拼搏的精神和开拓创新的行动为之努力奋斗。周恩来总理 12 岁时就发出"为中华之崛起而读书"的誓言，表达了他伟大的志向。同学们，我们的职业理想是什么呢？我们应该向敬爱的周恩来总理学习，树立崇高的职业理想，并为实现这个目标努力奋斗，创造有意义的人生。

案例链接

案例一　旅客回家路上的"守候天使"

从一个人变成一群人

展最美笑容 传雷锋精神

王琳娜，北京西站"036"爱心候车室客运员。

2002 年 7 月，王琳娜于石家庄铁路运输学校铁路客运专业毕业，被分配到中国铁路总公司北京西站，成为一名铁路客运员。同年，王琳娜入选到"036"候车室，有幸成为"036"第四代传

承人王凤莲的徒弟。20多年来，她始终牢记师傅的一句话："把旅客放在心上，旅客的事再小也是大事。"王琳娜照着做，并践行在她遇到的每一位旅客服务中。她在平凡的岗位上，在几十万旅客的服务中，把小事当大事，获得了大量的称赞和表扬。2021她被评为全国劳动模范，受到习近平主席的亲切接见。

"036"原是20世纪70年代北京北站客运服务员李淑珍的胸牌号，她以一颗真心、满腔热忱，为南来北往的旅客服务，受到一致好评。1998年，第二代"036"客运服务员宋敏娟从北京北站调到北京西站，也把"036"带到了北京西站。1999年，北京西站将服务重点旅客的专用候车室命名为"036"候车室。

如今，作为"036"第五代传承人的王琳娜，带领"036"候车室全体员工团结一心，践行社会主义核心价值观，开展"快、多、接、帮、送"旅客特色服务，开辟了"036"爱心电话、"036"爱心微博和北京西站公众号等，为旅客提供多样化的咨询和预约服务，并创建了"036"售票窗口、"036"爱心通道、"036"服务台等线下服务平台。2018年，"王琳娜创新工作室"在北京西站成立，并很快成为服务创新领域的领头雁。

2021年，河北轨道运输职业技术学院建立"劳模工作室"，邀请王琳娜为在校生进行了"树劳模精神、做大国工匠"讲座，并开展学生专业技能训练、岗位生产实践等技术指导，成为职校生的学习榜样。

案例点评：

"036"候车室的故事，是铁路人职业精神的表达。透过"036"五代传承人岗位奉献的事迹，我们看到，只要有信念，平凡的岗位也能做出不平凡的成绩。"旅客的事再小也是大事"是职业道德的实践经验。王琳娜是职校生的榜样，为职校生成长成才提供了鲜活的范例和不竭的前行动力。

案例二　二十大代表风采：大国工匠洪家光

他在2022年当选为党的二十大代表，曾获得"全国劳动模范"称号，获得国家科学技术进步二等奖；他是世界上少有的能制造飞机发动机叶片修磨滚轮的精英人才。他就是大国工匠——洪家光。

他用匠心守护飞机心脏

洪家光是我国航空工业部门里的一个普通工人，但就是这样一个普通工人，却在自己的行业中做到了极致，并且获得了我国最高奖项的认可。

以匠心铸"机"心

众所周知，航空工业中发动机技术是一项核心技术，而我国发动机技术长期以来都靠进口，这大大影响了我国航空技术的发展，导致我国航空工业长期需要仰人鼻息，无法做到自主和独立。

在发动机技术中最为核心的叶片非常轻薄、坚韧且耐高温，对工艺要求极为精密，同时又非常脆弱，在焊接和运输过程中稍有不慎就会破坏其结构。

洪家光就是叶片技术突破团队的带头人，他的团队在国家支持和自身的坚持下，经过多年不懈的努力，终于掌握了这项高精尖技术。

这个团队在建立之初，遭到国内外多个组织的质疑和嘲笑。他们认为中国的工业底子太薄，没有上百年根本无法攻克这一世界性难题。然而中国人骨子里的不服输的性格，让洪家光更加坚定了自己的奋斗目标。他带领研发团队，从力学、空气动力学、材料学等多个领域同时发力，力图在尽可能短的时间内将发动机叶片的技术完整地拿下来。

可技校毕业的洪家光知识水平不高，领导这一大工程时遇到了重重困难。但洪家光内心的冲劲让他迎难而上，他努力地弥补自己在专业知识上的缺陷，一本又一本地读专业著作，遇到不懂的专业名词就到工厂里找专家请教，请教时总是带上笔记本，耐心而细致地将知识点梳理清楚。到了攻关的后期，洪家光用掉了几十个笔记本，其字数多达十几万。

扎实的科学攻关，让他攻破了一个又一个叶片技术的难题，而在攻关过程中，他的研究团队也从最初的几十人，发展到将近一千人。他们的实验次数达到将近两千次，总结了大量数据，突破了大量技术细节，最终将发动机叶片的所有工艺细节全部拿下。

取得成绩的洪家光并没有停下自己的脚步，依旧谦虚而积极地攻关，在发动机叶片技术细节上继续探索，最终他带领的团队甚至取得了超过国外技术的专利，让国人扬眉吐气。

案例点评：

洪家光"大国工匠"成长之路，揭示了职业理想和岗位目标追求对一个人职业生涯的激励作用。作为职校生，我们要向洪家光学习，树立崇高的职业理想，为实现理想不懈奋斗，创造有意义的人生。

总结与考核

一、实训日志

日　期		天　气	
主要实训内容：			
体会与感想：			
努力方向：			

二、训练考核(第一周)

考核内容		分值	本周考核要求	本周自评得分
平时成绩 (80分)	考勤	5		
	训练过程	5	测试环节等	
	训练表现	10	讨论发言,5分;完成各项训练,5分	
	团队训练表现	30	1. 自我激励创作:语句简短易念易记;意思清晰;鼓舞人,振奋人。 2. 自我激励语表达:口齿清晰;声音洪亮;抬头挺胸,目视大家	
	长程团队项目及个人任务进程监控记录,个人贡献与反思	30		
	本周平时分数合计			
训练感悟 (20分)	每个训练或团队项目的感悟与提升	20		
备 注	1. 平时成绩每课一结,个人自评,组长核查汇总。 2. 平时成绩每课总分80分,期末加总求平均分,作为期末成绩,占总成绩的80%。 3. 训练感悟得分直接计入期末总成绩,占总成绩的20%			

拓展训练

一、调查问卷

认真完成下列问卷。这些问题的答案可以用于自我理解或规划职业发展,还可作为简历的原始文件。

1. 教育

A. 我什么时候接受的教育?

B. 我主要感兴趣的领域是什么?

C. 什么是或者曾经是我成绩优秀的科目?

D. 什么是或者曾经是我成绩最差的科目?

E. 我参与了哪些课余活动?

F. 我热衷于哪项课余活动?为什么?

2．工作和职业

A．我曾经从事的工作包括什么？

B．我喜欢这些工作中的哪些方面？为什么？

C．我不喜欢这些工作中的哪些方面？为什么？

D．我所完成的三项最重要的工作成就是什么？

E．我从主管、同事或者顾客处获得的褒扬是什么？

F．我收到的批评或建议是什么？

G．对我而言最理想的工作是什么？(给出工作头衔和主要职责)

3．对他人的态度

A．我与什么样的人最能和谐相处？

B．我与什么样的人最不能和谐相处？

C．我愿意与他人共同工作或独立工作的时间各是多少？

D．我和他人最有可能争论的话题是什么？

E．具有什么样性格的老板最适合我？

4．对于自我的认知和态度

A．我的长处和优点是什么？

B．我需要提高的领域或发展的机会是什么？

C．我所面临的最大挑战是什么？

D．在生活中，我最满意的是什么？

E．在生活中，我最不满意的是什么？

F．我生命中最快乐的时光是什么？是什么导致我如此快乐？

G．我的核心价值(对我而言最重要的事物)是什么？

H．我需要怎样做以捍卫我的决心？

5．工作场所以外的人如何看待我

A．我所爱的人对我褒扬的一句话是什么？

B．在什么情况下，大部分我所爱的人希望我变化？

C．我的朋友们最喜欢我的地方是什么？

D．我的朋友们最不喜欢我的地方是什么？

6．业余爱好、兴趣和运动方式

A．我的业余爱好、兴趣、运动方式或者其他消遣是什么？

B．其中使我最激动的是什么？为什么？

7．我的未来

A．我的未来教育或培训计划是什么？

B．在未来，我喜欢从事的职业或者我喜欢的工作是什么？

C．在我的事业巅峰，我希望从事的工作是什么？

D．在未来，我希望继续下去的业余爱好、兴趣和运动项目是什么？

E．与朋友、家庭、婚姻和伙伴相关的目标或计划是什么？

附加思考题：

请列出上面的问卷没有涉及但对于自我理解有意义的话题。

除了指导语中所提到的那些用途以外，还可以在什么情况下使用这些信息？

这些问题的回答与自我理解如何联系起来？

二、个人训练任务周进程监控表

任务要求	周一	周二	周三	周四	周五	周六	周日	任务状态
职业咨询								
拓展训练								
团队项目	分配的个人任务、要求完成时间、完成情况：				贡献与反思：			
本周其他情况说明								

团 队 建 设

只有在集体中，个人才能获得全面发展其才能的手段，也就是说，只有在集体中才可能有个人自由。

——《马克思恩格斯选集》

每个人应该遵守生之法则，把个人的命运联系在民族的命运上，将个人的生存放在群体的生存里。

——巴金

训练目标

(1) 满足个体的归属感、安全感、自尊感和爱的需要。

(2) 引导大家了解他人、欣赏别人，进而能探索他人与自我的关系，发展出良好有效的社会行为。

(3) 引导大家自我探索，增进自我了解，加强自我肯定，发展良好的自我概念。

(4) 梳理团队成员的情感思想，帮助团队成员评估、修正和改进个人价值观。

(5) 了解个人能力与个人抱负之间的关系，并能考虑以后职业所要具备的相关知识和能力。在职业选择方面，考虑自己的需要、兴趣、能力与机会，制订目标、计划，并付诸行动。

(6) 发挥团队的后续功能，让大家从同伴的经验分享互动中得到温暖与支持。

(7) 鉴别需要特别给予援助的队员。

训练内容简述

通过活动一或活动二完成团队组建，在活动中促使成员相互熟悉、了解、建立联结。

通过活动三或活动四进一步建立团队成员之间的联结，并引领团队成员进一步了解自我，发展自我概念。

通过拓展训练让团队成员明了个人兴趣、人格特质等与目标职业的关联度，找到目前的突破点。

最后，由团队成员协商确定团队项目，梳理个体目标与团队目标的关联性。

训练内容

活动一　组建小队，携手向前

活动目标

(1) 引发个体参与团队的兴趣。

(2) 了解团队活动的目的、内容及进行方式。

(3) 了解团队相关规则、奖惩办法。

(4) 打破常规，体悟变化的常态。

(5) 认识并接纳团队伙伴。

(6) 与团队成员建立好的联结。

(7) 将自己的梦想和家人的期许联结。

活动准备

(1) 穿着适合活动的衣服，不穿紧身裤、裙子，不穿皮鞋、高跟鞋，不佩戴首饰。

(2) 若干大张海报纸、2～5 把剪刀。

(3) 注意剪刀数量要少于团队数量，让大家体会资源共享或创造性发挥。

活动内容

具体的活动内容及步骤如下：

(1) 亮明团队建设基本规则：

① 团队成员的语言表达要采用亲切式、明确式的表达，比如"我喜欢你的幽默，但请不要嘲笑我，否则我会伤心""请不要恶意批评别人"。

② 违规需给予适当"惩罚"。

(2) 团队训练过程中使用积分制鼓励大家更好地参与：

① 用海报纸绘制图表记录成员的出席状况，结束时积分按比例计入总成绩。

② 每次团队训练结束，团队成员互评选出表现最佳者，予以积分鼓励。

(3) 组建团队：在大家清楚了解本堂课的训练目标、内容后建立团队。下面列出两个方法，可以任选其一，也可以创新。

方法一：

① 确定团队数量。依据班级实际情况确定团队数量，每个团队 8～12 人。

② 确定团队队长。要求在 2～4 分钟内毛遂自荐，锻炼当仁不让的精神和责任担当的勇气。

③ 队长招募成员。队长宣讲，招募志趣相投的组员。

方法二：打破班内已经固化的小组模式建立新团队。在组建团队过程中，大家通常根据自己的生活圈、学习圈组队，这样容易将固定的相处模式、认知、态度等带到团队中，不利于团队建设。要打破固有模式重新组队，让同学们体悟变化的常态性，可以采取以下办法：

① 备好阄。依据宿舍数量确定阄的组数，每组 8 个阄，8 个阄上分别写 1～8 的数字。

② 抓阄组建团队。以宿舍为单位领取事先准备好的阄并请宿舍成员抓取，数字相同的同学一队。

③ 各团队推选队长。

(4) 团队热身：接下来小组团队要共进退，一起完成本课程的所有任务。首先安排一个热身活动——钻洞。

① 讲明活动要求。以团队为单位，在一张海报纸上剪一个洞，先是一个人钻进去，然后整个团队的人都钻进去，看哪个团队能够齐心协力完成这项任务。活动期间可以有间谍相互窥探信息。

② 领取纸张和剪刀。此时会有行动慢或地理位置不好的团队领取不到剪刀，观察其后续行为，并在课堂小结时点评。

(5) 好的联结——名字诗：

① 讲明活动要求。请用团队成员名字中的字或谐音组成一首怡情怡景且有美好象征意义的诗。

② 团队集体作诗。

③ 以团队为单位，团队成员分别分享自己的名字在诗中的含义，以此产生与诗的联系感、与团队的联结感以及作诗的过程和感受。

④ 提振信心，激发高远。通过诗句激发同学们对美好的向往，唤醒同学们对梦想的追求，并结合实际情况，设计实现梦想的路径。

首先提振队员的自信心。这么美丽高远的诗出自你我之手，让人诧异吗？不是只有才子佳人才会吟诗作赋吗？我们真的能行吗？向被催眠的自我认识发出挑战，让大家看到自己的潜能，叩问自己行不行。行与不行之间差个"纸老虎"，大家是否踏过"纸老虎"前行？

再根据诗句激发同学的情怀。每个人的名字在出生时都被赋予了美好的含义。大家知道吗？你的梦想还记得吗？谈梦想很空吗？实现很难吗？它与现实的联结点在哪里？

再次通过名字看到长辈对自己的期许，功名？利禄？它的背后是什么？是不是你好、我好、大家好？是不是家好、单位好、国家好？是不是国家好、周边好、世界好？是不是世界好、周边好、国家好、单位好、家好、我好？现阶段的社会主要矛盾是人民日益增长的美好生活需要和不平衡不充分的发展之间的矛盾。我们呢？我们对生活的美好向往是什么？怎样实现呢？

(6) 团队名称。各团队在课下以团队会议的形式讨论，确定有特色、有积极寓意的团队名称，确定后上报。

(7) 团队项目：确定团队项目。要求每个团队利用 10 周的时间一起完成一件大事。它可以是一个公益活动，可以是一个商业计划，也可以是任何一件有意义的事。要求各团队成员在这个项目中实现自己的近期目标，迈出实现远大梦想的第一步。建议首先通过拓展训练明了自己的喜好、兴趣、人格特质等与职业的关系，找到目前的突破点；然后与队友协商确定团队项目，梳理个体目标与团队目标的关系。每一个团队都必须确立明确又独特的目标，且个人目标也要在团队中实现。例如，团队计划成立一个销售运营团队，而我的个人中期目标是进入北京市工作，两个目标看似毫不相关，但归根结底要实现这两个目标，都需要提高认知能力和自信，那么我就可以在这个销售运营团队中找到一个提升认知能力，提高自信力的工作位置，达到个体目标和团队目标契合。各团队在课下以团队会议的形式讨论，确定后上报。

体验分享

请同学们把关注到、认知到的新视角与新知识分享给大家。

活动总结

今天大家主要了解了"职业心理素质训练"课程的内容和上课流程。

通过名字诗让自己与团队队员之间建立了美好联结；通过名字看到了长辈对自己的期许，激发了心中对美好的向往，唤醒大家对梦想的追求，带领大家往更高远的地方看，叩问大家：最初的梦想难道是功名利禄吗？让大家澄清生命的价值并开始探索人生哲学。

现在大家的团队好比被一条易断的绳子维系在一起，接下来的课程中，我们要把这个维系纽带练就得更加结实，让大家联结得更紧密，在一起更有意义。

活动二　相　见　欢

活动目标

(1) 引发个人参与团队的兴趣。

(2) 认识并接纳团队的伙伴。

(3) 了解团队活动的目的、内容及进行方式。

活动准备

彩纸、硬纸板、胶水、海报纸、笔等。

活动内容

具体的活动内容及步骤如下：

(1) 队长发言，致欢迎词。

(2) 最佳拍档活动。

① 将彩纸裁成正方形、三角形或圆形等，再将其各截成两半。

② 让成员自由抽取已截好的彩纸，并找到拿着另一半与自己同一形状彩纸的成员。

③ 完成组合后，将彩纸贴在硬纸板上，并在纸上写上两个人的名字。

④ 两个人任意交谈五分钟，并交换双方重要的个人资料。

⑤ 每一对搭档轮流在团队中互相介绍对方，使团队中每一个人都能更了解其他成员。

(3) 队长说明团队活动的目的、内容及进行方式，并回答成员对团队的疑问。

(4) 建立团队规范。队长请成员谈谈今天团队中有哪些行为阻碍了团队的进行，如发呆、与人聊天、打断别人的话、不理别人等。对此应该有何规定使这些行为不会再犯？团队活动如何才能进行得更顺利？队长就成员所提意见综合归纳，请成员写在海报纸上。

(5) 请成员分享第一次参加团队活动的感受。

(6) 队长整理今日团队活动内容，并宣布课下团队活动重点及作业。

体验分享

请同学们把关注到、认知到的新视角、新知识分享给大家。

活动总结

大家对参与团队活动最大的兴趣点在哪儿？课程在哪些方面能帮到你？对伙伴的感觉

怎样?

活动三　爱的路上我和你

活动目标

(1) 增进成员对人际关系合作、信任、领导与被领导等方面的了解。
(2) 促进成员的互动与信任。
(3) 加强团队的凝聚力与信任感。

活动准备

报纸、手帕、两种花色的扑克牌。

活动内容

具体的活动内容及步骤如下:

汪洋中的一条船

(1) 汪洋中的一条船。

① 队长在地上放两张大小不一样的报纸,一张足够大,一张较小。大报纸代表的是汪洋中的邮轮,小纸代表救生艇。团队成员本在邮轮上,现在邮轮遇到事故,无论用什么方式,每个人都应跳上救生艇,否则就算溺死。

② 由成员合作完成任务。

③ 分享活动过程的感受,并邀请"生还者"及"溺死者"分述心得。

(2) "盲人"走路游戏。

① 成员抽取一张扑克牌,并找到同号码者成为一组。

② 队长说明规则:两组成员中的一组先被布条蒙上眼睛,由另一组自行选取对象,一对一带领。两个人不可以说话,也不可以让蒙上眼睛者去接触周围环境,但可以离开训练室,注意在整个过程中体会带领别人与被人带领的方式与感受。

③ 一组成员蒙上眼睛,另一组成员选择同伴。

④ 开始活动,限时五分钟。

⑤ 五分钟后,全体回来,两人一组互相分享感受。

⑥ 小组回到团队和团队成员分享感受。

⑦ 两组角色互换,重复进行上述活动。

活动结束后,队长整理今日团队活动所得。

进行活动时必须注意安全。

体验分享

请同学们把关注到、认知到的新视角、新知识分享给大家。

活动总结

人多智慧多，可以使不可能变成可能。队友能弥补自己某方面的不足，让大家一起前行。与队员之间心意相通，劲往一处用的体会怎样？这个时候沟通起来是不是更加容易？请大家来总结。

活动四　魔　镜

活动目标

(1) 在观察别人中了解自己。
(2) 从别人的回馈中肯定自我。

活动准备

纸、笔。

活动内容

优点大轰炸

具体的活动内容及步骤如下：
(1) "镜中人"活动：两人一组，对坐或对站，一为主，二为影，影模拟主；之后，角色互换。
(2) 分享"镜中人"活动心得。
(3) 优点轰炸活动。
① 请每位成员先用纸笔写出自己所认为的三项优点。
② 请一位成员站至团队中央，其他成员轮流说出他的三项优点。
③ 每位成员轮流被"轰炸"。
④ 每位成员对比自己与别人的回馈，并分享心得。
(4) 队长引导成员了解自我肯定的重要性，说明自我肯定的方法。

体验分享

请同学们把关注到、认知到的新视角、新知识分享给大家。

活动总结

原来我们自己有那么多优点，有的自己都不知道，同学们却看到还记在了心里，而其他同学的优点也那么多……继续寻找你、我、他的优点吧。

知识链接

一、团队的概念

社会心理学家勒温(Kurt Lewin)从团队动力学的角度认为，不管团队的大小、结构以及活动如何，所有团队都需要建立在其成员彼此互动的基础上。心理学家 Corey 将团队理解为具有目标、内容、架构、过程及评估等要素的一群人所形成的集合体。Johnson 这样定义团队：两个或更多的人的面对面互动，每个人都意识到自己是团队的成员，每个人都意识到自己属于团队的其他人，每个人也意识到，在努力获得共同目标的过程中他们之间积极地相互依赖。

在心理辅导领域，团队是指在一定的目标引导下，通过成员之间的互动满足成员一定的心理需求的组织。具体可以从以下四个方面来理解。

1. 团队是一种有序的组织

团队并不是一群人的简单组合，而是具有一定组织结构的共同体。在大部分团队中，成员之间的关系是稳定且有序的。团队的组织性取决于团队角色、团队规范和成员间关系这三个基本要素。每个成员在团队中都扮演着一定的角色，如队长、追随者、沉默者、攻击者等。团队规范则是成员都必须遵守的行为准则，它保证了团队目标和团队利益的实现。团队成员之间的关系是一种人际关系，实质上是其心理关系的反映，它对团队功能与效率产生直接或间接的巨大影响。例如，成员间的关系是紧密型的还是松散型的，是专制型的还是民主型的。

2. 团队必须有一个共同的目标

团队通常是为了一定目的而存在的。成员聚集在一起来完成他们独自一人时没有办法完成的某种工作。在团队实现其目标的过程中，成员共同解决问题、分享观念、切磋技艺、创造生产、寻找乐趣以及满足个人的归属感、安全感、自尊感和爱的需要。

3. 团队成员之间具有互动性

团队成员借助语言、非语言方式来相互交流和分享彼此的感受。互动是团队达成目标的重要条件，它促成了个人对自己和他人的觉察，并从中学习、支持、反馈而实现自我成长。

4. 团队具有整体感

团队中的每个成员都应认为自己是团队的一分子，要与团队休戚相关、荣辱与共。团队不是个体的简单集合，而是成员之间互相依存的共同体。

二、团队形成之前的任务

1. 团队队长的任务

心理学家 Corey 曾说："如果队长希望能成功地带领一个团队，就需要花一定的时间来计划它，做好充分与必要的准备工作。依我的看法，计划应该始于团队草案的撰写。"

在一个团队形成之前，团队队长需要完成的主要任务包括：

(1) 制订一个明确的书面计划，以建构一个有目的性的团队。

(2) 向有关权威人士提交这份计划，得到认可与支持。

(3) 对团队予以公告，以便向团队成员提供较多的信息。

(4) 团队活动前完成筛选和准备的工作。

(5) 针对团队成员的选择作出决定。

(6) 认真思考团队活动所必需的实务细节。

(7) 如果有必要，必须征求当事人、监护人的同意。

(8) 为团队领导工作做好心理准备，并会晤协同队长。

(9) 安排一次预备性团队活动，说明团队的基本规则，让成员为参加这个团队做好准备。

(10) 为做好万全准备，与团队成员讨论团队活动可能的风险。

2．团队成员的任务

在加入一个团队之前，团队成员需要具备必要的知识，判断这个团队是否适合自己，最终决定是否要参与这个团队。成员在团队形成之前经常要面临的问题有：

(1) 团队成员要了解一个团队可能对他们产生的影响。

(2) 团队成员要了解团队队长，确定这个队长所领导的团队是否适合自己。

(3) 团队成员需要作出是否参加该团队的决定。

(4) 团队成员要思考他们想要从团队中获得什么，怎样在团队中达成他们的目标，从而使自己为未来的团队做好准备。如果团队成员出现以下情况，很可能会产生各种问题，这些状况包括：① 被迫加入一个团队；② 没有获得关于该团队性质的必要信息；③ 对他们希望从这个团队中所得到的东西没有什么期待。

三、团队形成之前的计划拟订

在组建一个团队之前需要认真思考如下问题：谁带领这个团队？团队的规模如何？团队是封闭式的，还是开放式的？每次团队聚会的时间是多长？团队活动的场所选在哪里？团队要招募哪些成员？招募成员的方法有哪些？团队聚会的次数是多少？团队聚会的具体时间如何安排？

1．谁带领团队

扮演助人、督导角色的人可能会希望带领团队。学习如何带领团队是很有价值的，你愿意带领团队吗？

2．团队规模

团队规模会直接影响到团队动力，队长要谨慎地选择团队规模。通常决定团队规模的因素包括：团队性质、团队目标、每次团队聚会时间、团队活动场所和队长的经验。一般来说，讨论团队为5～8人，自我成长团队和支持团队为3～12人。

3. 开放式或封闭式团队

队长在团队组成时需要考虑团队是开放式的还是封闭式的。封闭式团队是团队组建后不再接受新成员的团队,这种团队有时间限制和以目标为导向;开放式团队则是可以周期性地允许新成员不断加入和成员自愿离开的团队。队长可以根据团队目标、团队性质以及成员特点来决定。

4. 团队聚会时间

每次团队聚会的时间要足够,使成员感到能投入团队之中。如果团队聚会时间过短,会让成员感到没有时间和机会学到更多知识。一般任务团队每次聚会时间为 60～120 min;支持团队或自我成长团队每次聚会时间为 90～180 min。

5. 聚会场所的选择与布置

队长必须考虑团队聚会场所的适合性。这包括:

(1) 场所的便利性,最好做到方便成员聚集;聚会房间的安静性,尽力保证这个场所在团队聚会时无关人等不能随便入内。

(2) 聚会场地的舒适性,队长要注意房间是否舒适,装饰、灯光、椅子的安排是否合理。一般来说,最好不要用到桌子,以避免造成成员之间的障碍,但教育团队和任务团队可以例外。

(3) 依据团队规模和团队目标来布置座位安排。小团队通常选择钻石形、圆形、U 形、八角形或枫叶形;大团队可采用扇形、小半圆形、大半圆形或圆形剧场。总之,座位安排要尽量考虑便于成员愿意分享以及增加团队的亲密性。

6. 团队聚会次数

团队需要一定次数的聚会。例如,自信心团队、自我成长团队通常都有固定的聚会次数。确定团队聚会次数时,需要考虑的因素包括成员的需要、队长的时间、学校学期的长度、团队目标、团队性质以及团队所要涵盖的教育信息的多少等。

7. 团队聚会的频率与时间段

队长需要考虑团队在一天中的哪个时间段聚会以及聚会的频率。一般来说,团队聚会的时间安排要考虑成员的日程表,最好不要与成员的其他活动相冲突。如果团队聚会场所安排在学校等组织内,那么队长在安排团队聚会时间时必须将团队活动对成员每天作息的干扰减少到最小。例如,学校中的团队聚会时间安排,最佳做法是使团队每次聚会的时间都不一样,白天有工作的成员构成的团队可安排到傍晚。此外,队长的时间表也要考虑。

队长要确定团队聚会的频率,保证团队聚会的间隔时间的适当性,避免因聚会太频繁或太少而影响团队目标的达成。一般来说,要综合考虑团队的性质、目标、队长与成员的时间等因素。例如,有些团队活动是每周一次或两次,有些团队活动是双周一次,而有些团队活动则是每月一次。

8. 对非自愿成员所组成的团队的应对策略

如果必须要带领一个由非自愿成员组成的团队,就需要有计划地去应对、调适这些成员的负面态度。正如心理学家 Corey 指出:"成员对参加团队所抱持的消极态度经常会被解释成队长没有能力使这些成员投入团队，当队长在带领非自愿的成员所组成的团队时，在团队活动进行过程中必须先假设成员会产生负面的态度，第一次团队活动如果进行得很好，一些非自愿的成员将会改变其负面的态度。"因此，在团队活动计划中，队长需要事先设计好合适的应对策略。

关于队长在首次团队聚会时面对非自愿成员时的说明，本活动专门准备了具体案例(见案例一)。

9. 团队契约的签订

团队契约是经过友好协商而在团队队长与成员之间达成的心理和行为的约定。签订契约的目的在于更有效地实现团队目标。团队契约明确了团队成员的权利和责任以及在团队之中要遵守的规则。

Brown 认为，团队契约的内容应该包括：

(1) 清楚说明团队设立目的以及团队是因何而设的。

(2) 个别成员的目标和希望在团队中获得一些东西，这些要与团队整体目标相匹配。

(3) 团队运作的方法。

(4) 团队聚会的时间、地点、次数。

(5) 有关团队守则、奖励与惩罚细则。

(6) 要求成员对团队有投入感，包括准时到会、不能无故缺席、帮助其他成员等。

(7) 保密性原则与措施。

(8) 个别成员有需要时能否单独约见团队队长。

(9) 清楚说明团队与机构(如学校各部门)的关系、团队成员的参与情况和活动的范围等。

为了使大家了解团队契约签订的具体问题，本活动将用一个团队契约书的案例来说明(见案例二)。

四、每次团队聚会计划的拟订

1. 首先要明确的问题

能否计划有效的团队聚会，将直接影响团队带领的效率。一般来说，在计划团队的每次聚会时要慎重考虑以下问题：

(1) 这个团队聚会的性质是什么？

(2) 聚会欲实现的目标是什么？

(3) 聚会将选择什么主题？

(4) 聚会将安排哪些活动？

(5) 每次团队聚会所占用的时间是多少？

(6) 这是第几次聚会？

(7) 聚会将采用什么形式？

(8) 聚会将会出现哪些可能的问题？

(9) 应对这些可能问题的备选策略有哪些？

(10) 这个计划具有变通性吗？

2．设计团队活动的原则

(1) 充分考虑到成员的特性，如性别、表达能力、职业偏好等。一般而言，我们倾向于动态性活动设计与静态性活动设计相结合，肢体性活动与分享性活动相结合，多元化活动设计与情感性、支持性活动设计相结合，认知性、学习性活动设计与技能性、训练性活动设计相结合，以及催化性活动设计与多元化活动设计相结合。

(2) 活动要基于成员的需要、团队目标和预期结果。

(3) 团队活动应该是我们能力范围所及的。

(4) 活动时活动的名称不一定要强调。

(5) 活动要顾及成员的具体情况。

(6) 活动要兼顾场地的适合性。

(7) 活动应保证全体成员的参与机会。

(8) 活动要容许成员决定他们的参与度。

(9) 活动要考虑到团队的时间限制。

3．团队聚会计划

本活动准备了两个不同性质的单次团队聚会计划示例(见案例三、四)。

案例链接

案例一　队长在首次团队聚会时面对非自愿成员的说明

我知道你们当中有许多人并不希望加入这个团队，你们可能会认为来这里是在浪费自己的时间。而我想告诉大家的是，我有许多计划是你们可能会喜欢的。

因为你们并不是自愿参加这个团队的，所以你们对于这里一定会感到不舒服。等一下有时间你们可以谈谈这些感受，但在此之前，我要先告诉大家我们在团队里要做什么，你们将会发现这个团队可能是很有趣的，而且对你是很有帮助的。

每一次我带领这样的团队时，总有一些成员在开始时非常抗拒，但到最后他们会感谢我提供了一个可以供他们分享想法和感受的地方。我知道你们当中有些人对于被强迫来这里感到愤怒，而我想说的是，这个团队真的能帮助一些人。如果你愿意的话，它也可以帮助你。如果你愿意给团队一些机会，我将尽力使它成为你美好的体验。

案例二　团队契约书签订

1．理念

本团队设立的目的是希望你能表现真正的自我。经过练习和鼓励，你能学会以更令人满意的方式表达自己，本团队强调以"角色扮演"的方式训练自我肯定及接受反馈的能力。

2．目标

本团队的整体目标是：

(1) 能区别自我肯定和非自我肯定的行为。

(2) 把自己的需要、希望、感觉和意见以诚实而有效的方式表达出来。

3．出席

请务必每次都出席，团队需要你提供意见和技巧示范。每位成员都参与，团队活动才能有效地进行。如果你不能参与，请和指导者联系。任何成员都有权利在任何时刻退出本团队。但是，如果你考虑退出，请事先和指导者沟通，这样做对你是有帮助的。

4．准时

请务必准时参加，避免错过聚会中发生的重要事件，同时也让团队能因你的参与而获益。如果你预计会迟到，请先通知指导者。

5．作业

每位成员在下次聚会前，均须在团队以外的时间练习某些作业，你可以不同意指导者建议的作业。但是，一旦同意，请务必完成。

6．保密

任何一位成员在团队中所说的话都是绝对保密的，也就是说，在团队中呈现的任何资料都不能在外面讨论。每个人都有隐私权，你可以不透露任何你不想和别人分享的事。如果团队进行时有录音，这份合约即是你允许录音仅能做训练用的书面同意书。如果另有用途，我们会再次征求你的书面同意。

7．研究

每位成员都要参加加入团队前及团队后的自我肯定练习，这些练习可用来帮助指导者为成员设计个别训练计划，同时也可以用来评估本训练的成果。成员都要填写自我肯定量表并做角色扮演测验。同时，会有观察者在督导下记录团队的互动。团队活动结束后，所有资料都会和每位参与的成员分享。

8．聚会时间

每个星期聚会 1 次，时间是＿＿＿＿＿＿＿＿。

本人已经仔细阅读并充分了解本合约内容。合约在指导者和本人相互同意下也可修订。

成员签名：＿＿＿＿＿＿＿＿＿＿日期：＿＿＿＿＿＿＿＿＿＿电话：＿＿＿＿＿＿＿＿＿

指导者签名：＿＿＿＿＿＿＿＿＿日期：＿＿＿＿＿＿＿＿＿＿电话：＿＿＿＿＿＿＿＿＿

案例三　学生交友困难支持团队的聚会计划

本支持团队由 15 名感到交友困难的同学组成，其中有 8 名男生和 7 名女生，并有 1 名新成员加入团队。

时间分配	活　动
5 分钟	1. 介绍新成员给大家认识 (1) 请每个成员说出自己的名字，并谈谈他们上次团队活动的内容； (2) 队长简单介绍团队和团队目标； (3) 提醒成员讲话时要面对整个团队，而不是只对着队长
2 分钟	2. 请成员写下他们交朋友的方法
3 分钟	3. 配对讨论成员所写下的交友方法
15 分钟	4. 在大团队中报告小组所讨论的内容 (1) 在黑板上列出这些方法； (2) 讨论这些方法； (3) 针对某些方法进行角色扮演； (4) 请每个成员都练习这些方法
3 分钟	5. 请每个成员说说在这个星期中想要尝试做的事情
7 分钟	6. 总结：请成员完成语句"我今天学到的一件事是＿＿＿＿＿＿"

案例四　学生适应团队活动书面计划

1. 团队目标

计划组织团队的理由在于：

(1) 希望在处理团队咨询问题方面获得更多的实际经验；

(2) 希望通过团队参与，来协助学生处理这些问题；

(3) 与学生相处的经验，有助于我对学生进行全面发展的研究。

2. 团队成员特征

本团队共有学生 7~8 人，他们没有特别的个人困难，只是在学校的环境里免不了遇到一连串的困难，在确定加入团队前，每一个成员都会接受一个初步面谈。

3. 团队队长的责任

虽然我是团队的队长，但我并非权威。我希望我是团队的促进者，努力营造一个适当的气氛和环境，以使成员感到安全、自在和温暖。我会设法安排一个方便大家的时间地点的聚会。我不希望成员觉得我是领导。我会尽力使团队维持非审判及非检讨的性质。

4. 团队成员的责任

我会让团队成员自行计划参加团队的活动；团队本身没有特定的目标，成员如有任何期望或建议，欢迎他们在团队聚会时提出。在成为团队成员后，他们应对自己以及所有其他成员负责，非必要时不可缺席团队活动；另外，他们在团队里应坦诚、真挚，而且应确保团队内一切谈话皆绝对保密。

5. 团队活动与过程

在这个阶段，我不打算给团队内的活动定下一个模式或结构，但若团队在进行中有此需要，我便会考虑。由于"团队"这个词对学生来说是一个比较新的概念，所以我在处理"团队"时将会按成员的需要来弹性处理。

6．预期成果

我想他们会珍惜在团队时所得到的经验，我期望看见他们有所进步，享受在他人面前坦白及真诚的感受；我希望看见他们更了解自己、清楚自己的特质；同时，学习欣赏自己和爱自己。

案例五　帮助学生克服焦虑情绪的团队咨询计划

1．团队类型

本团队是为帮助学生克服焦虑情绪而设置的，它并不针对严重的精神病患者，而只是用理性情绪治疗的思想来解决学生的一般生活适应及情绪困扰问题。

在团队活动开始时，组织者会给成员一些建议，以使他们能从团队活动中获得最大收获，帮助成员们建立起互相尊敬、互相信任的团队气氛；与成员们一起讨论活动的具体内容以及活动方式。这里制订的计划只是一个粗略的方案，成员们经协商可以做修改。

(1) 活动时间：每周 1 次，共 13 次，每次 90 分钟。

(2) 活动地点：根据实际情况而定。

2．团队目标

(1) 对团队成员有信任感，愿意诉说自己的认识与情感。

(2) 掌握理性情绪疗法的基本思想，能用来解决自己日常生活中的情绪困扰。

(3) 能够接纳自我，容忍他人，获得自尊和自信。

(4) 学习自我决断能力，并愿意承担后果。

(5) 能够逐渐发展出自己明确的人生哲学。

(6) 通过与团队中和自己有相同问题的人交往，来摆脱生活的困扰与孤独感。

(7) 善于把在团队活动中获得的新体会与经验运用到具体生活情境中。

3．理论依据

理性情绪疗法注重人的理性思维对情绪的控制，认为人只要控制住自己的思维，就能够成为情绪的主人。学生具有足够的抽象思维能力，在开放的团队气氛下，应用理性情绪疗法对其不合理的思维进行改造，从而调节焦虑情绪，是可以收到成效的。

4．活动方式

以理性情绪疗法基本思想为依据，进行自我分析，专题讨论。其中可插入心理剧表演、角色扮演、放松训练、系统脱敏等心理辅导方式。活动之外要做家庭作业，包括阅读、写读后感、写日记以及实践演练等。确有需要者，可做一定的个别咨询。

5．基本规章

(1) 成员必须参加团队所有活动。

(2) 成员必须保持对其他成员的信任，愿意与他们分享自己的内心世界。成员要对他人表露的认识和情感提供反馈信息。

(3) 团队活动时，严禁对他人进行人身攻击。

(4) 团队成员在活动中的所言所为要绝对保密。团队活动外，不做任何有损团队成员利益的事。

(5) 成员应认真完成家庭作业。

(6) 在整个团队活动期间，禁止与其他成员进行有关性的接触。

(7) 活动中严禁吸烟、吃零食以及从事其他与活动无关的事。

6．指导者

某教师。

7．讨论的主题

(略)

8．效果评价

(1) 量表评定：田纳西自我概念、精神卫生自评、交往焦虑量表、目标和方式价值观调查表。

(2) 主观评定：个人状况自述。

总结与考核

一、实训日志

日　期		天　气	
主要实训内容：			
体会与感想：			
努力方向：			

二、训练考核(第二周)

考核内容		分值	本周考核要求	本周自评得分
平时成绩 (80分)	考勤	5分		
	训练过程	5分	1. 成立团队,完成团队最初组建,成员间相互熟悉、了解,建立联结,1分; 2. 理解并着手自主命题的项目,1分; 3. 活动中进一步建立团队成员之间的联结,自我了解,1分; 4. 通过拓展训练明了自己的喜好、兴趣、人格特质等与职业的联结,找到自己目前的突破点,并与团队其他成员协商确定团队项目,统整个人目标与团队目标的关系,2分	
	训练表现	10分	1. 倾听与理解的程度,2分; 2. 对自我的认知程度,2分; 3. 对职业的理解程度,2分; 4. 融入团队的程度,2分; 5. 对自我修正的目标的明确程度,2分	
	团队训练表现	30分	指令完成情况: 1. 组队情况,5分; 2. 活动情况,5分; 3. 项目确定情况,10分; 4. 后续进展计划,10分	
	长程团队项目及个人任务进程监控记录,个人贡献与反思	30分	1. 团队中个人要实现的目标,10分; 2. 个人目标与团队目标的统整程度,10分; 3. 个人的自我修正和改进目标计划,5分; 4. 个人能支持团队的,团队支持到个人的,5分	
	本周平时分合计			
训练感悟 (20分)	每个训练或团队项目的感悟与提升	20分		
备注		1. 平时成绩每课一结,个人自评,队长核查汇总。 2. 平时成绩每课总分80分,期末加总求平均分,作为期末成绩,占总成绩的80%。 3. 训练感悟得分直接计入期末总成绩,占总成绩的20%		

拓展训练

一、训练内容

(一) "福尔摩斯"探案

(1) 将成员分成三组或四组,并准备好纸和笔。

(2) 请成员填写"我喜欢的休闲活动"问卷,并与组内同伴分享自己感兴趣和不感兴趣的事物与休闲活动。

(3) 组内成员分配工作,分派访问其他组组员,了解其感兴趣与不感兴趣的事物;再召集全组,交换搜索到的资料。

(4) 每组派出一位"福尔摩斯"到室外去,室内成员指定一人为谜底。"福尔摩斯"们进来后,只可询问有关谜底人选的兴趣方面的问题,成员只能回答"是"或"不是",并要在 10 个问题内猜出,看哪组的"福尔摩斯"先猜到。队长分别计分。

(5) 请每位成员分享他最重要的兴趣,其他成员给予回馈。

(6) 队长归纳:每个人的兴趣都有所不同,要学会去尊重别人的兴趣。

(7) 给各组两分钟时间,讨论兴趣与职业的问题。例如,喜欢运动的人可发展哪些职业?

(8) 成员绕圈自我报告,计算得分。

(9) 队长计算这次团队得分最高的组别,并给予鼓励。

(10) 请你从自己感兴趣的事联想可能从事的职业,完成"职业兴趣"问卷。

(11) 队长说明兴趣与职业的关系,鼓励成员深入了解自己的兴趣,并从职业方向来培养各种兴趣。

(12) 分享:请同学们把关注到、认知到的新视角、新知识分享给大家。

(13) 总结:每个人的兴趣都有所不同,我们要学会去尊重别人的兴趣;说明兴趣与职业的关系,鼓励大家深入了解自己的兴趣,并从相关方面来培养自己的各种兴趣。

"我喜欢的休闲活动"问卷

请就下列的休闲活动项目加以选择,喜欢的打"√",不喜欢的打"×",无所谓喜欢或不喜欢的不做任何记号。

( )滑草	( )射箭	( )跳伞	( )打扮
( )跳绳	( )溜冰	( )慢跑	( )阅读
( )跳水	( )游泳	( )骑马	( )登山
( )烹饪	( )武术	( )绘画	( )写作
( )摄影	( )唱歌	( )散步	( )集邮
( )旅游	( )聊天	( )喝茶	( )钓鱼
( )打牌	( )跳舞	( )看视频	( )学乐器
( )做实验	( )学数学	( )赏花鸟	( )喝咖啡

（　）学书法	（　）做家务	（　）做木工	（　）看电影
（　）放风筝	（　）看电视	（　）猜谜语	（　）打弹珠
（　）打球	（　）森林浴	（　）打电话	（　）溜滑板
（　）日光浴	（　）比臂力	（　）踢毽子	（　）骑脚踏车
（　）做体操	（　）玩飞盘	（　）园艺活动	（　）卡拉 OK
（　）水上运动	（　）球类运动	（　）田径运动	（　）到游乐场玩
（　）整理庭园	（　）郊游烤肉	（　）拜访亲友	（　）棋类活动
（　）文艺活动	（　）养小动物	（　）民俗技艺	（　）做陶艺
（　）参观展览	（　）学做手工艺品	（　）参加戏剧活动	
（　）玩遥控飞机	（　）打电子游戏	（　）其他(请注明)	

请在打"√"的项目中，再选出五项你最喜欢的活动，依次将题号填写在下面的格子中：

最喜欢的五项活动				

"职业兴趣"问卷

说明：

(1) 该测验的目的在于了解你的兴趣，以便帮助你将来选择适当的职业。

(2) 作答的方法很简单，只要在题后"是"或"否"的方格里填写"√"记号即可。每一项问题都要作答。

(3) 该测验与学业成绩或品格无关，请按照自己真正的意思作答。

	是	否		是	否
1. 飞行员			19. 乐队指挥		
2. 秘书			20. 建筑物拆除工		
3. 侦探			21. 医生		
4. 邮政人员			22. 小学教师		
5. 电子技师			23. 校长		
6. 摄影师			24. 发电厂操作员		
7. 飞机修护员			25. 天文学家		
8. 气象学家			26. 预算审核员		
9. 宇航员			27. 音乐家		
10. 记账员			28. 起重机操作员		
11. 诗人			29. 铅管工		
12. 报社编辑			30. 航空设计师		
13. 幼儿园老师			31. 语言矫治专家		
14. 律师			32. 交通业经理		
15. 生物学家			33. 制造商代理		
16. 中学教师			34. 作家		
17. 质检员			35. 救火员		
18. 采货员			36. 军官		

	是	否		是	否
37．室内装潢师			78．旅游推销员		
38．小说家			79．网络运营商		
39．人类学家			80．检察官		
40．婚姻咨询员			81．学校教师		
41．统计人员			82．工厂领导		
42．家电制造商			83．工具设计师		
43．商业性艺术家			84．地质学家		
44．外交官			85．督学		
45．政府官员			86．经济分析学家		
46．雕刻家			87．不动产经纪人		
47．汽车技工			88．作曲家		
48．测量员			89．人像艺术家		
49．动物学家			90．机械师		
50．体育教师			91．火车工程师		
51．速记员			92．植物学家		
52．旅馆经理			93．生活辅导员		
53．运动选手			94．物价估计员		
54．木匠			95．工商顾问		
55．工程监理员			96．戏剧指导		
56．化学家			97．制图员		
57．游乐场指导员			98．法官		
58．出纳员			99．精神科看护		
59．商业经理			100．职业拳师		
60．银行职员			101．剧本作家		
61．电台播报员			102．童装设计师		
62．科学家			103．货车司机		
63．心理学家			104．电器技工		
64．税赋专家			105．物理学家		
65．餐馆服务员			106．职业辅导员		
66．艺术品商人			107．银行审计员		
67．裁判员			108．漫画家		
68．加油站服务员			109．社会工作者		
69．社会科学教师			110．锁匠		
70．司仪			111．殡仪师		
71．爆破员			112．运货员		
72．英语老师			113．保险经纪人		
73．销售经理			114．理发师		
74．树木修剪员			115．收账员		
75．科学杂志编辑			116．探险家		
76．福利机构主任			117．火车司机		
77．电脑设备操作员			118．乐谱改编者		

职业兴趣类型及题目如下(回答"是"记1分,回答"否"不记分):

现实型 R(Realistic):3,7,20,24,28,29,35,42,47,48,54,55,68,71,74,81,90,97,103,104,114,117。

研究型 I(Investigative):1,5,8,15,17,25,30,39,49,51,56,62,83,84,91,92,105,116。

艺术型 A(Artistic):6,11,12,19,27,34,37,38,43,46,72,75,79,88,89,96,101,102,108,118。

社会型 S(Social):9,13,16,22,23,31,40,50,53,57,63,67,69,76,82,85,93,106,114。

企业型 E(Enterprising):14,18,33,36,42,44,45,52,59,60,65,66,70,73,78,80,87,95,98,99,113。

传统型 C(Conventional):2,4,10,26,32,41,51,58,61,64,77,86,94,107,111,112,115。

将得分统计填入下表,通过分值可看出测试者对职业类型的倾向性。

R	I	A	S	E	C

(二) 大拍卖

提前准备大拍卖项目单,并做好工作价值衡量。

(1) 闪亮的节奏活动。团队成员围圈站立,队长放热门音乐,由队长示范简单的四肢动作,其他成员跟着做一样的动作;之后,成员依序带领动作(约两个八拍),其他人跟着做。

(2) 大拍卖游戏。队长发给成员"大拍卖项目单",并说明规则:一会儿我们要拍项目单上的东西,你们现在每个人皆有100万元,每件东西最低价为1万元,每次加价不得低于1000元,并举例示范。之后,成员分享所得与所失,队长解释所拍卖物品的价值意义,说明价值观经常影响我们的决定,必须先了解自己所看重的价值,才不会作出令人后悔的决定。

大拍卖项目单

(1) 学到一技之长(专业地位、成就)	(6) 书、录音带(知识)
(2) 做一个有创新能力的人(品质)	(7) 帮助残障的人(社会服务)
(3) 成为指挥100人的老板(领导)	(8) 身心健康(健康)
(4) 与你喜欢的人朝夕相处(情感)	(9) 拥有早出晚归的工作(生活形态)
(5) 环游世界(休闲)	(10) 拥有相处和谐的工作伙伴(人际)

(3) 填写工作价值衡量表。① 发表给成员；② 解释表中所列名词之意义；③ 讨论几项职业的工作价值；④ 圈出表内重要的部分；⑤ 根据兴趣、人格特质及工作价值等内容，请成员于表右上方写下四种最想从事的工作，并评量其工作价值；⑥ 帮助成员整理出最想从事的工作，以及未来可能的生活形态；⑦ 队长总结。

工作价值衡量表

吸引你的原因		重要性			我未来想从事的职业				吸引你的原因		重要性			我未来想从事的职业			
					1	2	3	4						1	2	3	4
工作报酬	能力提升快	3	2	1					工作环境	室内	3	2	1				
	管理权力大	3	2	1						室外	3	2	1				
	社会地位高	3	2	1						跟人接触	3	2	1				
	福利制度好	3	2	1						跟机器接触	3	2	1				
	待遇高	3	2	1						舒适	3	2	1				
工作内容	压力小	3	2	1					休闲时间	时间不固定	3	2	1				
	变化多	3	2	1						工作时间少	3	2	1				
	有挑战性	3	2	1					人际关系	伙伴好相处	3	2	1				
	有创造机会	3	2	1						上司好相处	3	2	1				
	能独立作业	3	2	1					工作地点	可常回家	3	2	1				
	社会服务	3	2	1						须住宿舍	3	2	1				
	领导性	3	2	1													
	流动性	3	2	1													
	常需进修	3	2	1													

(4) 分享。请同学们把关注到、认知到的新视角、新知识分享给大家。

(5) 总结。当我们看到自我价值、看到自己向往工作的工作价值时，内心波动了吗？(如何让自己更有价值呢？也许更多的行为练习会帮我们找到答案。)

二、个人训练任务周进程监控表

个人训练任务周进程监控表

任务要求	周一	周二	周三	周四	周五	周六	周日	任务状态
明了自己的喜好、兴趣、人格特质等								
人格特质与职业的联结								
梦想中职业对人才的要求								
找到自己目前的突破点								
与团队其他成员协商确定团队项目								
统整个人目标与团队目标的关系								
团队项目	分配的个人任务、要求完成时间、完成情况：				贡献与反思：			
本周其他情况说明								

有 效 沟 通

谈话，和作文一样，有主题，有腹稿，有层次，有头尾，不可语无伦次。

——梁实秋

沉默是一种处世哲学，用得好时，又是一种艺术。

——朱自清

训练目标

(1) 充分体会并感悟沟通的重要性。

(2) 养成乐于沟通和敢于敞开心扉与人沟通的习惯。

(3) 掌握沟通方法、策略和技巧，锻炼高效沟通的能力。

训练内容简述

以小组为训练单位，以竞赛的形式，大家协作、配合，完成"背靠背画画""听与说"等活动。在相互配合、共同完成活动任务的过程中体会沟通的重要性，掌握听、说等方面的沟通技巧，提高沟通能力，分享如何才能让沟通更顺畅、更高效。

训练内容

活动一 "撕纸"游戏

活动目标

体会单向沟通和双向沟通这两种沟通方式的特点和差异；认识到在沟通过程中抓住关键信息是重点。

活动准备

A4 纸(必须保证每人两张)。

活动内容

具体的活动内容及步骤如下：

(1) 教师给学生每人发一张 A4 纸，要求他们按照指令去做，在这个过程中任何学生都不能发出声音(可以要求学生闭上眼睛)。

(2) 教师引导学生将纸对折一下，然后再对折一下，在右上角撕去一个角，然后转动 $180°$，再将手中所拿纸的左上角撕去，然后把纸打开。

(3) 教师再发给所有学生每人一张 A4 纸，重复一遍上面的指令，只不过这次允许学生在做的过程中向教师提出自己的一些疑问及不清楚的地方，如问清楚是将纸横折还是竖折，折过后的开口朝哪个方向等。在此基础上完成游戏，然后要求学生将自己手里的纸打开。

体验分享

活动结束后，同学们就撕纸游戏中所得到的图形结果不一致的原因进行讨论，教师予以点评。

(1) 第一轮操作完成之后，为什么会出现这么多不同的结果？

(2) 第二轮操作完成之后，为什么效果会比第一轮好？

(3) 第二轮操作完成之后，结果为什么还是会有误差？

活动总结

沟通过程中，我们经常使用单向沟通方式，结果听者总是见仁见智，个人按照自己的理解来执行，通常都会出现很大的偏差。使用了双向沟通之后，又会怎样呢？偏差依然存在，虽然有改善，但增加了沟通过程的复杂性。所以，什么方法是最好的？任何沟通的形式及方法都不是绝对的，它依赖于沟通双方对于彼此的了解、沟通环境的限制等，沟通的最佳方式要根据不同的场合及环境而定。

沟通是意义转换的过程，在沟通的过程中，无论是信息的发送者还是信息的接收者都要把握好关键的信息。

活动二 "背靠背画画"游戏

"背靠背画画"游戏

活动目标

在背靠背状态下，两人通过语言沟通共同完成绘画任务，帮助学生掌握沟通技巧，锻炼并提高学生高效沟通的能力。

活动准备

A4 纸、黑色碳素笔、打印的基本线条图或图画。

活动内容

具体的活动内容及步骤如下：

(1) 把团队分成每两人一组，背靠背坐着。

(2) 给其中一个人一张画着简单线条形状或图形的画，给另一个人一张 A4 纸和一支笔。

(3) 持图画的人给他的同伴口头说明如何画出所给的线条图形或图画，而不是简单地告诉同伴此形状或图形是什么。

(4) 绘画任务完成后，给出一定的时间，让小组之间比较他们绘制好的图画，看看哪个小组绘制出了最精确的副本。

体验分享

活动结束后，同学们就活动过程中的体验和收获进行分享，教师予以点评。

(1) 你们感觉在完成绘画任务的过程中最大的困难是什么？

(2) 哪个小组画出的图画最精确？请分享你们的经验。

活动总结

沟通不是我说你听，你说我听，而是要用心听懂对方说的话，领会其中要传达的意图。

活动三 "听与说"游戏

活动目标

锻炼学生的倾听和语言表达能力，引导学生掌握"听与说"的技巧，提高沟通能力。

活动准备

纸、笔。

活动内容

具体的活动内容及步骤如下：

(1) 把团队分成每6人一组，个别组可以多出1～2人。

(2) 每组的6人进行以下角色分配：

① 孕妇：怀胎8个月。

② 发明家：正在研究新能源(可再生、无污染)汽车。

③ 医学家：经年研究艾滋病的治疗方案，已取得突破性进展。

④ 宇航员：即将远征火星，寻找适合人类居住的新星球。

⑤ 生态学家：负责热带雨林抢救工作。

⑥ 流浪汉。

(3) 活动背景：一架私人飞机坠落在荒岛上，只有6人存活。这时逃生工具只有一个只能容纳一人的橡皮气球吊篮，没有水和食物。

针对由谁先行乘坐橡皮气球吊篮离岛的问题，6个角色各自陈述理由。要求：先复述前一人的申述理由再申述自己的理由(第一位申述者复述最后一名队员的申述理由)。每位成员复述和申述完成后，小组内其他成员根据他复述别人逃生理由的完整程度与陈述自身理由的充分程度给他打分，最后依据分数选出可先行离岛的人。

体验分享

活动结束后，同学们就活动过程中的体验和收获进行分享，教师予以点评。

(1) "听"与"说"相比较，你是更愿意听还是更愿意说？为什么？

(2) 当别人在复述你的申述理由时，你的感受是怎样的？

(3) 如何才能更详细、更准确地记住别人说的话？

(4) 如何表达会使你更具有说服力？

活动总结

听与说是沟通中最基本也最重要的两个方面，看似是本能的两种活动，想要做好却并不容易。要做到有效倾听和确切表达需要用心练习，才能逐渐掌握其中的技巧。记住：你所表达的内容应该 70%是对方想要听的，30%是你想要说的。

知识链接

一、沟通

(一) 沟通的含义

《现代汉语词典(第 7 版)》对"沟通"一词的解释非常简单："使两方能通连。"沟通原意指人们用开沟的方式使两水连通的活动，后泛指现代社会的信息交流。沟通是人们在互动过程中，通过某种途径或方式，将一定的信息从发送者传递给接收者，并获取理解的过程。这种信息可以是文字信息，还可以是态势语言的信息。

沟通在生活中无时不在、无处不在，可以说是人的一项基本技能。沟通的目的是经过交流，使双方能够达成共识，即让他人懂得自己的意思，自己也明白他人的意思。所以，有效沟通是指提高理解他人的能力，同时增加他人理解自己的可能性。有时，人们认为沟通只是在人际交往时不隐瞒、真实地表达本意就行了。其实，沟通不仅需要以诚相待，也需要技巧，更是一门艺术。沟通被认为是管理的血液，贯穿于管理活动的整个过程，是管理的核心和本质。相关研究表明：组织中管理者大约将 70%的时间用于沟通，组织中约 70%的问题是由于沟通障碍引起的。

(二) 沟通的基本要素

一个完整的沟通过程一般包括 6 个基本要素。

1. 信息的发送者

信息的发送者是沟通过程中发送信息的主体。这个主体可以是个人，也可以是群体或组织。发送者不仅有目的地传播信息，还要对传出的信息进行编码，即把信息加工、组织成便于传递的形式。发送者的主要任务是信息的收集、加工、传递及对反馈的反应。尽管它发送的信息存在着有意和无意、自觉和不自觉、有目的和无目的之分，但通常会受到内容选择(如不能发表违法言论、不宜公开某些报道)、媒介压力(如媒介组织的宗旨、制度、政策、规定等对信息所产生的限制)、个人形象与个性以及来自社会、组织和个人等层面因素的制约。

2. 信息

信息就是发送者所发送的由语言和非语言两种符号组成的内容，由双方共同分享特定符号所带来的思想、情感和意图。当我们说话的时候，说出的话就是信息；当我们写字的时候，写出的内容就是信息；当我们绘画的时候，绘出的图画就是信息；当我们做动作的时候，身体的动作、面部的表情就是信息。信息的发送者需要把头脑中的想法进行编码以生成信息。

3. 信息的接收者

信息的接收者就是信息发送者的信息传递的对象。多数情况下，发送者与接收者在同一时间既要发送又要接收，且角色互相转换。接收者的主要任务是接收发送者希望传达的思想、情感和意图，并及时把自己的思想、情感和意图反馈给对方。

4. 渠道

渠道就是信息经过的路线，是发送者把信息发出、接收者接收和反馈的手段。信息必须通过一定渠道才能存在和传递，渠道主要由听觉(收音机、电视广播)、视觉(报纸、杂志、网络、电影、电视)、触觉(握手)、声音(音调、语气)等载体组成。

不同的信息内容与不同的条件要求要有不同的渠道。例如，公司的战略决策就不宜通过口头形式而应采用书面形式的正式文件作为渠道。有时，人们会同时或先后使用两种或两种以上的沟通渠道进行沟通。例如，先口头沟通，然后书面跟进。由于各种沟通渠道都有各自的特点和利弊，因此要因时、因地、因人制宜，根据当时的具体情况来选择恰当的沟通渠道。渠道的选择对于沟通的效果有着十分重要的影响。

5. 反馈

反馈就是接收者接收发送者所发出的信息，通过消化吸收后，将反应传达给发送者的过程。有效、及时的反馈是极为重要的。我们在交流时，要对信息加以归纳和整理，及时反馈回去，才能提升沟通的效果。通常沟通中参与的人数越少，反馈的机会就越多。

6. 沟通的情境

沟通总是在一定的背景下发生，沟通情境是指互动发生的场所或环境，它是互动过程中的重要因素。沟通情境包括三方面的因素：一是心理因素，沟通主体处于兴奋、激动状态或处于抑郁、焦虑状态；二是沟通的物理环境，如在公交车上、会议现场、教室等；三是沟通的社会情境、文化背景等。情境因素直接或间接地影响着沟通的效果。

(三) 沟通的分类

根据不同的分类标准，沟通可分为不同的类别。

1. 按沟通时对媒介的依赖程度划分

按沟通时对媒介的依赖程度，可将沟通分为直接沟通和间接沟通。

(1) 直接沟通就是直接面对沟通对象所进行的信息传递和交流。直接沟通无须沟通媒介参与,是以自身固有的手段进行的人际沟通,如谈话、演讲等。

(2) 间接沟通就是需要沟通媒介参与的人际沟通。它是通过文件、信函、电话、电子邮件等媒介所进行的信息传递和交流。间接沟通大大拓宽了人际沟通的范围,远隔万里的两人通过电话、电子邮件、传真、网络等方式交流信息。因此,间接沟通是人际沟通的延伸和拓展。

2.按沟通时所使用的符号形式划分

按沟通时所使用的符号形式,可以将沟通分为语言沟通和非语言沟通。

(1) 语言沟通是发送者以语言符号形式,将信息发送给接收者的人际沟通。它是人类最普通的沟通形式。语言沟通可以分为两类:一类是口头沟通,即会议、会谈、对话、演说、报告等运用口头语言形式进行的沟通。其优点是快捷、高效、反馈及时、双方可以自由交换意见等;缺点是信息传递的中间环节越多,信息被曲解的可能性就越大。另一类是书面沟通,即文件、信函、刊物、通信等借助书面语言形式进行的沟通。其优点是沟通的内容具体化、直观化,沟通信息能被永久保存,便于查询;缺点是需要花费大量的时间,缺乏及时的反馈。

(2) 非语言沟通是发送者以非语言符号形式,将信息发送给接收者的人际沟通。它是指以语言之外的面部表情、身体动作、眼神、外貌、衣着以及发送者和接收者之间的身体距离等为媒介的沟通方式。对接收者来说,留意沟通中的非语言信息十分重要。在倾听信息发送者发送的语言信息时,还应注意非语言线索。例如,在沟通过程中,如果对方不停地看表,意味着他可能有其他事情,希望尽快结束交谈。

3.按沟通的组织程度划分

按沟通的组织程度,可以将沟通分为正式沟通和非正式沟通。

(1) 正式沟通是在一定的组织机构中,通过正式的组织程序和组织机构所规定的正式渠道进行信息的传递与交流,如组织内的文件传达、通知发布、工作布置、工作汇报、各种会议以及组织机构与其他组织机构之间的公函来往等都属于正式沟通。正式沟通具有严肃性、程序性、稳定性、可靠性及信息不易失真等特点。其优点是信息道路规范,准确度较高;缺点是信息传播范围受到限制,传播速度比较慢。

(2) 非正式沟通是通过正式沟通以外的渠道所进行的信息传递和交流。这种沟通是建立在组织机构成员之间的社会交往和私人感情基础之上的,人们以个人身份所进行的沟通活动,如员工之间的私下交谈、朋友聚会、邻居聊天等各种各样的社会交往活动。它具有自发性、灵活性、迅速性、随意性等特征。

4.按沟通是否具有反馈的情况划分

按沟通是否具有反馈的情况,可以将沟通分为单向沟通和双向沟通。

(1) 单向沟通是信息单向流动的沟通。接收者只接收而不向发送者进行信息反馈,即信息的发送者和接收者的地位不发生改变的非交流性信息传递活动,如发布命令、报告、演讲等。它具有信息沟通速度快、条理性强,且不易受干扰等特征。

(2) 双向沟通是信息双向流动的沟通。在沟通过程中,信息的发送者和接收者的地位不断发生改变,即信息的发送者和信息的接收者既相互发送信息,又相互反馈信息,如讨论、谈话、谈判等。它具有传送信息准确、接收信息自信心较强、易受干扰和缺乏条理性等特征。

沟通的过程实际上是信息的发送者通过选定的信息传递渠道将信息传送给接收者的过程。

二、有效沟通

沟通能力是指沟通者所具备的能胜任沟通工作的主观条件，即一个人与他人有效进行沟通信息的能力。有效沟通与个人的外在技巧和内在动因有关，关键是要做好以下两点。

(一) 有效倾听的基本技巧

美国人际关系学大师戴尔·卡耐基(Dale Carnegie)说："做个听众往往比做一个演讲者更重要。专心听他人讲话，是我们给予他的最大尊重、呵护和赞美。"沟通首先从倾听开始。说到倾听，许多人常把听与倾听混为一谈。事实上，"听"与"倾听"有着根本区别。"听"是人与生俱来的能听见声音的能力，是人的感觉器官对声音的生理反应。而"倾听"则不仅指用耳朵接收声音，而且也指用眼睛观察说话人的表情。倾听是更认真的、积极的听，是一种心智与情绪上的感受。倾听虽然以听到声音为前提，但更重要的是我们对声音必须有所反应。倾听是一个主动参与的过程，听的人需要观察、思考、理解、反馈。繁体的"聽"这个字是由耳、王、十、四、一、心所组成的。这其中的含义就是需要眼到、口到、心到，并且要做到用眼看、用口说、用心记；还有更重要的一层含义，王在这里解释为"玉"，只有耳朵带玉的人(尊贵的人)才是真正的听者，所以"听"这一行为在古代就已被人们视为高尚的行为。

1. 专注的技巧

由于人类的大脑处理信息的速度快于说话的速度，因此倾听是很辛苦的事情，你必须时刻控制大脑不分神。那么，如何保持专注的倾听呢？

(1) 做好倾听的准备。排除内在的和外在的干扰因素。内在干扰因素包括心理压力、情绪不佳、身体欠安等因素；外在干扰因素包括不合适的时间、地点、环境等。太多的干扰因素没有得到消除或弱化的时候，不妨改期沟通。

(2) 保持参与的距离。双方的距离既不要太近也不要太远。判断距离恰当与否的最好办法是要看与你谈话的人在距离上是否感到舒服。如果他向后退，说明你离得太近了；如果他向前倾，说明你离得太远了。

(3) 保持坦然直率的姿势。人的身体姿势会暗示出对于谈话的态度和兴趣。自然开放性的姿态代表着接受、容纳、尊重与信任。手臂不要交叉，不要僵硬不动，要随着讲话人的语言作出反应。坐着的时候，要面对讲话人，身体略向前倾。表现兴趣的技巧是随着讲话人的姿势不断调整自己的姿势。

(4) 用目光表示感兴趣。柔和地注视讲话人，可以偶尔移开视线。不要面无表情地瞪视，不要长时间地看别处或不断地在房间中巡视，好像你对其他东西更感兴趣。如果感觉直视他人的眼睛有困难，也可以用弥漫性的目光注视对方的眼睛周围，如发际、嘴、前额、颈部等。目光接触是一种非语言信息，表示"我在全神贯注地听你讲话"。注意避免明显的失礼行为，如阅读、看表或盯着窗外等。

2. 鼓励的技巧

鼓励对方开口表示我们乐于接受别人的观点和看法,这会让说话者有一种备受尊重的感觉,有助于我们建立和谐、融洽的人际关系。

(1) 善于引导对方。在交谈过程中,我们可以说一些简短的鼓励性的话语,如"哦""嗯""是""我明白了"等,以向对方表示我们正在专注地听他说话,并鼓励他继续说下去。当谈话出现冷场时,也可以通过适当的提问引导对方说下去。例如,"你对此有什么感觉""后来又发生了什么"等。

(2) 给予对方真诚的赞美。真诚的赞美可以有效地激发对方的谈话兴致。例如,"你的话对我很有启发""你讲的这个故事真感人""你这个想法真不错"等。

(3) 提开放式的问题。要想让谈话继续下去,并且有一定的深度和趣味,就要多提开放式的问题。开放式提问是指提出比较概括、广泛、范围较大的问题,对内容的回答限制不严格,给对方充分发挥的余地。这样的提问不会显得唐突。开放式问题不是一两个词就可以回答的,这种问题需要解释和说明,同时向对方表示你对他说的话很感兴趣,还想要了解更多的内容,对方会感到放松,因为他知道你希望他参与进来,并充分表达自己的想法。

(4) 适时提出疑问。在倾听过程中,要适时地提出一些切中要点的问题或发表一些意见和看法来响应对方的谈话。此外,如果有听漏或不懂的地方,要在对方的谈话暂告一段落时,简短地提出自己的疑问之处。

(5) 恰当运用肢体语言。身体略微前倾、自然微笑、时常看对方的眼睛、微微点头、用手托着下巴等肢体语言会显示出倾听者的态度诚恳,同时也能让说话者感受到倾听者的支持和信任。

(6) 恰当的沉默。沟通时,听完一段叙述后,可以稍稍停顿一下,让对方能够有时间思考自己所说的话并决定如何反应。沉默向对方表明"我感觉到了我们都需要时间考虑这个问题,我尊重你处理问题的能力,而且我会耐心等待"或"我理解你所表达的意思,我不想打断你的思路"。

3. 跟随的技巧

跟随既能保证自己倾听的准确性,同时也能表明对说话者的重视。

(1) 复述内容。复述内容可以检验自己是否正确理解了自己听到的话,鼓励对方详细解释他的意见,并表明你在倾听。如果对方说的内容较多,需要把握对方话语主要的环节衔接,虚化旁枝细节。叙事的成分,把握事件的起因、过程、结局;抒情的成分,把握发展、起伏、跌宕等波动曲线;议论的成分,把握总论点与分论点之间内在的有机联系。在听的过程中对这些主要思想进行组织,不要先评判它们的对错,向对方重复几个关键词或总结主要思想,例如,"这就是说,你提出三条建议……""你的主要担心似乎是……""你的意思是说……"等。

(2) 复述情感或情绪。运用同理心倾听,体会说话者在说话时的情感或情绪,听出"字里行间的意思"。注意讲话人的音调、音量、面部表情以及肢体动作。重复对方的情感或情绪,表示自己理解其心情。例如,"你好像不喜欢新出台的政策""你似乎对小组的合作现状感到失望"。

(3) 记录信息。我们的大脑会主动遗忘自己认为无意义的信息，能在大脑中留下印象的信息，都是对我们具有特别意义的。大多数成年人对自己不理解的信息的记忆力较弱。所谓"好记性不如烂笔头"，如果交谈中对方提供的重要信息比较复杂，最好把这些信息记录下来。记笔记能够说明你确实对正在讨论的话题感兴趣，并准备追随讲话人的思路。笔记不需要记很多，这样才不会失去与交谈对象的目光交流和联系。

(二) 表达的基本技巧

一切沟通技巧从本质上说只为两个目的服务：让别人懂得你以及你懂得别人。如果你的表达方式阻碍了其中任何一个目的的达到，你就步入了危险的沟通雷区。有人认为说话是最容易的事，我们从一岁左右就学会说话，但是要把话说对说好却不是件容易的事，这需要扎实的基本功。

1. 基本功

(1) 言辞恰当。语言的迷人之处，不仅在于它是一种沟通的工具，还在于它本身就具有吸引力，人们对绝妙口语的追求和崇拜是不言而喻的。语言是一个人思维的外在表现，也是文化素养的综合反映。我们在说话时，一定要选择符合自己身份的言辞，同时也要照顾到对方的感受。例如，不说粗话，不说无根据的话，不说太绝对的话。

(2) 戒除口头禅。日常讲话中和会议发言时，总有一些人习惯使用"这个""那个""然后""那么"之类的口头禅。当某一句话成为你的口头禅时，你就很容易被它束缚住，以至于无论你想说什么，也不管是否适用，都会脱口而出。多余的口头禅和零碎词语反复出现通常会使人反感，影响表达效果并有损表达者的自我形象。因此，在说话时要尽量避免出现这些所谓的口头禅。

(3) 思考透彻、语言简洁。大文豪鲁迅先生曾指责制造长而臭的文字无异于"谋财害命"。每一个人的时间都是有限的、有价值的，没有人喜欢不必要的、烦琐的沟通。因此，说话时要尽量用简洁的语言来表达，避免使用一些复杂、烦琐的句式，追求以少量的话传递大量的信息，正所谓"字字千金"。这也体现出说话人分析问题的深刻和透彻。

(4) 语言表述要有条理。要保证语句的结构和逻辑性没有问题，不可杂乱无章。当然这需要大量的阅读和知识的积累。语句表达有条理其实是要求说话者思维要有逻辑性，不然说起话来就会东一榔头西一棒槌，前言不搭后语，觉得把该说的话都说了，听者却是一头雾水，不知道想要表达的是什么意思。

(5) 对一些特殊语言要特殊对待。专业术语一般用于特定的行业，通俗俚语多用于朋友间的非正式交谈。惯用的言辞常能表现一个人的个性，比较容易流露个性的言辞有人称语、借用语、敬语、思考语、附会语等。任何地方都有地区性方言，个人的成长环境和经历不同，个人使用言词的习惯也不同，听一个人说话即可大致推测出其身份，这是很有道理的。除了社会性、阶层性或地域性的语言差异外，还因个人水平、气质不同而形成不同的心理性用语。所以，语言本身即有表现自我的属性，当然也会在不知不觉中反映出各种曲折的深层心理。一个人无意识中表现出来的语言特征，往往比他说话的内容更能表现其人。

经常把"我"挂在口上的人，多骄傲自负，自我表现欲强。爱借用名言、格言的人，多半是权威主义者，想借助权威来提高个人说话的说服力。有些人喜欢在说话的时候搬用生僻的词句，令听者感到困惑。其中有些人是想借此表现自己有学识，另外一些人则恰恰相反，是想用人们难懂的词语作为保护自己心理弱点的挡箭牌。恰如其分的敬语可以维系人际关系，过度的恭维话反而表现出戒心、嫉妒、讽刺或敌意。思考语是表现人们思考动态的言辞，在说话中一再使用"但是""然而""毕竟"这类词的人容易控制听众。这些都是我们在语言表达中应该加以注意的。

2. 声音素质

(1) 吐字要清晰。一口字正腔圆的标准口语是确保沟通成功的一个重要方面。有的人在说话时常常会把某些字句说得含含糊糊，叫人听不清楚或者误解他的意思；有些人说话带有浓重的地方口音，在某些时候就会影响到沟通效果。所以，不说则已，只要开口，就最好能把每个字都清楚准确地说出来。

(2) 说话要铿锵有力。说话的力度不容忽视，它体现了沟通者对所要表达信息的确定和对自己的信心。一般认为，不包含模糊或者限制性词语的语言比较有力度，所以要尽量直接表述出自己的观点，再配合洪亮的声音，就能够取得比较理想的效果。

(3) 语速要适中。说话的速度会影响沟通对象理解的程度。如果一个人说话速度太快，可能会使沟通对象听不清楚他所讲的内容或在理解上无法跟上说话者的速度，还可能使沟通对象无法寻找机会作出自己的反馈。而语速太慢又容易使沟通对象厌倦。要根据语句的重要性来调节说话的速度，重要之处说得慢一些。

(4) 要有停顿。停顿是口语表达中不可缺少的一部分。适当的停顿不仅能给沟通对象一段短暂的时间来消化、吸收、回味所听到的内容，而且也给予倾听者一个回应的机会。优秀的表达者通常会在重要的内容之后或一段重要的观点之后做一停顿，以强调内容的重要性，增加这些话的分量，同时也使这些内容进入听者的心中，影响对方。

(5) 要注意语调。语调代表声音高低变化的波动。语调的变化通常与讲话者的兴趣或重点强调的愿望相互作用。语调在表达信息方面的作用是非常突出的。例如，陈述句、疑问句、祈使句、感叹句这些代表不同用途的句式往往采用不同的语调。进一步讲，语调的变化可能不自觉地流露出说话者的态度和情绪。说话者喜悦、悲伤、愤怒、胆怯等不同的心境都会通过他的语调表现出来。

3. 讲求艺术

我们不能只在做文章、写稿子或准备演讲时才想到语言要有艺术性、吸引力，而应该在平时的讲话与交谈中就讲求语言的魅力。

(1) 内容要有新意。我们在沟通时应该提高信息的价值和交流的成效，所以，我们所说的话在思想内容上一定要有新颖的东西。所谓内容新，就是指说话要有新意，演讲要有新题，谈论问题要有超越一般、不同凡响的见解。那么，怎样才能做到内容有新意呢？这就需要选取新角度，进行深层次开发。我们面对的任何事物和问题都有多侧面和多角度。所谓习以为常、已有定论，往往只是从常规的方面和角度去看待，如果能选取新的视角，内容就会平中出奇。人们看问题往往会有层次的不同，一般来说，大多数人看问题往往停留在粗浅的层次上，因而粗浅的见解也就容易雷同。如果你能看到深一层的话，内容也就会有新意了。

(2) 语言生动形象。语言生动形象才会有吸引、感染和打动人的力量。因为形象的语言文字对大脑的神经系统有信号刺激，语言越具体形象就越容易被真切感知。要使自己的语言生动形象，可以采用以下几种方法：

① 注意运用口语修辞。一个新鲜而贴切的比喻可以使抽象的概念形象化、深奥的道理浅显化、复杂的事物明朗化。

② 巧用俗谚俚语。俗语、谚语、俚语等语言形式，既富有口语的特点，又能一针见血、生动形象地说明问题，就像是语言中的佐料，增添了语言的味道。

③ 巧用富有时代特征的职业术语。由于传媒的发达和科学文化的日益普及，原本许多专业性较强的职业已经为人们所熟悉，尤其是在文艺、体育、新闻、商贸等活动中广泛使用的一些约定俗成的新词和职业术语，如果在口语中适当使用，会使语言生动、鲜明。

(3) 注重情理结合。我们常说"晓之以理，动之以情"。在沟通时，我们经常要摆事实、讲道理，需要去说服对方，达到沟通的目的。但要说服别人，先要通情，通情方能达理。通情就是感情上的沟通，也就是心理相容，又叫同理心。感情相通、心理相容是沟通成功的关键。

(4) 表达方式要巧妙。委婉含蓄也是常用的一种表达方式。在交谈中直接向对方提出意见或建议感到困难时，需要委婉、含蓄、迂回地说出来，特别是当人际沟通有很多复杂微妙的情况时，说话就必须讲究策略，把要说的话用婉转的言辞和温和的语气讲出来，使对方听了容易接受。有"恕我直言"之说，而从未有"恕我婉言"之说。由此可见，善于婉言也是人际沟通的礼仪与策略，不可不注意掌握和运用。

(5) 展现幽默魅力。在人际沟通时，一个幽默的人常常更容易赢得人们的欢迎。幽默可以分为攻击性和自卫自娱性两类。攻击性幽默基本上倾向于讽刺、讥讪，常招致对手的还击；而自卫自娱性幽默则是与对方一起发笑，使对方无法还击，这种幽默才是人际冲突的润滑剂。幽默不单是语言的艺术，也是积极开放的心理态度的表现。马克·吐温说："幽默是真理的轻松面。"的确，幽默不是正面的说理，而是侧面的笑谈，使人在哈哈一笑之时，能够了解人生的哲理。幽默是充满智慧与情趣的表达艺术，是很多有志于提高沟通能力和交际艺术的人们所追求的目标。

当然，在掌握语言表达技巧的同时，也要了解一些肢体语言的含义。

美国社会心理学家哈维尔博士根据十几年的研究实践，得出了一些肢体动作代表的沟通者的心理：在与人交谈的过程中，皱眉头，则表示对方在思考，这种情况下最好不要打扰；双手纠缠在一起，则表示此人正处于紧张、不安或害怕的情绪中；眯着眼睛，嘴角歪向一边，则表示不同意，心生厌恶或不欣赏；来回走动，则表明对方在发脾气或者受到挫折，难以安静；不敢正视对方，眼神闪烁，则表明此人不自信，或者在说谎；正视对方则传递着一种友善、诚恳的态度，同时表明此人性格外向，有安全感，自信，笃定等；挠头，则表示处于迷惑的阶段，或不相信；坐在椅子上，来回抖脚，则表明内心紧张；身子向前倾，表示注意或感兴趣；身子向后倾，表示心不在焉；头部挺得笔直，说明对谈判和对话人持中立态度；低头则说明对对方的谈话不感兴趣或持否定态度。

除了身体上肢的动作之外，下肢的动作也能明显地反映一个人的心理。比如，如果交谈的过程中，对方叉腿站着，则说明他不自信，紧张而不自然。人们在一个陌生而不舒适的场合多半爱这么站。

案例链接

案例一　秀才和樵夫的故事

一位秀才去街上买柴火。当他看见一个樵夫担着一捆柴后，就说："荷薪者过来。"荷薪者就是说担柴的人，樵夫是穷苦人出身，没有受过多少教育，听不懂"荷薪者"是什么意思，但是他听懂了"过来"。樵夫走近秀才后，秀才又问："其价如何？"樵夫能听懂"价"字，就说15文钱一担。

秀才听了后，看了看那捆柴，又说："外实而内虚，烟多而焰少，请损之。"樵夫听了秀才的话后，担着柴转身走了。而秀才也很纳闷，樵夫怎么一句话也不说就走了呢。

这个故事其实很有意思。秀才最后对樵夫说的那句话是什么意思呢？意思是"你这柴外面是干的，但里面是湿的，烧起来都是浓烟，没有多少火焰，你给降点价吧。"樵夫为什么转身就走呢？不是因为樵夫不愿意降价，而是因为他根本就没有听懂秀才的话，所以只好一走了之。

案例点评：

这个故事的结局是：秀才没有买到柴，樵夫没有卖出柴。归根结底，无非是沟通不畅造成的。秀才说的话晦涩难懂，樵夫文化水平不高，自然不明白他的意思。本来一桩可以成交的买卖，最后却因为沟而不通而失败了。生活中的此类事例不胜枚举。

案例二　孔子和颜回的故事

有一年，孔子和他的弟子在周游列国途中，遇到了战乱，师徒被困在了陈国和蔡国之间的一个地方，缺食少粮，一连七天粒米未进，体力开始不支，白天也只能躺着休息。

颜回看老师和大伙儿都饿倒了，便强撑着出去找吃的。功夫不负有心人，终于找来了一些米，颜回急忙烧火做饭。饭快要熟的时候，只见颜回把手伸进锅里抓了两把米饭塞到了自己嘴里。这一幕恰好被孔子看见了，孔子心里很不高兴，心想老师和大伙儿都还没有吃，他自己倒先偷吃了起来，危急时刻，果然平时满口的仁义道德都是靠不住的呀！不禁失望万分。

过了一会儿，饭煮熟了，颜回请老师吃饭。孔子假装没有看见他刚才偷吃米饭的事，起身说："我刚才梦见了先父，趁着这饭还没有吃，很干净，我先用它祭了祖先再吃吧！"

颜回一听，连忙说："使不得！这饭不干净了，刚才煮饭的时候，有柴火灰掉进了锅里，弄脏了米饭，丢掉可惜，我就抓起来吃掉了，这饭已经不干净了！"

孔子听到后叹息道："人应该相信自己的眼睛，但即便是眼睛看到的也不一定可信；人应该依靠自己的内心，但即便是自己的内心有时候也靠不住。学生们记住，了解一个人是多么的不容易呀。"

案例点评：

看似是两个人在交流，其实是"六个人"在交流：你以为的你，你以为的他，真正的你；他以为的他，他以为的你，真正的他。可能我们亲眼看到的，也未必属实；我们亲耳听到的，亦可能为虚。更何况，在这个信息繁杂的社会中，经过多重过滤和编织的信息，很多是无法亲自接触和探寻到的，所以误判也就在所难免了。因此，在沟通中，切忌主观臆断和揣测，它常常会使人产生曲解或误解。

案例三　请问你家有蜡烛吗？

一个女孩新搬了家，房间很大，只有她一个人住。

有一天，她发现隔壁住了一户穷人家——一个寡妇和两个小孩子。虽然每次上下班都要经过这家门口，但女孩很少和他们来往，她觉得穷人家的孩子又脏又没礼貌。

有天晚上，那一带忽然停了电，女孩正庆幸家里刚好还有几根蜡烛，刚准备点上，忽然听到有人敲门。

女孩打开门，原来是隔壁邻居的小孩子。

只见他冲女孩羞涩地笑了笑，紧张地问："阿姨，请问你家有蜡烛吗？"

女孩鄙夷地看着小孩，心想："他们家竟穷到连蜡烛都没有吗？千万别借给他们，免得让他们养成这种依赖别人的习惯。"于是，连想都没想，就对孩子冷冷地说："没有！"

正当她准备关上门时，那个小孩竟又一次展开甜甜的笑容，充满喜悦地说："我就知道你家一定没有！"说完，竟从怀里掏出两根蜡烛，礼貌地递给女孩："停电了，到处都黑，妈妈和我怕你一个人住又没有蜡烛，所以让我带两根来送给你。"

女孩站在那里，愣住了，一时不知该说什么好，又自责，又愧疚，又感动，她一把将那小孩紧紧地拥在怀里，热泪盈眶。

案例点评：

在每个人的思想中，对于某些人或事物会有意识或无意识地存在一定程度的偏见。这种心理定势和成见，有时会让我们很难以冷静客观的态度接收说话者的信息，这也会大大影响沟通效果。所以，在与人沟通过程中，一定要耐心听完别人要表达的内容，不要理所当然地妄加臆断。

总结与考核

一、实训日志

日　　期		天　气	
主要实训内容:			
体会与感想:			
努力方向:			

二、训练考核(第三周)

考核内容		分值	本周考核要求	本周自评得分
平时成绩 (80分)	考勤	5分		
	训练过程	5分	积极主动沟通，认真配合搭档完成训练任务	
	训练表现	10分	敢于沟通、乐于沟通，用心听，认真说	
	团队训练表现	30分	有效沟通： 1. 积极配合； 2. 认真协作； 3. 敞开心扉	
	长程团队项目及个人任务进程监控记录，个人贡献与反思	30分		
	本周平时分合计			
训练感悟 (20分)	每个训练或团队项目的感悟与提升	20分		
备 注	1. 平时成绩每课一结，个人自评，组长核查汇总。 2. 平时成绩每课总分80分，期末加总求平均分，作为期末成绩，占总成绩的80%。 3. 训练感悟得分直接计入期末总成绩，占总成绩的20%			

拓展训练

一、训练内容

(一) 训练一(自我测评)

请根据自身情况作答，然后根据后面的评分结果进行打分。

1. 努力地回忆一下你最近一次倾听别人讲话时的情景，(　　)与你的情况符合。

A. 我拒绝浪费时间去倾听一次令人乏味的演讲

B. 我很善于倾听，即使是乏味无趣的演讲

C. 除非我觉得演讲内容确实不错，否则我会一边假装在听，一边做其他事情

2. 某人讲话地方方言很重，很难听懂，这时(　　)。

A. 请他重复一遍，并且做好笔记或录音

B．停止听讲，去做其他的事情

C．努力去听懂一些话，然后猜出其余的话

3．在一次交谈中某人说了如下的话，你最可能接受(　　　)。

A．我并不害怕在大庭广众下说话，只是有几次轮到我站出来讲话时，我的嗓子哑了，所以没有表达好

B．如果我来决定，我就是那个要被提升的人

C．我真的不知道怎么回答这个问题，我从来没有思考过这个问题

4．某人说话声音很低，很可能表明该人(　　　)。

A．想努力来掩饰他的错误

B．害羞、嗓门低

C．通过制造噪声，迫使人们仔细听

评分规则：将下面各题对应的分数相加，得出总分。

第1题：A选项1分，B选项2分，C选项3分。

第2题：A选项2分，B选项1分，C选项3分。

第3题：A选项1分，B选项2分，C选项3分。

第4题：A选项3分，B选项2分，C选项1分。

得分在7~9分：表明你在沟通中注意倾听，能够领会所说内容的含义。你是一位很好的倾听者。

得分在4~6分：表明你在沟通中能够有目的地选择倾听。你的倾听效果比较好。

得分在1~3分：表明你是个糟糕的倾听者。你应在平时的沟通中不断训练自己的倾听能力，从而提高沟通效果。

(二) 训练二(自我测评)

请根据你自身的情况作答，然后根据后面的评分结果进行打分。

1．你是否时常觉得"跟他多讲几句话没意思"？(　　　)

  A．是   B．有时   C．否

2．你是否觉得那些太过于表现自己感受的人是肤浅的、不诚恳的？(　　　)

  A．是   B．有时   C．否

3．你与朋友在一起时是否觉得孤独或失落？(　　　)

  A．是   B．有时   C．否

4．你是否需要通过独处的方式来清理头脑？(　　　)

  A．是   B．有时   C．否

5．你是否会在内心苦闷的时候找朋友倾诉？(　　　)

  A．是   B．有时   C．否

6．在与一群人交谈时，你是否时常想起一些与谈论无关的事情？(　　　)

  A．是   B．有时   C．否

7．你是否时常避免表达自己的感受，因为你认为别人不会理解？(　　　)

  A．是   B．有时   C．否

8．当有人对你讲一些事情时，你是否时常觉得很难聚精会神地听下去？（　　）

　　A．是　　　　　　　　　B．有时　　　　　　　　C．否

评分规则：每题选 A 记 3 分，选 B 记 2 分，选 C 记 1 分。将各小题答案对应的分数相加，统计出总分。

得分在 20～24 分：表示你只有在需要的情况下才会同他人交谈，或者对方与你志同道合，但你仍不会通过交谈来发展友情。除非对方主动频繁地跟你接触，否则你总是处在孤独的个人世界里。

得分在 15～19 分：表示你比较热衷于与他人交谈，如果你跟对方不太熟悉，你开始会表现得很内向，不愿意与他人交谈，但时间久了，彼此相互熟悉后，你便开始敞开心扉与他人交谈。

得分在 9～14 分：表示你与他人交谈不成问题，你非常善于沟通交际，善于营造一种欢乐的气氛，还会鼓励对方多开口，彼此十分投缘。

（三）训练三

有一位老板告诉其秘书："你帮我查一查我们有多少人在成都分公司工作，星期四的会议上董事长将会问到这一情况，我希望你准备得详细一点。"

于是，这位秘书打电话告诉成都分公司的秘书："董事长需要一份你们公司所有员工的名单和档案，请准备一下，我们在两天内需要。"成都分公司的秘书又告诉其经理："董事长需要一份我们公司所有员工的名单和档案，可能还有其他材料，需要尽快送到。"结果第二天早晨，四大箱航空邮件被邮寄到了公司大楼。

请结合上面的案例，分析为什么会出现这种结果，沟通中哪些环节出了问题。

_____

_____

_____

_____

_____

_____

_____

二、个人训练任务周进程监控表

个人任务周进程监控表

任务要求	周一	周二	周三	周四	周五	周六	周日	任务状态
用心听别人讲话								
认真表达自己想要说的话								
赞美别人								
微笑								
团队项目	分配的个人任务、要求完成时间、完成情况：				贡献与反思：			
本周其他情况说明								

冲 突 管 理

君子和而不同，小人同而不和。

——《论语·子路》

历史是这样创造的：最终的结果总是从许多单个的意志的相互冲突中产生出来，而其中每一个意志，又是由于许多特殊的生活条件才成为它所成为的那样。这样就有无数互相交错的力量，有无数个力的平行四边形，由此就产生出一个合力，即历史结果；而这个结果又可以看作一个作为整体的、不自觉地和不自主地起着作用的力量的产物。

——恩格斯《致约·布洛赫的信》

训练目标

(1) 形成科学的现代冲突观：冲突不可避免；冲突有消极作用也有积极作用；冲突管理不是要消灭冲突，而是要将冲突维持在一个适当的水平。

(2) 培养团队协作能力，在团队活动中体验责任、竞争、关爱和快乐。

(3) 学会科学、合理地对冲突进行管理，更加融洽地与团队成员进行合作。

训练内容简述

团队成员共同协作，完成"解开千千结""松鼠搬家""齐眉棍儿"等游戏。在个人与个人、个人与团队、团队与团队的关系中，体会竞争与协作、冲突与融洽，感受团队合作的力量。

训练内容

活动一　"解开千千结"游戏

"解开千千结"游戏

活动目标

"解开千千结"游戏能使学生体验到团队合作的力量；提升团队的组织、协调、指挥、控制的能力；引导学生认识到矛盾、冲突并不可怕，只要大家目标一致、齐心协力，再复杂的问题都可以解决。

活动准备

计时器、音乐播放设备、节奏感较强的背景音乐和节奏舒缓的背景音乐。

活动内容

具体的活动内容及步骤如下：

(1) 将全班学生分成几个小组，每组 10～12 人，每组成员面向内手拉手围站成一个圆圈，要求记住自己左右手相握的人。

(2) 在节奏感较强的背景音乐声中，大家放开手，在之前围成的圆圈范围内随意走动，音乐一停，脚步即停，站在原地不动，找到原来左右手相握的人并分别握住。

(3) 第一轮活动：小组中所有成员的手都彼此相握，形成一个错综复杂的"手链"。在节奏舒缓的背景音乐中，教师要求大家在不松开手的情况下，无论用什么方法，将交错的"手链"解开，形成一个大圆圈。用时越短，成绩越好。

(4) 第二轮活动：每两个小组的成员合并，围成一个大圆圈，按第一轮的操作重复进行一次。

(5) 第三轮活动：全体成员围成一个更大的圆圈，按第一轮的操作重复进行一次。

注意事项

(1) 要保证有足够的空间，而且要有清晰的背景音乐烘托气氛，产生静动分明的效果。

(2) 记住自己左手、右手相握者，不要记错。

(3) 当出现"手链"非常复杂且有人想要放弃的情况时，教师要暗示、鼓励，一定可以解开"手链"。在解"手链"的过程中，可以采用各种方法，如跨、钻、套、转等，但就是不能放开手。

(4) 活动中要注意安全，避免扭伤、抓伤等。

体验分享

活动结束后，学生就活动过程中的体验和收获进行分享，教师予以点评。

(1) 在试图解开"手链"的过程中，小组成员间的意见总是一致的吗？如果不一致，发生意见冲突时是如何处理的？

(2) 请成绩最好的团队分享成功的秘诀。

活动总结

解"手链"的过程是一个需要我们发挥创造力和主观能动性的过程，但是最重要的是要在游戏中充分发挥大家的沟通与合作精神，如果大家只顾自己，固执己见，只会越解越乱，离目标越来越远。

在做游戏的过程中，如果能选出或自然形成一个领导者，对于"手链"的解开是很有帮助的。他可以帮助我们更好地进行合作，让大家用一个声音说话，从而更高效地解决问题。

活动二 "松鼠搬家"游戏

活动目标

体验竞争，感受合作的力量；在竞争中体验双赢的快乐。

活动内容

具体的活动内容及步骤如下：

(1) 将团队成员分为每三人一组，其中两人双手举起对撑搭成一个"小木屋"，搭起"小木屋"的人称为"樵夫"；另一个人扮演"小松鼠"，蹲在"小木屋"里。

(2) 根据教师的口令进行动作变化，如：

"松鼠搬家"——"小松鼠"调换到其他的"小木屋"。

"樵夫砍柴"——搭建"小木屋"的两个人分开,寻找新的"樵夫"搭建新的"小木屋"。

"森林大火"——"小松鼠"可以变成"樵夫","樵夫"可以变成"小松鼠"。

(3) 教师可以不断变化着发出口令,大家做出相应的动作。在活动一开始就安排两只无家可归的"小松鼠"充当竞争的角色,这样在变化中必然会有新的"小松鼠"或"樵夫"被淘汰出来。

注意事项

(1) 要有足够大的活动空间,便于"小松鼠"和"樵夫"们跑动变化。

(2) 此活动是人数越多效果越好,如果出现无家可归的"小松鼠"和没有"小松鼠"的"小木屋",则均要被淘汰。

(3) 教师要关注多次被淘汰的"小松鼠"和"樵夫",可以请他们表演节目或交流被淘汰的原因及心理感受。

体验分享

活动结束后,学生就活动过程中的体验进行分享,教师予以点评。

(1) 活动中你愿意扮演樵夫还是小松鼠?为什么?

(2) 每当老师发出新的口令时,你心里是什么感觉?

(3) 你被淘汰了吗?如果是,请谈谈被淘汰时的感受。

活动总结

"松鼠搬家"游戏是在快乐的笑声中进行的。在激烈动荡的"森林大火"中,机灵的"小松鼠"很快找到了新的家;勤劳的"樵夫"不仅搭好了新"屋",还热情地呼唤着"小松鼠"进"屋",形成了和谐的"松鼠之家"。假如"小松鼠"和"樵夫"没有主动交往的意识,没有积极合作的态度,没有有效竞争的能力,被淘汰将会是必然的。

活动三　"齐眉棍儿"游戏

活动目标

提高团队成员相互配合、相互协作的能力;感受个人与集体的关系;体会团队合作的乐趣。

活动准备

3 m 长的轻棍儿一根(可以选用 PVC 管)。

活动内容

具体的活动内容及步骤如下：

(1) 所有队员沿棍儿的前后排成两横队，相对而立。

(2) 大家两手平举，伸出食指轻轻握拳，双手拳心向中间，两边队员的拳、指均举成同一高度，前后依次排成一条线。

(3) 将棍儿架在一排队员的食指的第二关节上，不可碰手掌，食指也不许上翘下翻地钩住棍子，举到约 1.30 m 的高度，保持水平状。

(4) 每对食指始终保持拳心相对的角度，听到指令将棍子往下降，棍子始终不可离开任何一根食指，否则便得回到起点高度，重新往下降。

注意事项

(1) 如果人数比较多，可以先挑战 10 人参加的"齐眉棍儿"游戏，成功后再挑战 20 人参加的"齐眉棍儿"游戏，看看最后多少人能挑战成功。

(2) 整个活动过程中必须有一名裁判仔细观察，务必保证没有一根手指在一刹那间离开齐眉棍儿。

体验分享

活动结束后，学生就活动过程中的体验进行分享，教师予以点评。

(1) 活动任务完成得还顺利吗？

(2) 你觉得活动中最大的困难是什么？

活动总结

看似非常简单的游戏任务，完成起来可能并没有想象中那么容易。这个活动需要大家心往一处想、劲儿往一处使；在团队中，如果遇到困难或出现了问题，很多人马上会想到是别人的原因，却很少反思自己；队员间的相互抱怨、指责和不理解，不利于团队共同目标的实现。这个游戏告诉大家：照顾好自己就是对团队最大的贡献。

知识链接

一、冲突

(一) 冲突的概念

冲突指的是个人或群体内部、个人与个人之间、个人与群体之间、群体与群体之间不相容的目标、认识或情感，进而引起了对立或敌视的态度与行为。冲突意味着"不相容""排斥""不一致"，它可以发生在很多不同的情况下，比如个体的内心冲突、个体之间的冲突、个体与群体之间的冲突、群体之间的冲突等。无论冲突的双方是谁，冲突都是发生在双方认知、感情和目标这三个方面的不相容，有时则是这三方面交织在一起的互不相容。从冲突的表现上看，冲突可以是公开的、暴力的、激烈的，也可以是隐蔽的、观念上的和缓慢进行的。

(二) 冲突观念的变迁

人们对冲突的看法随着社会的发展和认识的提高有一个变迁的过程。到目前为止，冲突观念概括起来主要有三种：冲突的传统观点、人际关系观点和相互作用观点。

1. 冲突的传统观点——冲突有害论

20 世纪 30 年代至 40 年代中期，冲突的传统观点占优势地位。这种观点认为发生冲突是功能失调的结果，比如，由于沟通不畅或者由于组织制度不健全，人们之间缺乏坦诚和信任，或者管理者对员工的需要视而不见而导致的冲突。因此，无论什么样的冲突都是有害的、消极的，只有降低冲突才能保证组织的工作效率。持这种观点的人会尽量避免一切冲突，用简单化的方法来解决冲突。这一观点存在着明显的缺陷，当代大量研究提供了强有力的证据驳斥这种认为冲突水平降低就会导致群体工作绩效提高的观点，但现在很多人依然在用这种陈旧的标准来评估冲突情境。

2. 人际关系观点——冲突接纳论

20 世纪 40 年代末至 70 年代中叶，人际关系观点在冲突理论中占统治地位。这一观点认为，冲突是组织内部人际交往过程中发生的自然现象，对于所有的群体和组织来说，冲突都是与生俱来、不可避免的。冲突既然不可消除，人们就要接纳它，使之合理化，并寻求恰当的解决办法，使冲突的解决有益于群体的工作绩效。

3. 相互作用观点——冲突有益论

20 世纪 80 年代后，产生了冲突的相互作用观点。相互作用观点是比人际关系观点更为积极的认识。这一观点鼓励冲突，认为冲突是有益的，认为融洽、安宁、平和的组织容易对变革的需要表现得过于冷漠、静止和迟钝。冲突水平太低的组织没有创新精神，不易暴露出工作中的错误，组织没有活力，因此管理者的任务是维持一种最佳的冲突水平：当组织内部冲突太多时，应尽力减少冲突；当组织内部冲突太少时，应适度地激发冲突，使群体善于自我批评并不断创新，以保持旺盛的生命力。当然，相互作用观点并非认为所有的冲突都是好的，有效的冲突是那些有利于群体目标实现并能够提高群体工作绩效的冲突。

从相互作用观点可以看出，那些认为冲突都是好的或都是坏的的看法显然并不恰当，也不够成熟。冲突是好是坏取决于冲突的类型。从辩证唯物主义的观点来看，区别对待冲突的看法是比较切合实际的。任何部门都存在着矛盾，矛盾激化到一定程度，就会以冲突的形式出现，问题在于要促使矛盾向有利于达到集体目标的方向转化。

(三) 冲突的类型

人们对冲突的视角不同，对冲突的分类也就不同。

1. 根据冲突的实质分类

根据冲突的实质不同，可将冲突划分为建设性冲突和破坏性冲突两种类型。

1) 建设性冲突

建设性冲突又称功能正常的冲突，是冲突各方目标一致而实现目标的途径和手段不同而产生的冲突。建设性冲突可以使组织中存在的不良功能和问题充分暴露出来，防止事态的进一步恶化，同时也可以促进不同意见的交流和对自身弱点的检讨，有利于促进良性竞争。其特点是：双方都关心实现共同目标和解决现有问题；双方都愿意了解彼此的观点，并以争论问题为中心；双方争论是为了用更好的方法解决问题，相互信息交流不断增加。

2) 破坏性冲突

破坏性冲突又称功能失调的冲突，这类冲突是由于冲突双方目的不同而造成的，往往属于对抗性的冲突。该类冲突的特点是：双方对于赢得自己观点的胜利非常关心；不愿听取对方的观点和意见；往往由问题的争论转入对对方人身的攻击；冲突双方互相交换意见的情况不断减少以致完全终止。

破坏性冲突带来的明显后果包括沟通的迟滞、群体凝聚力的降低、群体成员之间的明争暗斗以及群体目标的落空。在极端情况下，冲突会导致群体功能的停顿，并可能威胁到群体的生存。相关研究表明：破坏性冲突常常表现为刻板印象、高估自己的群体、低估他人的群体、观点的曲解等。

2. 根据冲突的对象分类

根据冲突的对象不同，可将冲突划分为个体的内部冲突、人际冲突和群体之间的冲突三种类型。

1) 个体的内部冲突

个体的内部冲突又分为受挫冲突、目标冲突和角色冲突。

(1) 受挫冲突。当有目的的行为受到阻碍后，个体就会产生挫折感，这就是受挫冲突。这种阻碍可能是明显的(外在的、生理的)，也可能是隐蔽的(内在的、心理的)。遇到挫折时，个体常会采用心理防御机制来应对。心理防御机制有很多种，大致可以分为四类：攻击、退缩、固执和妥协。例如，一名外地女生在上海读完大学本科后，想要留在上海工作，但在求职的过程中遇到了很多阻碍，如没有本地户口、不会讲本地方言、工作经验不足等，因而被多家单位拒之门外，于是她变得或愤愤不平(攻击)，或茫然(退缩)，或无视阻碍的存在，继续寻找工作(固执)，或返回家乡找工作(妥协)。

(2) 目标冲突。目标冲突是另一种常见的个体内部的冲突，个体在面临两个或两个以上相互不容、相互排斥的目标时，便会体验到内心的冲突。在上述挫折情境中，因为单一目标的实现受阻而产生冲突，而在目标冲突中，有两个或两个以上的目标相互干扰。20世纪30年代，德国心理学家勒温(K. Lewin)以个体内部冲突的接近或回避两种倾向的结合为标准，将目标冲突分为以下四种类型：

① 双趋式冲突。当个体面对两个或两个以上都具有吸引力，甚至旗鼓相当但互不相容的目标，而必须选择其中一个目标时，通常会出现接近-接近型冲突，即双趋式冲突。正所谓"鱼与熊掌不可兼得"。尽管如此，研究仍表明，这种冲突对组织行为的影响较小，因为无论是"鱼"还是"熊掌"，都相当不错，只是"舍鱼而取熊掌"还是"舍熊掌而取鱼"的问题。例如，大学毕业生在两个好的工作机会间犹豫不决，不知道去哪个单位工作对自己的发展最有利。在这种情况下，个体虽然会感到焦虑，但一般都能解决。

根据美国社会心理学家利昂·费斯汀格(Leon Festinger)的认知失调理论，当人们同时面临两个或两个以上互不兼容的抉择时，心理上会产生冲突，感到不适，于是就会想方设法减轻、消除这种不协调，以避免那种可能增强心理冲突的情境或信息。例如，上面说的那位大学毕业生考虑再三后决定，这份工作比那份工作要好，于是果断作出选择。一旦选择这份工作后，就坚信自己选对了，也就会避开关于那份工作的信息。

② 双避式冲突。当两个或两个以上的目标都是人们力图回避的事物，而他们只能回避其中一个目标时，就会产生回避-回避型冲突，即双避式冲突。例如，一个害怕吃药、打针的女孩儿生病了却迟迟不肯去医院，她或者忍受生病带来的各种不舒服，或者接受医生的治疗——吃药、打针，但是两个都不是她想要的，由此引起的冲突就叫双避式冲突。

③ 趋避式冲突。顾名思义，趋避式冲突也就是接近-回避型冲突。这种冲突是同一事物或目标在对人们既有吸引力又有排斥力的情况下产生的，形成所谓的既好之又恶之、欲趋之又避之的矛盾心理。例如，某公司有一次难得的外出培训机会，历时一年，但如果参加培训将失去本年度评优评先的机会并被扣发当年的年终奖金。对于员工来说，必须要衡量其中的利弊、得失，这时就会产生趋避式冲突。

④ 双重趋避式冲突。双重趋避式冲突即双重接近-回避型冲突，指人们面临着两个或两个以上的目标，而每个目标又分别具有吸引和排斥作用，这时不能简单地选择一个目标而回避另一个目标，由此产生的冲突就是双重趋避式冲突。例如，某员工选择工作时好像站在十字路口：如果到设在外地的分公司去工作，工作本身更具有挑战性，薪水高，但生活条件不如大城市；如果继续留在本部则又担心以后机会不多，且薪水相对较低，但生活安定、舒适。这种冲突显然复杂得多，具体的选择也会因人而异，但人们总会选择一个自认为价值更大的目标。陷入这种冲突往往与个体的思考方式有关，这时就要求人们进行理性思考，克服某些偏见或杂念的干扰，从而摆脱此困境。

(3) 角色冲突。在现代社会中，每个人都担负着一系列的社会角色，并表现出与他人的预期相符的行为。例如，一名中年男子可能同时扮演着丈夫、父亲、儿子、公司经理、学生、足球俱乐部会员等角色，这些角色对他的工作都可能产生或多或少的影响。一些女性要同时兼顾事业和家庭，也容易发生角色冲突。对组织而言，最重要的是个体的工作角色。工作角色本身以及与其他角色之间的关系都有可能使个体内心发生角色冲突。一般情况下，角色冲突有以下三种类型：

① 个性与角色之间的冲突，即个体的性格与角色预期不一致。例如，新上任的部门经理性格温婉随和，在必要的时候对手下的员工态度强硬不起来，但他的上司肯定希望他精明强干，能独立承担起该部门的工作。

② 角色内部的冲突。它是由对某一特定角色的不同预期之间的相互矛盾所引起的。例如部门经理这一角色，员工期望他随和一些、管理上相对宽松一些，但高层管理者则希望他在管理上严格一些。

③ 角色之间的冲突。个体同时需要担负两种或两种以上的角色时，角色之间常常存在着矛盾冲突。例如，一个人很难做到"忠孝两全"。

在人们的成长过程中，无时无刻不在面临选择。而一旦面临选择，人们都会经历这种内心的冲突以及这种冲突带来的痛苦。在一定的场合里，当个人的内部冲突达到一定水平时，将很容易引发人际冲突。例如，当一位员工情绪十分低落时，更容易与其他同事发生冲突。既然个体的内部冲突无法避免，那么及时改变自己的思想，调整自己的行为，综合各种信息来化解自己的内部矛盾才是正确的态度。

2) 人际冲突

不同的个体之间，当对于人、事、物或现象所抱持的信念、意见或态度不一致时，就会产生人际冲突。这种冲突与争执、消极情绪体验和干涉三个主题相关。在彼此有关系的两个人之间，只要有互动就会有发生人际冲突的可能。

目前学术界对人际冲突的界定尚有争议。这里采用的是巴尔基(Barki)等人对人际冲突所作的定义，即"发生在相互依赖的个体和群体间互相知觉到的各自既定目标的不一致，出现了干涉行为以及同时伴有消极情绪体验的动态过程"。造成人际冲突的主要原因有以下几种：

(1) 信息沟通的差异。由于信息来源、掌握信息的程度、对信息理解和判断的差异以及人们信息沟通的渠道不同，彼此之间沟通不畅，即可能造成冲突。

(2) 认知的差异。不同的人，由于学养、知识结构、经验、态度等不同，他们对于同一事物会有不同的看法，所以常常因为观点不一致引起冲突。

(3) 价值观与意识形态的差异。有人重名，有人重利，也有人重权力，更有人重义。人们对是非、善恶、好坏、重要性的评价、看法不一致所造成的差异也可能引起冲突。例如，在一个企业中，有些管理者认为提高产量是企业的首要任务，有些管理者则认为提高质量才是企业的生存之道，这样在作决策时往往会产生冲突。

(4) 本位主义思想的差异。由于个体所处的位置不一样，因而考虑问题的角度也不一样，由此也会引发冲突。例如，某企业需要作出某个决策时，如果不同部门的人都站在本部门的立场看问题，没有全局意识，那么往往也会产生冲突。

3) 群体之间的冲突

长期以来，社会心理学家十分关注群体之间的冲突和敌意，他们认为，只要归属于不同群体的个体之间有交往，不管是集体方式，还是个体方式，就会发生群体之间的冲突。

社会心理学家谢里夫提出了现实群体冲突理论(RGCT)。该理论从整体上把握群体冲突，超越了人格心理学、群体心理学及人际关系学的范畴。它认为，群体间的敌意是由于冲突的目标(即竞争)引起的，如果要减少它，则需要找到双方都满意的最高目标，该目标只有通过相互合作才能达成。根据这一理论，竞争可能会导致不良冲突，而合作则能减少冲突，并能更好地实现组织的整体目标。

群体在日常工作活动中存在许多导致冲突的潜在因素，主要包括：

(1) 有限资源竞争激烈。资源总是有限的，这种竞争和分配包括的范围很广，从物质到人事、从信息到时空。组织中的群体常因争夺经费、材料、人员、设备等而发生冲突。

(2) 职责划分不清晰。责任重叠或在职务规定中没有明确，就会导致职责不清，群体间相互推诿或相互争夺，从而引发冲突。

(3) 权力分配不均衡。任何群体都试图使自己处于组织中的有利权力地位，这关系到群体的生存力量和对组织的影响力，也关系到群体成员的自我价值。

(4) 沟通不畅。由于在一个组织中，群体与群体之间、群体与个人之间的沟通渠道受阻或不畅,影响了人们对各种问题的认识和理解以及信息的传达,从而导致了冲突的产生。

(5) 组织结构变动。当组织结构精简或合并时,原有的平衡被打破,而新的平衡尚未建立起来,这时非常容易出现冲突。

(四) 冲突的效应

1. 冲突的消极影响

(1) 冲突会引起组织成员的心理紧张、焦虑,导致人际关系的不和谐。

(2) 冲突会减弱成员的工作动机,同事在工作上不愿意相互配合,不愿意服从指挥。

(3) 冲突会破坏组织的协调统一,削弱团队的凝聚力,降低组织绩效,还有可能使组织内部分崩离析,面临解体危险。

2. 冲突的积极影响

(1) 冲突有利于组织成员更加清楚地认识到自己的不足,并且可能在冲突过程中发现对方的吸引力,冲突双方形成友善的学习关系,从而增强团队的凝聚力,实现共同发展。

(2) 冲突有利于刺激竞争,在合理竞争中促进创新的产生。

(3) 冲突有利于内部管理和控制,能使组织注意到以前没有暴露的不协调,促进更多有利的政策或者方案的产生,调节组织内部的不平衡,推动组织变革,提高个人和组织的绩效,维持组织的发展。

二、冲突管理

美国组织学家施来特的研究表明,每位管理者约有 21% 的时间是用于解决组织中的冲突问题的,他们认为冲突管理与计划、控制、指挥、激励与决策同样重要,甚至比后者还要重要。

(一) 冲突管理的原则

冲突管理是有规律可循的,掌握这些规律和基本原则,对于有效地处理冲突可以起到事半功倍的效果。冲突管理应遵循以下主要原则:

(1) 提倡建设性冲突,避免破坏性冲突,将冲突控制在适当的水平。

冲突对于组织既有积极的影响,又有消极的影响,冲突水平过高或过低都会给组织和群体带来不利影响。因此,在冲突管理中应该注意,对冲突进行正确的处理和控制,把已出现的冲突引向建设性冲突,尽力避免破坏性冲突的发生。

(2) 实行全面系统的冲突管理,而不是局限于事后的冲突控制和处理。

现代冲突管理理论认为,冲突管理不仅仅是冲突发生后的事情,而应该是潜在冲突、知觉冲突、意向冲突、行为冲突、结局冲突等所有冲突阶段的事情,必须对冲突的产生、发展、变化、结果的全过程、所有因素、矛盾和问题进行全面管理,才能把原则落到实处,最大限度地减少冲突管理的成本。

(3) 具体问题具体分析。

不存在一成不变、放之四海而皆准的冲突管理理论和方法，必须针对具体问题、具体情况进行具体分析，灵活运用适宜的策略和方法随机应变地处理冲突。

(二) 冲突管理的策略

1. 冲突主体的冲突管理策略

美国行为科学家托马斯(K.Thomas)及其同事们用两维空间模式表明了处理冲突的方法。这个模式将冲突解决的办法定义在两个维度中。这两个维度是合作维度(只对他人利益的满足)和武断维度(只对自己利益的满足)。根据冲突双方满足自身利益的愿望和满足对方利益的愿望的大小，托马斯确定了五种冲突解决的基本策略：竞争策略、回避策略、迁就策略、折中策略和协作策略。没有哪一种策略是最佳的，当面临冲突时，重要的是应该选择一种符合当前情境的解决策略。

1) 竞争策略

竞争策略也叫强制策略，即只是坚持己见而很少有合作倾向的一种策略，通常采取非赢即输的方法。采取这种策略的人，试图达到自己的目标，而不关心他人的目标，甚至牺牲别人的利益来达到自己的目标。竞争策略常常涉及权力和控制。竞争策略会引起人们的不良评价。

在下列情况下可以使用竞争策略：当处于紧急情况，迅速果断的行动极其重要时；当你需要实施一项不受人欢迎的重大举措时，比如缩减开支、强调一项不受人欢迎的规章制度时；当你知道自己是正确的，而且问题的解决有益于组织，需要对付那些从竞争性行为中受益的人时。

2) 回避策略

回避策略是一种消极的策略，既不坚持又不合作，对自己和他人的利益都缺乏兴趣。采取这种策略的人试图摆脱冲突、保持中立，让冲突自生自灭。回避策略也反映了回避者对紧张和挫折的恐惧和厌恶。回避冲突可能会防止冲突升级，也可能会导致冲突升级，因为一方的回避，使另一方无法解决矛盾、完成任务，从而使冲突加剧。

以下情况适用于回避策略：当冲突微不足道，或还有更紧迫、更重要的问题需要解决时；当你认识到不可能满足你的要求和关心时；当问题解决后带来的潜在破坏性将超过它能获得的利益时；当收集信息比立刻决策更重要时；当其他人能更有效地解决冲突时；当这一问题与其他问题无关或是其他问题的导火索时。

3) 迁就策略

迁就策略主要是一种合作的倾向，以牺牲自己的利益为代价去满足别人的利益。这是一种利他的行为，或者是因为有与他人长期合作的策略考虑，或者是对他人愿望的一种屈从。采取迁就策略可能会获得外界较高的评价，但也有可能被认为是软弱的表现。

以下情况可以考虑使用迁就策略：当你发现自己是错的，希望倾听、学习一个更好的观点，并能表现出自己的通情达理时；当该问题对别人或对组织比对你更重要时；当为了对以后的事情建立起社会信任时；当别人胜过你，而造成的损失又最小时；当融洽与稳定至关重要时；当你允许下属从错误中学习从而得到发展时。

4) 折中策略

折中策略是介于坚持己见和合作倾向之间的一种策略。在合作和竞争中取一种中间状态，寻找一种权宜的、可接受的方法。这种策略建立在取舍的基础上，典型地体现在谈判、协商等活动中的一系列相互让步上。折中是被普遍采用的和广泛接受的解决冲突的一种策略，虽然它不能使双方达到最大程度的满意。

下列情况可以选择这种策略：当目标十分重要，过于坚持己见可能会造成更坏的后果时；当对手拥有同等的权力，能为共同的目标作出承诺时；当为了对一个复杂的问题达成暂时的和解时；当时间十分紧迫，需要采取一个权宜之计时。折中策略可以作为合作或竞争都不成功时的备用方案。

5) 协作策略

协作策略是既坚持己见又与他人合作的行为。协作是在扩大双方共同成果和愿望的基础上，使双方均获得最大满意的策略，它反映了解决冲突的双赢结果。一些研究认为，运用协作策略解决冲突的管理人员更成功，协作是绩效优异的组织的特征之一，协作策略能引起人们的积极情感和良好评价。此外，协作策略是运用建设性冲突的必要条件。

下列情况可以选择使用协作策略：当你发现两个方面都很重要并不能进行折中或妥协时；当你需要融合不同人的不同观点时；当你需要把各方意见合并而实现承诺时；当你的目的是要使各方都满意并能顺利执行这一决定时；当有可能扩大双方共同的利益时；当你向他人表示信任、坦率和合作时。

2. 引入"第三方"的冲突管理策略

上述托马斯提出的二维冲突处理模式研究的中心是冲突主体双方。但是，当冲突双方不能有效解决冲突问题时，可以引入第三方。正如马丁(J. N. Martin)和中山(T. K. Nakayama)的研究，他们在总结跨文化冲突的交流研究中，在确立人们用来对人际冲突情形的反应的几种管理类型和决策时，又加进了一种"仲裁或间接(Mediation)"的处理方式，即让第三方来进行调解。调解者必须有权威，或者是冲突双方的上级，或者是有地位、有影响的专家、社会贤达。

第三方的引入也是需要满足一些条件的。美国学者摩尔(Moore，1996)曾经列出了一个需要第三方介入的条件清单，具体包括：

(1) 双方出现了紧张的情绪，以致阻碍了问题的解决。

(2) 沟通不畅。

(3) 隐藏在有效交换背后的误解或成见。

(4) 不断重复出现的否定行为(生气、相互谩骂、不断责备别人等)，在双方之间形成了障碍。

(5) 有关问题的重要性，在数据的收集或评估等方面严重不一致。

(6) 双方之间存在实质上的或可觉察的不相容的利益，而且不可能调解。

(7) 不必要的(但冲突双方觉得有必要)价值差异使双方产生隔阂。

一般来说，第三方引入后，主要扮演以下三种角色之一：调停人、协调人或仲裁人。与之相对应，第三方主要采取两类方式解决冲突，即调解和仲裁。

调解最初是使双方在都不失颜面的条件下作出一定的让步，然后促使双方迅速找到有效的冲突处理办法(Rubin，1980)。仲裁即双方当事人为解决纠纷，自愿将所发生的纠纷交付第三者，根据事实和法律作出对双方都具有法律约束力的裁决。

第三方在策略上有如下作用：

(1) 激发各方解决问题的动机。

(2) 维持形式力量的平衡。如果双方力量过于悬殊，就很难建立相互信任，保持公开的沟通渠道。

(3) 营造对话中的坦率气氛。第三方能够帮助建立规范，提供信任和支持，减少由于一方对另一方的坦率而带来的风险。

(4) 促进沟通和交锋的同步。第三方可以协调一方的积极建议和另一方对此的积极反应，加强反馈，以保证双方诚意和努力的效果。

(5) 第三方可以综合上述作用，充当调停、协调和仲裁的角色。

案例链接

案例一　某企业的冲突管理案例

某企业一位业绩一直排名第一的员工，认为企业中一项具体的工作流程应该改进，她曾向主管和部门经理提出过，但并没有引起重视，领导反而认为她多管闲事。

一天，她私自违反工作流程试图进行改变，被主管发现了，主管带着情绪批评了她。但她心里不服气，于是就和主管吵翻了。主管把情况反映到部门经理那里，部门经理也严肃地批评了她，她仍置若罔闻。

部门经理和主管决定对她进行严惩，开会讨论决定扣除她三个月的奖金。

这位员工拒不接受。于是部门经理便把问题报告给了总经理。

总经理就把这位早有耳闻的业务尖子叫到办公室谈话。总经理没有一上来就批评她，而是让她先叙述事情的经过，通过和她交谈，交换意见和看法，总经理发现这位员工确实很有想法，她违反的那项工作流程也确实应该改进，而且还谈到了许多现行的工作流程和管理制度中存在的不完善之处。

总经理的这种朋友式平等的交流，真诚地聆听她的意见，让她感觉受到了重视和尊重。抵触情绪渐渐平息下来，她开始冷静地反思自己的行为。从开始的只认为主管有错，到最后承认自己做得也不对。在总经理策略性地询问下，她也说出了她认为自己的错误应该受到的相应处罚。最后她愉快地离开了办公室。

此后，总经理与部门经理以及主管交换了意见和看法，大家讨论决定以该员工自己认为应受的罚金减半罚款，让她在班前会上公开做了自我检讨，并补一个工作日。她十分爽快地甚至可以说是怀着感激之情接受了处罚。同时，公司以最快的速度改进了那项工作流程。

事情过后，大家发现这位员工改变了原来的傲气和不服的情绪，并积极配合主管的工作，工作热情大增，都说她好像变了个人似的。

案例点评：

冲突是一种矛盾激化的初显形式，无法回避也不需回避，关键在于企业的管理者如何进行冲突管理。管理得好，矛盾舒缓或解决，企业可以从无到有、从小到大；管理得不好，矛盾强烈激化，企业可从大到小、从有到无。因此，企业的管理者特别是人力资源管理者，应以积极的心态努力学习并掌握冲突管理的技能和方法，洞察人性管理，化解冲突，而企业也唯有在发展进程中，不断地去预见潜在冲突，积极化解冲突，合理保持冲突水平，才能确保企业健康发展。

案例二　某制药公司的冲突管理案例

某民营制药公司的王某遇到点麻烦事，他这个研发部经理当得有点不顺心。先是某项历时一年多的新药研制项目遭遇技术难关，只好中途搁浅；紧接着他又获知国内另一家知名药厂通过引进国外先进技术，已经研制成功同样品种的新药，并通过了医药审批，产品即将上市。

两年前，王某被这家企业的老板以高薪从某省一家国有大型制药企业技术科长的位置上挖来，为了充分体现对他的信任，老板将项目研发部的管理权、人事权甚至财务权一并交给了他，并委派了一名硕士李某协助其项目的研发。他没想到这个副手竟成了他的"对手"。

当初在立项之前，王某和李某曾经各自提出过一套方案，并且都坚持不肯让步。李某主张在引进国外现有的先进技术基础上改进配方和生产工艺，这样不仅见效快且技术风险较小，但缺点是要支付一大笔技术转让费用；而王某则主张自力更生，自主研发具有独立知识产权的全套生产技术，这样做的缺点是技术开发风险较大。

按公司规定，如果双方都坚持己见，那么就要将这两个方案拿到项目研发部全体会议上进行讨论，最后作出集体决策。以王某多年的国企管理经验，如果正副职在业务上产生分歧，当着下属的面各执一词激烈讨论，必然会不利于整个部门的团结，对领导的权威也是一大挑战。实际上，他也缺乏足够的信心说服李某和整个部门的同事，于是他找到企业老板，使出浑身解数最终使老板在方案提交之前将李某调离了该部门，从而避免了一场"激烈冲突"。

案例点评：

组织内的冲突不总是有害的，冲突有利于组织成员更加清楚地认识自己的不足，并且可能在冲突过程中发现对方的吸引力，使冲突双方形成友善的学习关系，增强团队的凝聚力，实现共同发展。冲突有利于刺激竞争，在合理竞争中促进创新的产生。因此，管理者的任务不是消除冲突，而是将冲突维持在一个适当的水平。

案例三　小团体意识

某企业设计组的新项目研制开发会议进行到一半时，王经理征求大家的意见，问下属如何看待与策划组合作的问题。

王经理："你认为怎么样？老李，重新设计这套建筑 CAD 的软件，公司要求我们与策划组一起配合来完成，你们愿意和他们共事吗？"

老李："什么？对于这个问题我保留意见，因为这两个组里我都有朋友，可说实话，我认为他们平时策划的那些东西，质量实在不敢恭维!"

王经理："可是与他们合作可以使你们的工作变得轻松些，他们也可以分担一些工作量嘛。"

小刘："也许确实可以分担一些工作量，可我同意老李的看法，那些家伙水平太差了，完全够不上我们的标准，我们公司好不容易才赢得了今天的声誉，我可不想让他们给搞砸了，我们宁可自己多花一点时间独自完成。"

这次小组会议的谈话内容不知怎么就传到了策划组成员的耳中，从此，策划组成员再也不愿意与设计组合作，即使是上司强行分配的任务，他们也总是阳奉阴违，不肯真正地合作。

案例点评：

企业中高水平的工作团队常常会出现老李和小刘这样的错误：低估其他团队。这种错误集中体现为：认为自己高人一等，不愿与其他部门合作，它是一种不良的小团体意识。小团体意识可以使一个群体变得浮躁。他们目空一切，认为自己是最好的，用不着别人的合作和帮助。团队会因为自傲而拒绝外部的观念和批评。小团体意识还会使该群体孤立于其他群体之外，得不到其他群体的支持。

总结与考核

一、实训日志

日 期		天 气	
主要实训内容：			
体会与感想：			
努力方向：			

二、训练考核(第四周)

考核内容		分值	本周考核要求	本周自评得分
平时成绩 (80分)	考勤	5分		
	训练过程	5分	积极参与,认真配合	
	训练表现	10分	保持热情,荣辱与共	
	团队训练表现	30分	冲突管理: 1. 团队组织; 2. 团队协调; 3. 团队控制	
	长程团队项目及个人任务进程监控记录,个人贡献与反思	30分		
	本周平时分合计			
训练感悟 (20分)	每个训练或团队项目的感悟与提升	20分		
备　注	1. 平时成绩每课一结,个人自评,组长核查汇总。 2. 平时成绩每课总分80分,期末加总求平均分,作为期末成绩,占总成绩的80%。 3. 训练感悟得分直接计入期末总成绩,占总成绩的20%			

拓展训练

一、训练内容

(一) 训练一

将全班同学分组,每8~10人一组。

要求每位同学把日常交往中与同学或朋友发生冲突、产生误会并使自己感到困惑、无法解决的1~2个问题写在纸条上,并放进事先准备的小纸箱中。各小组派一名代表从小纸箱中随意抽出一张纸条,并讨论解决的办法。

小组汇报讨论结果，师生互动交流、分享感受。

（二）训练二

高级工程师马某是某设计院第一设计室的主任。本室内的第七课题组由 8 名男工程师组成，他们共同在该组工作多年，彼此感情融洽，关系密切。不久前，室内分配来一位新人苏某，是刚从一所工科大学毕业的 26 岁女研究生，朝气蓬勃，大方直爽。马某派她到第七课题组参加某矿山机修厂扩建工程的设计工作，同时参与这项任务的还有同组的另外三位工程师：代组长贾某(38 岁，在本院已工作 15 年)、萨某(40 岁，在本院已工作 10 年)和蓝某(32 岁，在本院已工作 8 年)。

苏某对工作很认真，遇到难题，她会主动加班到深夜，查文献，翻资料，尽快搞个水落石出。因为她这样坚韧不拔，再加上基础扎实，所学的知识又新，所以总是能比别的同事提前好几天完成分派给她的那部分设计任务。可是她闲不住，任务一完成，就去找马某要新任务。有时，她就问贾某、萨某和蓝某，能不能把手头的活分点给她，好帮他们加快进度，但每回都被他们断然回绝了。

以下是某天贾某来找马某谈话的记录。

贾：马主任。我本来不想打扰您，可组里好几位同志都非让我来找您谈谈小苏的事。小苏把咱组的人全得罪遍了，她总是觉得自己就是"万能博士"，啥事都懂。我们可不爱跟这种人共事。

马：老贾，她干得不是很不错吗？设计任务总是完成得又快又好，没出过啥差错。还要她咋的？

贾：可谁也没让她搞乱组里的气氛啊？谁许她指手画脚来教导我们该怎么干活的？我大小是代组长，也没这么干过。组里怨气挺大，再这么下去，我看全组的工作都要受影响。反正您看着办吧！

马：那好，下星期她就干满半年了，我正要找她谈一谈，给她讲评一下她这半年来的表现。我一定记住你刚才讲的，可我不敢保证你们说的她那种目空一切的态度能改得了。现在的年轻人，难说呀！

事后，马某把该怎么跟苏某谈话仔细地琢磨了一下。他知道，这个贾某虽说只是代组长，但实际上他早就是大伙认可的"头儿"了，他这是代表组里其他人来谈话的。

到了下周的某个下午，马某把苏某叫到了自己办公室。下面一段话就是他俩谈话的后半段。

马：关于你这半年来的表现，我刚才已经说了，你在技术方面的工作，领导很满意，不过你跟组内其他同事的关系，我得提醒你一下。

苏：我不明白，您指的是什么问题？

马：我说具体点，你们设计组里有些人对你那种"万事通"的态度和总想告诉别人该怎么干活的工作方式很有意见。你对别人得克制点，别公开去评论别人的工作。这一组的工程师都挺强的，多年来的工作一直是比较优秀的。我可不愿意你把他们搅得不能安心，影响工作质量。

苏：主任，您听我说几句行不行？首先，我从来没有公开批评过他们的工作，也没向您汇报过。我把活先干完了，总要求帮他们干一点，这本是好心嘛，是不是？可次次都叫我"少管闲事"，以后我就光埋头干自己的活了，"休管他人瓦上霜"嘛！

马：这对嘛！这我明白。

苏：您不明白的是，在这个组干了这几个月，我可看出来了，他们明明在磨洋工嘛。这些工程师们故意定一种很慢的工作节奏，远远低于他们的能力。他们感兴趣的是上班的时候听老萨那个半导体播放的音乐，谈论足球比赛，商量着"又是星期天了，去哪玩儿"。我很遗憾，我不想跟他们一起那样混日子！我从家里到学校，可不是受的这样的教育。还有一点，他们压根儿就没正眼瞧过我，以为我不过是来破坏他们那个"快乐俱乐部"的"黄毛丫头"。

马：你别胡说！给工程师做鉴定，写评语，是领导的事。你的任务就是做好本职设计工作，别干扰别人干活。你要好好干下去，在这儿还是很有前途的，可你得做到只管你的技术活，管理方面是我的职责。

苏某离开马某的办公室时，觉得很伤心，也挺寒心。她知道自己一直干得很不错，而那些工程师们却远未发挥出他们的潜力，这是明摆着的事。她不知道该怎么办，有点想哭，但马上忍住了，她把头一抬，又挺胸阔步地朝设计室走去。

(1) 苏某和大伙儿之间产生矛盾的原因是什么？她应如何处理好与同事之间的人际关系？

_____

_____

_____

_____

(2) 马某作为领导应如何帮助苏某解决人际冲突？

_____

_____

_____

_____

二、个人训练任务周进程监控表

任务要求	周一	周二	周三	周四	周五	周六	周日	任务状态
记录身边发生的冲突事件								
观察并记录人们解决冲突的方式和方法								
记录自己经历的冲突事件								
记录自己解决冲突的策略及方法								
团队项目	分配的个人任务、要求完成时间、完成情况：				贡献与反思：			
本周其他情况说明								

情 绪 管 理

喜怒哀乐之未发，谓之中；发而皆中节，谓之和。

——《中庸》

人莫鉴于流水，而鉴于止水，唯止能止众止。

——《庄子·德充符》

能控制好自己情绪的人，比能拿下一座城池的将军更伟大。

——拿破仑

生气是用别人的错误惩罚自己。

——康德

训练目标

(1) 了解在各种情绪状态下人的外部表现和生理反应，体会情绪对自己日常生活和学习的重大影响。

(2) 引导学生认识到：产生不良情绪性行为的根源是非理性信念，所以改变不良情绪性行为的关键是改变不合理的认知。

(3) 探讨和掌握调控情绪的有效方法，从而能左右自己的情绪，做情绪的主人。

训练内容简述

以团体活动为主要手段，以体会和感悟为重点，认识情绪、体会情绪、调整情绪，了解自己情绪发生发展的过程，分析自己在情绪调控方面的优势和劣势，提高情绪管理能力。

训练内容

情绪脸谱

活动一　情 绪 脸 谱

活动目标

通过情绪角色扮演，训练学生认识情绪。学生能够合理表达自身情绪以及准确判断他人情绪，体验他人感受，强化对别人情绪的关注，从而更好地管理自己的情绪。

活动准备

写有各种情绪词的卡片若干张。

活动内容

具体的活动内容及步骤如下：

(1) 分组。两人一组。

(2) 分配角色。一人为表演者，一人为猜测者。

表演者随机抽出一张卡片，将卡片上的情绪词用肢体动作、面部表情表演出来，注意不能用言语表达。猜测者依据表演者的表演，猜测卡片上的情绪词。

注意事项

(1) 情绪卡片的内容要丰富，比如满足、自信、害羞、得意、羡慕、震惊、狂喜、自豪、困窘、委屈、感激、思念、解脱、开怀大笑、微笑、苦笑等等。

(2) 可以限定时间,小组竞猜;也可不分小组,一位同学表演,其他同学猜。

(3) 鼓励学生放下自我,全心投入活动。

体验分享

(1) 肢体动作、面部表情与人的情绪之间的关系是什么?

(2) 通过肢体动作、面部表情等所传递的情绪信息有哪些?

活动总结

在日常生活中,尽管人的情绪多种多样,表现形式也不相同,但一些基本的情绪和情绪表达却是人类共有的。一般认为,喜、怒、哀、乐、悲、恐、惊是我们常说的基本情绪。心理学家将情绪划分为积极情绪和消极情绪。高兴、喜悦、愉快、兴奋、平静、爱等都属于积极情绪;悲伤、难过、愤怒、沮丧、自卑、恨等都属于消极情绪。每种情绪都有其生物学意义,都是适应环境的结果。

活动二 情绪传递

活动目标

(1) 认识情绪传递的重要性。

(2) 掌握在生活中面对压力、紧张等不良情绪的方法。

活动准备

选择组织活动的场地,以室内为宜。

活动内容

具体的活动内容及步骤如下:

第一轮:

(1) 请同学们在场地中央围成一圈站好,闭上眼睛。

(2) 教师在这个圈外走几圈,然后轻轻地敲一下某个同学的后背,这个同学就是"情绪源"。

(3) 请同学们睁开眼睛,在室内自由散开,同学之间可以相互握手、自由交谈,尽可能地与更多人交流。

(4) "情绪源"的任务就是通过眨眼睛的动作将不安的情绪传递给任意三位同学,而任何一个获得眨眼睛信息的同学都要将自己当做已经受到不安情绪传染的人,一旦被传染,他的任务就是向另外三个人眨眼睛,将不安的情绪传递出去。传递给别人后,不要再眨眼睛，继续走动交谈。

(5) 五分钟后，同学们都坐下来围成一个圆圈。让第一个受到情绪传染的人，即"情绪源"站起来，接着是那三个被他传染的，再然后是被那三个人传染的，直到所有被传染的人都站了起来。你会惊奇于情绪传染的可怕！

第二轮：

(1) 教师告诉大家已经找到了治疗不安情绪的"灵丹妙药"，这种"灵丹妙药"是通过真诚的微笑传播的。

(2) 大家站起来闭着眼围成一圈，教师告诉大家将会选一个同学作为"微笑情绪源"，他会向任意三个人微笑。得到微笑的人应该对另外三个人微笑，作为回报。

(3) 教师在圈外走几圈，但不要碰任何人的后背，在恰当的时候，假装已经指定了"微笑情绪源"，微笑着说"开始"。同学们自由活动三分钟，然后坐下。

(4) 教师请收到"灵丹妙药"的同学举手，并指出认为是"微笑情绪源"的那个人。这时候就会发现大家的手会指向很多不同的人。

(5) 教师告诉大家，其实根本没有"微笑情绪源"，也没有缓解不安情绪的"灵丹妙药"。

体验分享

(1) 被不安情绪传染时，你的感受怎么样？

(2) 是否有人能避免情绪被传染？怎么避免的？

(3) 当微笑被传播时，你的感受怎么样？

(4) 什么情绪对大家的学习成绩影响最大？为什么？

(5) 为了让自己避免被负面情绪传染，应该怎么做？

活动总结

情绪是具有传染性的，特别是在新型冠状病毒疫情发生期间，人容易产生应激的焦虑、抑郁等负面情绪。为避免悲观情绪的蔓延，我们需要进行积极信息的传递，避免陷入不合理认知与恐慌情绪之中。

在一个班集体中，情绪的作用显得尤为重要。当考试来临之际，学生的紧张情绪往往相互传递并相互影响，很容易使整个班级形成一种郁闷、压抑的气氛，从而不利于考试时的正常发挥，以至于影响考试成绩。所以，保持一个健康的心态，时常以一个微笑的面孔对待他人，以一个轻松快乐的情绪感染他人是至关重要的。因为这种情绪不仅能影响你自己，也能影响你身旁的每一个人。

活动三 打 击 "魔 鬼"

活动目标

通过辩论活动，让学生学习调整情绪，认识情绪的产生是由于自己的非理性信念，学习有意识建立积极的理性信念，管理好自己的情绪。

活动准备

每个人都想一想在生活中碰到的令自己觉得困扰的事件。

活动内容

具体的活动内容及步骤如下：

(1) 将全体同学分成若干活动小组，每组六人。

(2) 将组员分配成一位主角、两位魔鬼以及三位天使。主角陈述一个在生活中碰到的令自己觉得困扰的事件，魔鬼对主角的陈述提出非理性信念，三位天使反击魔鬼，并给予主角正向反馈。

体验分享

(1) 同一事件为什么会引起不同的情绪体验？

(2) 使我们产生情绪的是事件本身吗？

(3) 活动结束后你的心得体会是什么？

活动总结

人的情绪问题是由人的非理性信念造成的，它使人逃避现实、自怨自艾，不敢面对现实中的挑战。当人们长期坚持某些不合理的信念时，便会导致不良的情绪体验；当人们接受理性与更加合理的信念时，其焦虑及其他不良情绪就会得到缓解。

知识链接

一、认识情绪

(一) 情绪的概念

心理学家对情绪进行过长期深入的探索研究，对"到底什么是情绪"提出过很多看法，但由于情绪的复杂性，目前还没有统一定论。当前比较流行的看法认为，情绪是人对客观事物是否符合主观需要而产生的心理体验，是伴随特定生理反应与外部表现的一种心理过程。

(二) 情绪主观体验的外部表现模式

我国古代把情绪分为喜、怒、哀、乐、爱、恶、惧七种基本形式，现代心理学把情绪分为快乐、愤怒、悲伤、恐惧四种基本形式。这些基本情绪的表现具有全人类的共通性。表情动作是一种独具特色的情绪语言，它以有形的方式表现出情绪的内在体验，成为人际间感情交流和相互理解的工具之一，也是了解情绪主观体验的客观指标之一。表情包括面部表情、姿态表情和言语表情。

1. 面部表情

面部表情是情绪在面部的表现，它是情绪表达的主要通道。不同的情绪会产生不同的面部表情。由于面部表情能精细、准确地反映人的情绪，因而它是人类表达情绪最主要的一种表情动作。

2. 姿态表情

姿态表情是除面部之外身体其他部位的表情动作。头、手和脚是表达情绪的主要身体部位。例如：高兴时，手舞足蹈，昂首挺胸，欢呼雀跃，捧腹大笑；愤怒时，双手握拳，捶胸顿足，浑身颤抖；悲伤时，失声痛哭，低头肃立，步履沉重，动作迟缓；恐惧时，紧缩双肩，手足无措，全身发抖。

3. 言语表情

言语表情是情绪在言语的声调、节奏和速度上的表现。同样一句话用不同的方式讲出来会表达出不同的含义。例如，"你干吗"用升调说出来时表示疑问，用降调则表示不耐烦，用感叹语气强调"吗"字则表示责备。人在高兴时，音调高昂，节奏轻快，语音高低差别大，音色悦耳动听；愤怒时，音调高亢尖锐、严厉、生硬、刺耳；悲哀时，音调低沉，言语缓慢，语音高度差别小；恐惧时，音调高而急促，声音刺耳、颤抖。

表情动作与语言一样是人际交往的重要工具，在这三种主要表情动作中，面部表情起主要作用，姿态表情和言语表情往往是情绪表达的辅助手段。

(三) 影响情绪产生的因素

情绪的产生是由外界环境刺激、机体的生理变化和对刺激的认知评价三者相互作用的结果，而认知过程又起着决定的作用。

1. 外界环境刺激

简言之，一个人如果处在一个良好适宜的环境中，情绪就会感觉良好。例如：你周围的人现在很平静，那么你的心情通常也会很平静；如果你的周围环境很浮躁，那么你也会跟着浮躁起来；如果你的周围环境很紧张，那么你也会跟着紧张。

2. 生理状态

生理状态对一个人的情绪很重要，比如说，你现在感冒发烧了，或者是关节不好，腿很疼，那么再好的环境，再舒适的环境，你也会觉得你的情绪很糟糕。

3. 认知评价

认知评价比前面两个因素更为重要。实验表明，生理变化和环境在情绪的产生中肯定会起作用，但对情绪体验来说却不是决定性的，决定性的因素是人对外界环境刺激和对身体变化的认知。

二、情绪的意义

1. 情绪是生命里不可分割的一部分

从生理学的角度分析，情绪其实是大脑与身体相互协调和推动所产生的现象。因此，一个正常的人,必然是有情绪的。不仅如此,没有某些情绪的人,其实是有缺憾、不完整的人。

2. 情绪诚实可靠

除非我们内心的信念、价值观有所改变,否则,每次对同样的事我们都会自然地有同样的情绪反应。如果你是一个对某些事物特别反感或害怕的人,偶然遇上,你的惊叫、跳起来或者其他的行为,不是每次都一样,并且马上出现吗?

3. 情绪从来都不是问题

如果你感到不适去看医生,医生说你的额头很烫,需要做手术将它切除,你会觉得这个医生精神有点不正常吧?人人都知道额头很烫是身体有病的症状,可能是肠胃有毛病,也可能是感冒发烧。症状使我们知道健康有问题,但它本身不是问题。情绪也是一样,它只是症状而已,可是绝大部分人都把情绪看作问题本身(我们往往指责并压抑我们的不良情绪)。情绪只是告诉我们,有些事情出现了,需要我们去处理,我们内心某些需求需要得到满足。

4. 情绪教我们在遇到事情时有所学习

人生中发生的每一件事都是提供给我们学习怎样使人生变得更好的机会。每份情绪都有其意义和价值,不是给我们指明一个方向,便是给我们一份力量,甚至两者兼有。如果我们没有痛的感觉,便不会把手从火炉上抽回;如果我们没有不甘心被别人看低的感觉,便不会发奋图强!

5. 情绪应该为我们服务,而不应成为我们的主人

如果情绪能被妥善运用,是可以使人生变得更好的。只是要"运用"它,你就必须先使它臣服,受你驾驭。情绪是生命的一部分,就像我们的手与脚、过去的经验、积累的知识能力等,都是为我们服务的。可惜的是,在当今社会中有很多人都陷入了迷惘、苦恼中不能自拔,成为自己情绪的奴隶,而不是驾驭自己情绪的主人。

6. 情绪是记忆存储的必需部分

我们的大脑在把摄入的资料存储为记忆的过程中,把这些资料的意义确定下来是最重要的一个程序,我们称之为"编码"程序。这个程序,其实就是把摄入的资料与已存储的过去的资料作比较合并后,得出的模糊意思,再经由我们的信念和价值观做一次过滤,所得出的意义才能纳入我们的记忆系统并做长期存储。这份意义必有一份感觉与之并存。没有这份感觉的,便是没有做或者未做好"编码"的程序。何以见得?可以回想一下我们少年时在学校曾经熟读的那些书的内容,现在还记得多少?相反,小学三年级时被老师罚站在教室门外的一次经历,却让人难忘。为什么呢?这就是因为前者未做好"编码"工作,而后者做好了。如果《长恨歌》那么长的唐诗你还记得,那肯定是因为诗中的每一句你都有很深的感触。所以说,情绪是记忆存储的必需部分。

7. 情绪就是我们的能力

时至今日,你当然拥有很多能力,在很多事情上,你都有自信、勇气、冲动,或者是冷静、轻松、悠然,或者是坚定、决心,也或者是有创造力、幽默感,更或者是敢冒险、灵活、随机应变……所有这些能力,你会发觉都是一份内心里的感觉。即使有知识、技能和其他的资源去帮助你,但使用这些资源的原动力,仍是这份内心里的感觉。没有这份感觉,我们即使拥有了这些资源也不会去用,或者用不好。

三、管理情绪

(一) ABCDE 理论

1. 什么是 ABCDE 理论

ABCDE 理论是艾利斯合理情绪疗法理论的精华所在,它不但说明了人们的情绪困扰产生的原因,还阐释了消除情绪及行为困扰的心理治疗途径。如果我们能够透彻地理解这种理论,经常有意识地运用这种理论,那么我们将很难陷入自己设置的情绪陷阱之中。

何为 ABCDE？其实完整的治疗模式由 ABCDEF 六个部分组成。

A：activating events,指发生的事件。

B：beliefs,指当事人对事件所持的观念或信念。

C：emotional and behavioral consequences,指观念或信念所引起的情绪及行为后果。

D：disputing irrational beliefs,指劝导干预。

E：effect,指治疗或咨询效果。

F：new feeling,指治疗或咨询后的新感觉。

人们面对外界发生的负性事件时,为什么会产生消极的、不愉快的情绪体验？人们常常认为罪魁祸首是外界的负性事件(A)。但是艾利斯认为,事件(A)本身并非是引起情绪反应或行为后果(C)的原因,人们对事件的不合理信念(B)(想法、看法或解释)才是真正的原因所在。因此,要改善人们的不良情绪及行为,就要进行劝导干预(D),以理性的信念代替非理性的信念。等到劝导干预产生了效果(E),人们就会产生积极的情绪及行为,心理的困扰因此减弱或消除,就会有愉悦充实的新感觉(F)产生。

简言之,影响心情的不是事件本身,而是我们对事件的认知或信念。那么,不合理的信念具有哪些特征呢？

2. 不合理信念的特征

1) 绝对化的要求

绝对化要求是指人们以自己的意愿为出发点,对某一事物怀有认为其必定会发生或不会发生的信念,它通常与"必须""应该"这类字眼连在一起,如"我必须获得成功""别人必须对我好""生活应该是很容易的"等等。这种绝对化的要求在现实生活中是难以达到的。如果事情的发展难以如愿,那么由失望而导致的情绪障碍就在所难免。

2) 过分概括化

过分概括化是一种以偏概全、以一概十的不合理思维方式的表现。艾利斯曾说过,过分概括化是不合逻辑的,就好像以一本书的封面来判定其内容的好坏一样。过分概括化的一个方面就是人们对自身的不合理的评价。如遭遇到一些失败时,就认为自己"一无是处""一钱不值",从而导致自责自罪、自卑自弃的心理及焦虑和抑郁情绪的产生;另一个方面是对他人的不合理评价,即别人稍有差错就会一味地责备他人,以致产生敌意和愤怒等情绪。

3) 糟糕至极

糟糕至极是一种将可能的不良后果无限严重化的思维定式。这种观念认为如果一件不好的事情发生了，那将是非常可怕和糟糕的。这将导致个体陷入极端不良的情绪体验中，如陷入耻辱、自责、焦虑、悲观、抑郁的恶性循环中难以自拔。例如，"我没考上理想的学校，一切都完了"，这种想法是非理性的。因为对任何一件事情来说，都会有比这更坏的情况发生，所以没有一件事情可以被定义为糟糕至极。

在人们的不合理的信念中，往往都可以找到上述三种特征。我们要学会识别什么是合理的信念，什么是不合理的信念，当不合理的信念影响到自己情绪的时候，要学会与不合理的信念进行辩论，用合理的信念去战胜不合理的信念。我们每个人都会或多或少地有一些不合理的信念，但只要我们能很快地从中解脱出来，就不会影响到我们的心理健康。

3．ABCDE 理论的操作模式

(1) 找出使自己产生异常紧张情绪的诱发事件(A)，如当众讲话、考试、学习压力、人际关系等。

(2) 分析自己对诱发事件的解释、评价和看法，即由它引起的信念(B)，从理性的角度去审视这些信念，并且探讨这些信念与所产生的紧张情绪(C)之间的关系，从而认识到异常的紧张情绪之所以产生，是由于自己存在不合理的信念。

(3) 从丰富自己的思维角度，与自己的不合理信念进行辩论(D)，动摇并最终放弃不合理信念，学会用合理的思维方式代替不合理的思维方式。还可以通过与他人讨论或实践验证的方法来辅助自己转变思维方式。

(4) 随着不合理信念的消除，异常的紧张情绪开始减少或消除，并产生出合理、积极的行为方式。行为所带来的积极效果又促进着合理信念的巩固与情绪的轻松愉快。最后，个人通过情绪与行为的成功转变，从根本上树立起合理的思维方式，不再受异常的紧张情绪的困扰(E)。

(二) 情绪管理的步骤

1．察觉情绪

情绪管理的第一步就是要先察觉我们的情绪，并且接纳自己的情绪。情绪没有好坏之分，只要是真实的感受，就要正视并接受它。只有当我们认清自己的情绪，知道自己现在的感受时，才有机会控制情绪，也才能为自己的情绪负责，而不被情绪所左右。

2．体会情绪

在觉察情绪的前提下，进一步问问自己几个为什么，找出情绪产生的原因。比如，我为什么焦虑？我为什么难过？我为什么觉得挫折无助？我为什么……只有找出原因我们才能知道这样的反应是否正常，只有找出原因我们才能对症下药。

3．叫停或处理情绪

当我们处于负面情绪中时，我们要及时叫停坏情绪，学会处理情绪。想想看，可以用什么方法来缓解自己的情绪呢？也许可以通过深呼吸、肌肉松弛法、静坐冥想、运动、到郊外走走、听音乐等来让你的心情平静，也许可以用大哭一场、找人聊聊、涂鸦、用笔抒情等方式来宣泄，或者换个乐观的想法来改变心情。

(三) 情绪调节的方法

1. 合理宣泄情绪

所谓宣泄，就是把积存在心里的郁闷打扫干净，使精神通道畅通无阻。宣泄就是通过疏导宣散、发泄畅达的方式，把积聚、压抑在心中的不良情绪挥发出去，从而达到因势利导、摆脱苦恼、恢复心理平衡的目的。著名心理学家弗洛伊德曾称宣泄疗法为"心理净化"疗法，这是十分恰当的。宣泄的方法很多，具体来说有以下几种。

1) 挥泪痛哭法

从科学的观点来看，哭是自我心理保护的一种措施，它可以释放不良情绪产生的能量，调节机体的平衡，促进新陈代谢。哭是解除紧张、烦恼、痛苦的好方法。许多人大哭一场后，痛苦、悲伤的情绪就会缓解许多。

2) 倾诉苦衷法

此法是通过言语或文字来倾吐和发泄情绪情感的方法。在社会生活中，人们难免会遇到不顺心的事，忧愁不解或郁闷在心。这时，如果能找到自己的知心朋友或亲人尽情倾吐苦衷，发泄情绪，那么，苦恼郁闷的情绪情感就会逐渐消失。如果能够用诗文抒发自己的情感，也不失为一种排泄不良情绪的有效方法。请记住培根的名言："如果你把快乐告诉一个朋友，你将得到两个快乐，而如果你把忧愁向一个朋友倾诉，你将会被分掉一半的忧愁。"

2. 运动改善情绪

研究表明，心情低落的原因之一是脑神经元中缺乏多巴胺物质。运动后，多巴胺会显著增加，所以，运动能改善人的低落心理。运动心理学家主张，不要等到出现了低落心情时才去运动，平常也要进行健身，以促进人体内多巴胺分泌量的增加。这样，即使遇到不如意的事，也不至于产生低落心情，即使产生低落心情，也较轻微，不会使人长期郁闷。《"健康中国 2030"规划纲要》也明确规定确保学生校内每天体育活动时间不少于 1 小时。因此，拥有良好的情绪，最好的办法就是去参加适当的体育运动，如打乒乓球、健步走、跑步、踢球等，使自己全身心沉浸于运动中，享受运动的乐趣，淡忘痛苦的事情，这样就可以有效地改善情绪。

3. 转移注意力稳定情绪

转移注意力就是把注意力从引起不良情绪的事情转移到其他事情上，以淡化或忘记令人不愉快的情绪体验，从消极情绪中解脱出来，从而激发积极、愉快的情绪反应。当发现自己情绪不好时，我们可以做一些自己平时感兴趣的事，通过转移注意焦点，使自己从消极情绪中解脱。

4. 反向调节情绪

人的情绪变化往往是由于人的认知评价引起的。一个人对周围的事物或自己的行为作出消极的评价时，会给自己带来不良的暗示，导致消极情绪的产生；相反，如果能够给自己积极的评价和暗示，则会产生积极的情绪。在很多情况下，人们的痛苦与快乐，并不是由客观环境的优劣决定的，而是由自己的心态、情绪决定的。遇到同一件事，有人感到痛苦，有人却感到快乐，这完全是不同的心情使然。假定桌子上有一瓶只剩下一半的饮料，乐观主义者看见这瓶饮料会高喊"太好了！还有一半"，而也有人会对着这瓶饮料叹息"糟糕！只剩下一半”，那他很可能是悲观主义者。

人生之路不可能一帆风顺，总会有困难、挫折、痛苦，这些都是客观存在的，你叹息也好，焦急也好，忧虑也好，恐惧也好，都无助于问题的解决。在这种情况下，不如拿起心理调节武器，使情绪由"阴"转"晴"，摆脱烦恼。

案例链接

案例一 装也治抑郁

某公司的一位员工工作一向很出色，但总感觉心情有些郁闷。有一天，他感到心情很差，但由于他要在开会时和重要客户见面谈话，所以他在内心告诉自己：打起精神来，不能在客户面前表现得情绪低落、萎靡不振。于是，他就在会议上笑容可掬、谈笑风生，"装"成心情愉快而又和蔼可亲的样子。他的这种心情"装扮"却带来了意想不到的效果——会议很成功。令人惊奇的是，心情"装扮"持续一段时间后，他发现自己不再抑郁不振。心理学中，我们把这种行为称为"暗示效应"。不同的心理暗示会形成不同的心态：消极的心理暗示会给我们带来负性情绪，积极的心理暗示会带给我们健康向上的心理体验。日常生活中，我们要警惕这些口头禅"哎！""真烦""真没劲呀""没意思""我不行"……我们要多进行积极的心理暗示，比如，大声说出或默念一些正向、积极的词语："太棒了""太有趣了""一切都将会变得更好""我每天都在成长，都有进步""美好的事情即将发生"等。在行为上，我们要经常微笑或者大笑(不管是真笑还是假笑)；经常舒展身体，比如做个深呼吸、伸伸懒腰、张开双臂等；走路时步伐有力、昂首挺胸、充满自信；等等。积极的"心情装扮"持续一段时间，你会发现，低落抑郁的情绪会有很大改变。

案例点评：

装着有某种心情，模仿着某种心情，往往有助于我们真正地获得这种心情。一个人总是想象自己进入了某种情境，并感受某种情绪时，这种情绪十之八九会到来。需要注意的是，由于年龄、性别、职业、性格等因素的不同，情绪变化的程度和时间也不一样。情绪有了变化之后，伴随每一种情绪的外在表现，生理反应也会发生变化。为了调控好情绪，不妨进行积极的心理暗示，对自己的心情进行一番"乔装打扮"。

案例二 情绪会传染吗？

有这样一个故事：一位父亲在公司受到了老板的批评，气不顺的他就把淘气的孩子臭骂了一顿，孩子心里窝火，就狠狠地去踹身边打滚的猫，猫逃到街上，正好一辆卡车开过来，司机赶紧避让，却把路边的孩子撞伤了。这是心理学中坏情绪传染的"踢猫效应"。现实生活中，同学们也都会有这样的感受：晚自习临近下课的时候，有一个同学抱怨：为什么还不下课呀？这时教室里就会出现想下课的骚动；听到路人爽朗的笑声，自己不自觉心情会开朗起来；和朋友一起聊天，一个人声音很大，其他人也会不自觉地声音大起来……情绪确实是会传染的。古语所说的"与善人居，如入芝兰之室，久而不闻其香，即与之化矣；与不善人居，如入鲍鱼之肆，久而不闻其臭，亦与之化矣"同样也隐含着这样的道理。

案例点评：

在现代社会中，工作与生活的压力越来越大，竞争也越来越激烈。这种紧张很容易导致人们情绪不稳定，一点不如意就会烦恼、愤怒起来，如果不能及时调整这种消极情绪带给自己的负面影响，就会身不由己地加入"踢猫"的队伍当中，既被别人"踢"，又去"踢"别人。良好情绪的传染也同样，在一个组织或者团队中，成员之间要经常进行积极正向的激励，让好心情延续下去，这样有利于舒缓学习和工作的压力，提高效率。

案例三　控制情绪一分钟

有一个年轻人在公园里休憩，他把最心爱的一本书放在旁边的椅子上，这时候走来一个人，二话不说便坐在椅子上，把他的书压坏了。年轻人很生气："他怎么可以这样随便损坏别人的东西呢！"并准备和他理论。

不过，年轻人很快发现，刚才坐到他书上的是个盲人，顿时他的怒气减少了一半。他心想："谢天谢地，幸好只是放了一本书，要是油漆，或是什么尖锐的东西，他就遭殃了。"年轻人友善地提醒了盲人，甚至开始同情他。

案例点评：

同样的一件事情——他压坏了你的书，但是前后情绪反应却截然不同。对事情不同的看法能引起自身不同的情绪。很显然，让我们难过和痛苦的，不是事情本身，而是对事情不正确的解释和评价。

总结与考核

一、实训日志

日　期		天　气	
主要实训内容：			
体会与感想：			
努力方向：			

二、训练考核(第五周)

	考核内容	分值	考核要求	自评得分
平时成绩 (80分)	考勤	5分		
	训练过程	5分	认识情绪，体会情绪，调整情绪	
	训练表现	10分	讨论发言，5分； 完成各项训练，5分	
	团队训练表现	30分	情绪管理活动： 1. 积极参与； 2. 表达清晰； 3. 分享体会	
	长程团队项目及个人任务进程监控记录，个人贡献与反思	30分	情绪管理： 1. 能够判断情绪动因的不同； 2. 掌握情绪调节方法； 3. 增强情绪自我管理能力	
	本周平时分数合计			
训练感悟 (20分)	每个训练或团队项目的感悟与提升	20分		
备注	1. 平时成绩每课一结，个人自评，组长核查汇总。 2. 平时成绩每课总分 80 分，期末加总求平均分，作为期末成绩的一部分，占总成绩的80%。 3. 训练感悟每课总分 20 分，期末加总求平均分，作为期末成绩的一部分，占总成绩的20%			

拓展训练

一、训练内容

(一) 分析自己的情绪

回想你曾经面对某个人情绪爆发的一件事情，可能是一场争论，或是令你生气，或是让你心烦，或是给你施加压力等。第一步是要分析所发生的事情，回忆一下他曾经对你说了些什么以及怎样对你说的。

对情境的分析：

(1) 确认那个人的情绪(他的体态语言说明了什么)。

(2) 注意所描述的事实(他实际上说了些什么)。

(3) 确认那个人的需要(注意：事实与需要可能会不相同，需要有时可能并不直接表现出来，要考虑他的体态语言)。

(4) 你作出了什么反应？你希望已经作出了什么反应？

你自己的体验可以作为了解情绪的信息源。"情绪日记"容易记而且有启发性。对于每次体验，要尽量回答以下问题：

(1) 引起我愤怒的具体事情是什么？最激怒我的是什么？

(2) 我愤怒的根源是别人吗？是我自己吗？是一件东西或事情吗？

(3) 对这次事情我怎样解释？还有我没有考虑到的其他原因吗？在事情发生之后哪些话使我更为愤怒？

(4) 有什么身体上的感觉伴随愤怒的体验？

(5) 我表现出了什么行为反应？我的反应是口头攻击吗？

通过将情绪分类，可以使情况缓和，也可以使压力缓解。用这种方式分析一系列事件会显露出你的愤怒形式，并且可以使你对自己有一个比较理性的认识。

(二) 拆除自己的情绪地雷

1．找出自己的情绪地雷

首先要做的，就是找出自己的"情绪地雷区"。既然会引爆我们负面情绪的事件都有迹可循，那么你我的首要任务，就是把这些情绪引爆点搞清楚，我们把它们称为"情绪地雷区"。每个人都有自己独特的情绪地雷区，需要靠自己反省及检视才能画出完整的情绪地雷区图。一个人的情绪地雷区可能是另一个人的安全区。例如，有人很在意别人守不守时，另一个人却对他人的迟到行为不以为意，但却很看不惯别人说谎。形成这些差别的原因就在于我们从小到大都有着不同的生活经验、父母亲的教导、自己的历练，再加上本身的个性，于是每个人的情绪地雷区图就有了不同的面貌。

2．画出你的情绪地雷区图

怎么做，才能画出自己的情绪地雷区图？这里介绍在 EQ(情商)训练中经常使用的几个练习。

1) 情绪检视练习

请你回想过去的一个月内，自己曾出现过如下情绪时的情境(至少各列三项)：

当_____时，我感到很难过(伤心)。

当_____时，我感到很生气。

当_____时，我感到很担心(害怕)。

当_____时，我感到很恶心。

当_____时，我感到压力很大。

2) 思索自己的核心理念

核心理念就是你我心中那些根深蒂固的想法，这些核心理念的组合，形成了个人"我之所以为我"的基础。正因为如此，核心理念不容易改变，而且往往会是一个人一辈子的坚持。任何人(包括自己在内)的言行违反了我们自己的核心理念，我们心中的怒火就会一触即发，这样就容易形成情绪地雷。

例如，有人认为诚实很重要，是他的核心理念之一。只要他发现别人说话有所隐瞒，就很容易按捺不住地大发脾气。而有人深信人人平等，要是有人说话中贬损了某个族群，或者老是瞧不起某个团体，他就会觉得此人大大不对，马上面有愠色，挺身主持公道。

这些对我们而言非常重要的理念，也往往是我们情绪地雷的导火线，理所当然要先检查一番。

要找出核心理念，请试着回答下面的问题：

我认为一个人该表现出的理想特质包括＿＿＿＿＿＿＿＿＿＿＿＿＿。

对我而言，生活中非常重要的价值观及规范是＿＿＿＿＿＿＿＿＿＿＿＿。

我欣赏的偶像身上具备的超赞的特质是＿＿＿＿＿＿＿＿＿＿＿＿。

现在你该对自己的核心理念有所了解了吧！核心理念找出来后不但能让自己更了解自己，也能有更多的线索去发现自己的情绪地雷。

3. 采取"避雷"方案

画出情绪地雷区图之后，接着就得采取"避雷"方案。首先不妨把自己画好的情绪地雷区图贴在显眼的位置，并时常提醒自己，这些地方是情绪死穴，要努力地开始自我扫雷计划。怎么做？这就要靠你自己来发挥创意了。想想看怎样才能让这些地雷不被引爆呢？

1) 安排B计划

这是个很棒的做法。例如，你的情绪地雷是"他人迟到"，每次只要跟你约会的人没准时到，你就会非常不高兴。那么从现在开始随身带本书，别人晚了你就展开B计划——把书拿出来认真地看。这样既不会浪费时间，又可以避免自己因东张西望而把心情弄得焦躁不安，反正这会儿自己再急也于事无补。先拆了自己的地雷，你就会发现自己甚至能平静地告诉来晚道歉的朋友："别急，慢慢来，反正我有事可做。"这样，既可保持自己的心情，又能征服朋友的心，岂不漂亮优雅？自己的地雷自己拆，请赶快想想，你能用哪些高招去拆除地雷呢？

2) 公开自己的情绪"死穴"

另外，高情商的人也可以将自己的情绪地雷区图和周围的人分享，索性昭告天下，自己有这些地雷区。例如，在同一宿舍，你就明白地告诉舍友，哪些情况容易让自己情绪失控，然后笑着说："请大家多帮忙，在我还没能成功拆雷前请尽量避开我的死穴。"这么做不但救了自己，也能帮助周围的人避开地雷区，防止不知情人士误闯"地雷丛林"而被炸得莫名其妙。当情绪地雷一个个被拆除后，你会发现自己的情绪地雷版图日渐缩小，自己的心情也愈来愈好了。

(三) 控制愤怒

愤怒是人类最原始的情绪之一，也是常被不适当表达的一种情绪。许多人学不到健康的宣泄方式，有的极力压抑，有的动辄暴怒。如何控制愤怒，下面提供两个小方法。

(1) 下列三个步骤可以帮助你更好地控制愤怒：

① 使自己认识到愤怒的行为对自己及他人均有害;

② 学习新的表达技巧以取代旧的有害行为;

③ 通过不断练习，直到新的适应行为在日常生活中运用自如为止。

(2) 使用抗拒性独语(内部语言)，以达平心静气之境界。

平心静气之道

冷静，放轻松点!

只要保持冷静，一切都会没事的。

想想，怎样可以不受制于这家伙。

我没必要在别人面前逞强。

没有生气的必要。

多往好处想想吧!

我可不能被他给气倒，气坏身子划不来。

她的表现实在很丢脸，我可不能像她一样。

他不是认真的! 没有关系!

我总不能期望别人事事都如我的愿吧!

他大概以为我会气坏了。嗯，他会失望的。

总会有办法的。

我很平静，我不会被惹火的!

慢慢来，深呼吸几下吧!

大人不计小人过，算了吧!

别和他一般见识。

(四) 情绪"温度计"

(1) 让人体感到舒服的是空气温度适宜，而让"心"感到舒服的是情绪温度"开心"。不过"开心"也有不同的程度。请根据下表，记录自己连续一个星期的"情绪温度"。

星　期	上午	下午	晚上
星期一			
星期二			
星期三			
星期四			
星期五			
星期六			
星期日			

(2) 在 7 天中,你最开心的是哪一天?为什么最开心?

(3) 在 7 天中,你最不开心的是哪一天?

(4) 同学之间互相交流"最开心的一天"。

(五) 坐一坐空椅子

当你遇到愤怒、伤心、痛苦、绝望等消极的情绪时,把一把空椅子设想成引起你情绪反应的人,自己坐在空椅子对面的一把椅子上,尝试着与空椅子所代表的人对话,讲出对他的看法或观点。然后,马上换到空椅子上,扮演对方并回答你刚才提出的观点或看法。当你听完"对方"的解释以后,从自己的角度思考"对方"的答案,并继续提出自己的观点。在不断的角色转换和自我辩论中,自己就可以慢慢地理解双方的冲突,并可能逐渐地接纳对方,同时有效地调节自己的情绪。

认真去尝试一下这种技术,你会收到意想不到的效果。写下自己使用该方法的实际感受、效果以及启发。

(六) 提高情绪智力的策略

领 域	策 略
自我监控	针对每天情绪的变化做个记录,且陈述令你情绪变化的活动和信念,并将情绪变化情况在一个 10 点量表上进行评定
自我调节	关于悲伤:要避免陷入悲伤的情境,尽量关注困难情境中不使你感到悲伤的方面,果断地挑战悲伤。 关于焦虑:挑战威胁定向的想法且通过进入危险的情境锻炼勇气,利用应对策略降低焦虑。 关于气愤:回避引起气愤的情境,尽量关注困难情境中不那么困扰的方面,果断地要求激怒你的人减少煽动性行为,自我克制且锻炼共情
沟通	听的时候,只聆听不判断,保留自己的观点和情绪;总结你听到的别人说话的内容,检查你的总结是否准确。 在说话的时候,确定你的要点,有逻辑地组织它们,清楚地表达出来;确定对方已经理解你了,不带攻击、责备或生气的情绪去陈述你的观点,必要时重复一遍
问题解决	把大的、模糊的问题分解成很多小的、具体的问题; 根据可解决的条件定义这些问题; 对事不对人; 设想有可能解决的方法; 当所有的解决方法都想到以后,检查每种方法的优点和缺点,选择最终的解决方法,并执行这种解决方法; 回顾计划完成的效果

二、个人训练任务周进程监控表

任务要求	周一	周二	周三	周四	周五	周六	周日	任务状态
了解个人情绪产生的原因								
掌握调节情绪的方法								
提高情绪管理能力								
拓展训练								
团队项目 (讨论情绪对学习和生活的影响;分享情绪处理的经验教训)	分配的个人任务、要求完成时间、完成情况:				贡献与反思:			
本周其他情况说明								

意志力训练

骐骥一跃，不能十步；驽马十驾，功在不舍。锲而舍之，朽木不折；锲而不舍，金石可镂

——荀子

人，只要有一种信念，有所追求，什么艰苦都能忍受，什么环境也都能适应。

——丁玲

只有当人和他的意志力互相沟通，使两者融为一体的时候，这个世界才有驱动力。

——爱默生

训练目标

(1) 了解意志是人重要的心理活动之一，要成就一番大事业，就要从小事中磨炼自己的意志力。

(2) 了解自己的意志力水平。

(3) 培养学生坚强的意志力、强烈的进取心和顽强的拼搏精神。

(4) 在团队活动中让学生树立理想，坚定信念，增强意志，勇担责任。

训练内容简述

意志力的强和弱对一个人的发展有着极其深远的影响，意志是人生发展的精神支柱，具有坚强意志的人才能到达理想的彼岸，所以，人生发展离不开坚强的意志，实现理想离不开坚强的意志。正确评价自我意志力的优势和不足，并以实际案例阐述意志的影响力，提出一些方便可行的实用方法，为提升意志力奠定坚实的基础。

训练内容

活动一　"站桩"游戏

"站桩"游戏

活动目标

(1) 使学生了解培养坚强意志对学习和将来事业成功的影响。

(2) 让学生体验坚持所需要的耐心和毅力，从小事中磨炼自己的意志力。

(3) 使学生学会在学习和实践中充分发挥自己的主观能动作用，努力克服各种困难，以顽强的意志行动实现既定目标，到达成功的彼岸。

活动准备

(1) 收集名人磨炼意志力的小故事，看他们是如何克服困难，获得成功的。

(2) 提前分组，每10人一组。

活动内容

每个小组派一个代表参赛，围成一圈练习"站桩"。要求两手平伸，两脚与肩同宽，双腿尽量下蹲，上身保持平直，比看谁能坚持到最后。最先放弃者要表演一个节目，而坚持到最后的一个同学有权任选班中一位同学表演节目。

体验与分享

交流收集到的名人故事，学生自由交流这次活动的感受，特别要请最先放弃和坚持到最后的学生分别谈一谈各自的感受。

活动总结

你想成为一个拥有坚强意志的人，那么你就要先在心中成为一个拥有坚强意志的人。

如果你的意志力坚固得与钻石一样，并以这种意志力引导自己朝目标前进，那么，你所面对的问题都会迎刃而解。

"小事不小"

哪些小事可以培养意志力?	你是怎么做的?

活动二　意志力测评

【心理小测验】　你的意志力强吗?

下面的测试将帮助你了解你的意志力有多强，能不能处理好生活、工作、学习中的诸多难题。

本题共有 20 个题，每题有五个选项：A. 完全符合；B. 比较符合；C. 无法确定；D. 不太符合；E. 很不符合。请选择适合你的一项。

1. 我很喜爱长跑、爬山等体育运动，但并不是因为我的天生条件适合这些项目，而是因为这些运动能够增强我的体质和毅力。(　　)

2. 我给自己定的计划，常常因为我自己的原因不能如期完成。(　　)

3．我信奉"凡事不干则已，干就要干好"的格言，并尽量照做。（　　）

4．我认为凡事不必太认真，做得成就做，做不成就算了。（　　）

5．我对待一件事情的态度，主要取决于这件事情的重要性，即该不该做，而不在于我对这件事情的兴趣，即想不想做。（　　）

6．有时我临睡前发誓第二天要开始干一件重要的事情，但到第二天这种干劲又没有了。（　　）

7．在工作和娱乐发生冲突的时候，即使这种娱乐很有吸引力，我也会马上决定去工作。（　　）

8．我常常因读一本妙趣横生的小说或看一个精彩的电视节目而忘记时间。（　　）

9．我下决心坚持的事情(如学外语)，不论遇到什么困难(如工作忙)，都能够持之以恒，坚持不懈。（　　）

10．如果我在学习和工作中遇到了什么困难，首先想到的是先问问别人有什么办法没有。（　　）

11．我能长时间做一件无比枯燥的工作。（　　）

12．我的爱好一会儿一变，做事情常常是"这山望着那山高"。（　　）

13．我只要决定做一件事，一定是说干就干，绝不拖延到第二天或以后。（　　）

14．我办事喜欢挑容易的先做，困难的能拖就拖，实在不能拖时，就三下五除二干完拉倒，所以别人不太放心让我干难度大的事。（　　）

15．遇事我喜欢自己拿主意，当然也可以听一听别人的建议作为参考。（　　）

16．在生活中当遇到复杂的情况时，我常常举棋不定，拿不定主意。（　　）

17．我不怕做我从来没有做过的事情，也不怕一个人独立负责重要的工作，我认为这起码是一个锻炼自己的好机会。（　　）

18．我生性就胆小怕事，没有百分之百把握的事情，我从来不敢。（　　）

19．我从来都希望能做一个坚强的、有意志力的人，而且我深信"功夫不负有心人"。（　　）

20．我更相信机会，很多事实证明，机会的作用大过个人的艰苦努力。（　　）

计分标准：

在上述20道试题中，凡题号为单数的(1、3、5、7、9、…)选择A、B、C、D、E分别得5、4、3、2、1分，题号为双数的试题(2、4、6、8、10、…)选择A、B、C、D、E分别得1、2、3、4、5分。

测试结果：

测试总分在91分以上，意味着你意志力十分坚强。

测试总分在81～90分，意味着你意志力较坚强。

测试总分在61～80分，意味着你意志力一般。

测试总分在51～60分，意味着你意志力比较薄弱。

测试总分在50分以下，意味着你意志力十分薄弱。

心理评析：对于每一个要克服的障碍，都离不开意志力的作用。面对所执行的每一个艰难的决定，我们依靠的是内心的力量，事实上，意志力并非是生来就有或者具有不可改变的特征的，它是一种培养和发展的技能。

活动三 冥 想 训 练

活动目标

增强意志力。

活动准备

(1) 选择一个安静的环境，避免被干扰。
(2) 关闭电视、手机、闹钟等电子设备。
(3) 穿宽松舒适的衣服。

活动内容

具体的活动内容及步骤等如下：

1．原地不动，安静坐好。

坐在椅子上，双脚平放在地上，或盘腿坐在垫子上。背挺直，双手放在膝盖上。冥想时一定不能烦躁，这是自控力的基本保证。如果你想挠痒的话，可以调整一下胳膊的位置，腿交叉或伸直，看自己是否有冲动但能克制。简单的静坐对于意志力的冥想训练至关重要。你将学会不再屈服于大脑和身体产生的冲动。

2．注意你的呼吸。

闭上眼睛，要是怕睡着，你可以盯着某处看，比如盯着一面白墙。注意你的呼吸，吸气时在脑海中默念"吸"，呼气时在脑海中默念"呼"。当你发现自己有点走神的时候，重新将注意力集中到呼吸上。这种反复的注意力训练，能让前额皮质开启高速模式，让大脑中处理压力和冲动的区域更加稳定。

3．感受呼吸，弄清自己是怎么走神的。

几分钟后，你就可以不再默念"呼""吸"了。试着专注于呼吸本身。你会注意到空气从鼻子和嘴巴进入和呼出的感觉，感觉到吸气时胸腹部的扩张和呼气时胸腹部的收缩。不再默念"呼""吸"后，你可能更容易走神。像之前一样，当你发现自己在想别的事情时，重新将注意力集中到呼吸上。如果你觉得很难重新集中注意力，就在心里多默念几遍"呼""吸"。这部分的训练能锻炼你的自我意识和自控能力。

体验与分享

请同学们自由交流这次活动的感受。

活动总结

刚开始的时候，每天锻炼 5 分钟就行。习惯成自然之后，试着每天做 10～15 分钟。

如果你觉得有负担，那就减少到 5 分钟。每天做比较短的训练，也比把比较长的训练拖到明天好。这样，你每天都会有一段固定的时间冥想。

知识链接

成功与失败的分水岭在于意志力的强弱差异：成功者常常是意志力坚强的人；失败者常常是意志力薄弱的人。训练和提升意志力，能使一个人获得成功的强大动力。只要一个人具有善于自我克制的坚强意志力，他就能承受常人难以承受的苦难，征服常人难以征服的障碍，完成常人难以完成的事业。

一、意志力

意志力是心理学中的一个概念，是指一个人自觉地确定目的，并根据目的来支配、调节自己的行动，克服各种困难，从而实现目的的品质。通俗来讲，意志力就是我们平常所说的信念。意志力的强弱对一个人的行为甚至一生能否作出贡献和成就，都有着重大的影响。孟子说："天将降大任于斯人也，必先苦其心志，劳其筋骨，饿其体肤，空乏其身，行拂乱其所为，所以动心忍性，增益其所不能。"这段话生动地说明了意志力的重要性。

意志力可被视为一种能量，而且根据能量的大小，还可判断出一个人的意志力是薄弱的还是强大的，是发展良好的还是存在障碍的。当人们善于运用这一有益的力量时，就会产生决心，而人有决心就说明意志力在起作用。人们心理功能或身体器官对决心的服从，说明了意志力存在的巨大力量。

二、意志力阶梯，你在哪一层

不可否认，无论是最棒的登山运动员，还是穷困潦倒的乞丐，世界上的每一个人的精神系统中都有意志力的存在。只不过不同的人，意志力的强弱截然不同。通常把不同人的意志力水平分成九种级别，处于较低级别的人越多，越往上走的人越少，这就像古埃及的金字塔一样。

1. 第一级："零级"(Zero Level)

这里所说的"零级"并不是说"这个人根本没有意志力"，而是对其意志力极其薄弱的一种统称。这一层阶梯中的人，他们或许根本就不想做成任何事，生活的意义对于他们来说就是"混日子"。很多失败的失业者、无业者都属于这一类人。

2. 第二级："奴隶"(Slavery)

这类人有自己的特点，他们的意志力也比较薄弱，但最致命的是，他们做什么事情都并非自己主动的意愿，而是被别人所驱动，称之为"奴隶"也不为过。他们的意志力强弱取决于别人给他们的压力大小，这类人在学生和工人中广泛存在。

3. 第三级："拖延患者"(Procrastinator)

这是一类广泛存在的人群，他们会为自己主动争取一些事情，但他们有个共同的特点，就是喜欢寻找各种借口，把事物推到下一个时间段来做，或是明天，或是下周，抑或更久以后。总之,他们绝不可能在今天完成既定的任务。他们的意志力也很薄弱,不足以帮助自己更好地掌控时间和生活。

4. 第四级:"起跑者"(Starting Man)

这一层阶梯的人也不在少数,他们往往容易心血来潮,突然间对某一件事很着迷,愿意花时间和精力去研究它们,在最初阶段意志力还算强大,但这种情况坚持不了多久就会放弃。

5. 第五级:"中途下车的人"(Halfway Leaver)

这是一类令人感到可惜的人,他们制订了某些计划或某些原则,并实施了很长一段时间,但是他们并不能坚持到底,就像车没到站便下车了一样,所以把这类人叫"中途下车的人"。

6. 第六级:"慢跑爱好者"(Slow Runner)

在这一层阶梯中存在着这样一类人:他们在生活中情绪波动很小,看待问题比较理智,并具有一定的意志力,能够朝着自己的目标前进,不愿随意停下脚步。只不过这类人前进的速度不高,且无法接受巨大的挑战,意志力水平始终保持在一条线上。

7. 第七级:"勇士"(The Warrior)

在这一层阶梯中,他们的表现就像勇士一样,喜欢接受挑战,越是困难来袭,意志力就会越强大,甚至惊人!他们不喜欢那种散漫平庸的生活,他们既有主见又有自控性,对生活充满激情。

8. 第八级:"长跑冠军"(Long-distance Race Champion)

这是一类可以实现个人成功的人,他们已经做得很不错了,就像奥运会比赛的中长跑冠军那样,他们懂得一张一弛之道,在需要加速的时候能让意志力变得强大,在需要保持体力的时候也能让意志力变得持久。他们会成为各个行业的顶尖人物,生活的质量也令人羡慕。

9. 第九级:"意志力国王"(King of Willpower)

世界上只有不超过1%的人可以进入这层阶梯,这也是意志力阶梯的顶尖级别。这类人的意志力水平凌驾于绝大多数人之上,他们想做什么,就能做什么!任何困难和诱惑对他们来说都可以忽视,他们能够让强大的意志力为自己服务。他们是意志力的主人,更是时代的佼佼者。

那么,现在请你思考一下,你在哪一层呢?你是一个意志力方面的"奴隶"还是"勇士"?你是"拖延患者"还是"长跑冠军"?你可以成为最顶尖的"国王"吗?

想象一下,当你走上金字塔的顶尖,成为最高级阶梯中的一员,你的生活将会发生翻天覆地的变化:你会成为一位战无不胜的律师、一位世界上最伟大的旅行家、一位备受尊重的政治家、一位将军、一位成功的商界精英、一位奥运会冠军获得者……

你会问,这些美好的想象,会发生在我的身上吗?

答案是肯定的!

无论你现在处于意志力九层阶梯中的哪一层,你都可以通过自己的锻炼来增强你的意志力。

三、意志力训练的要求

1．积极主动

不要把意志力与自我否定相混淆，当它应用于积极向上的目标时，将会变成一种巨大的力量。主动的意志力能让你克服惰性，把注意力集中于未来。在遇到阻力时，只要想象自己在克服它之后的快乐，积极投身于实现自己目标的具体实践中，你就能坚持到底。

2．下定决心

美国罗得艾兰大学心理学教授詹姆斯·普罗斯把实现某种转变分为四步：

抵制——不愿意转变；

考虑——权衡转变的得失；

行动——培养意志力来实现转变；

坚持——用意志力来保持转变。

3．目标明确

拿破仑·希尔曾经说过这样一句话："目标，必须是清晰而具体化的。"目标很重要，但目标的具体化、明确化更加重要，只有目标具体、明确，才能让计划变得切实可行。普罗斯教授曾经研究过一组打算从元旦起改变自己行为的实验结象，经果发现最成功的是那些目标最具体、明确的人。其中一名男子决心每天做到对妻子和颜悦色、平等相待，后来，他果真办到了，而另一个人只是笼统地表示要对家里的人更好一些，结果没几天又是老样子，照样吵架。

4．权衡利弊

在意志力遇到考验时，我们是不是可以通过权衡利弊的方式让自己坚持住，而不是简单地告诉自己可以做到？这个思考的过程应该是非常理性的，从行为控制学角度来说，我们称之为"理性意志"。你可以拿一张纸，中间用一条横线和一条竖线隔开，这样这张纸就被分成了四个象限。请在左上方的象限内注明"短期损失"，右上方的象限内注明"短期收益"，左下方的象限内注明"长期损失"，右下方的象限内注明"长期收益"。曾经有一位经济独立但存款几乎为零的年轻女律师就采用了这种方式，帮助自己养成了坚持每月储蓄的习惯，她是这样分析的：

短期损失：我不能随意购买新推出的衣服、化妆品，不能随意出入高档餐厅。

短期收益：我可以每个月固定往银行内存入 1/2 的薪水。

长期损失：我将逐渐与"时尚潮流"越来越远。

长期收益：我能在一年之内攒够首付买房子的钱，在未来十年内还清贷款。

现在，她不光交了首付住进了新居，更令人高兴的是，她的职位也获得了提升。

我坚信一点，这是当你在生活和工作中有所损失时，你一定会在其他方面得到收获，这是一种平衡。这就像人生给你关上了一扇门的同时，一定会给你打开一扇风景更好的窗，那样，你真的不会有太多损失。

5. 改变自我

意志力对我们是一个重要的品质,不仅影响我们的行为和决策,还决定我们质能否克服挑战、实现目标。通过改变自己的思维方式、情绪反应和生活习惯,从而更好地掌控自己的行动和决策。

6. 注重精神

大量事实证明,假设自己好像有顽强意志力一样地去行动,有助于使自己成为一个具有顽强意志力的人。

7. 磨炼意志

早在 1915 年,心理学家博伊德•巴雷特就提出了一套锻炼意志的方法,其中包括从椅子上起身和坐下 30 次以及把一盒火柴全部倒出来后再一根一根地装回盒子里。他认为,这些练习可以增强意志力,以便日后去面对更严重更困难的挑战。巴雷特的具体建议似乎有些过时,但他的思路却给人以启发。例如,你可以事先安排星期天上午要干的事情,并下决心不办好就不吃午饭。

8. 坚持到底

生活就是这样,在你实现梦想的道路上,总会遇到各种拒绝和磨难,有的人轻而易举地放弃了,有的人犹豫了半天最终放弃了,这些人都是各种各样的失败者;当然,还有一部分人根本没有考虑过"放弃",反而成功了。

看到这样的人,你或许会说他们"傻人有傻福""运气真好",但其实并不是你想的那样,很多人因为在性格中没有"放弃"的意识存在,才会做任何事都全力以赴、目标专一,释放出强大的意志力,从而实现他们的目标。

9. 实事求是

如果规定自己在 3 个月内减肥 50 公斤,或者一天必须从事 3 小时的体育锻炼,那么对这样一类很难实现的目标,再坚强的意志也很难奏效。而且,失败的后果最终会使自己连再次尝试的勇气都化为乌有。

10. 逐步培养

坚强的意志不是一夜间突然产生的,它是在逐渐积累的过程中一步步地形成的,其间还会不可避免地遇到挫折和失败,所以必须逐步培养。

四、意志力训练的方法

1. 在体育活动中磨砺坚强的意志

人的意志品质与其身体健康状况是有关系的。一方面,意志坚强能够促使人锻炼身体,更为健康;另一方面,健康的体质也容易表现出较强的意志力。人们在体育锻炼中,体质增强了,精力旺盛了,也就为他们克服困难提供了有利条件。美国心理学家特尔曼曾对一群体力强度差的中学生进行了为期一个月的体育锻炼。结果表明,这些学生不仅体力增强了,而且自制性、坚持性等意志品质也有不同程度的提高。

每天尽量抽出一点时间，或早晨或下午，因地制宜，选择一项自己喜欢的运动项目，持之以恒，一方面可以锻炼身体，另一方面还可以塑造良好的性格特征，这是一举两得的事情，何乐而不为呢？

选择什么项目锻炼好呢？可根据自身及外界的条件选择那些对场地要求不高，经济、效果好的项目，如慢跑、短跑等田径项目，如果有条件，还可以选择篮球、排球、足球、羽毛球、网球和乒乓球等。无论选择哪个项目，最关键的是要能够持之以恒，切忌三天打鱼、两天晒网和心血来潮式的锻炼。不然，就很难收到良好的效果。

当然，除了选择适合自己的体育项目外，制订安全有效的锻炼计划也是至关重要的。

(1) 当你在开始锻炼时必须身体健康。采用循序渐进的锻炼方式，风险小而回报大。如果你有一段时间没有进行锻炼了，那么开始时节奏要放慢，等身体状况跟得上时，再逐步延长锻炼时间，加快锻炼节奏。

(2) 尽可能使运动既安全又舒适。要穿合脚的鞋和便于运动的衣服，一定要在安全的地方进行锻炼。

(3) 锻炼要以自己舒适为度。比如，你可以在散步和慢跑时与他人交谈，气氛轻松和谐。开始锻炼的头 10 分钟内如果感觉不舒服，说明你的锻炼强度太大了。

(4) 要养成常规的锻炼习惯。要获得最大的健康回报，尽量持续不断地锻炼是很重要的。一定要把锻炼计划纳入日程中。

(5) 还需要强调的是，活动的选择最好多样化。影响身体状况最主要的因素有三方面：肌肉及关节的灵活度、心肺耐受力和肌肉是否发达。如果有特殊目的，也可以特别加强某种活动。譬如，想控制体重的人，不妨选择能消耗卡路里、强化肌肉的运动，如跑步或打网球。不过，如果能把训练耐力的活动与肌肉的锻炼相配合，那么消耗的脂肪将比只做耐力训练的人多十分之一。比较理想的状况是平均每天活动 30 分钟左右。

(6) 把经常锻炼身体融入自己的生活中。你要确保所选的锻炼方法既安全舒适，又能从中获得乐趣，并使自己能持之以恒。锻炼身体应该既简单方便又有新意，你才会愿意每天坚持锻炼。邀请朋友或家人一起锻炼的主意不错，可以鼓励别人都来参与锻炼。

2．确定目标并专注它

四面开火会使你混乱。每天晚上临睡前，用纸列出你明天要做的所有事，然后用 1~10 的数字来标出它们的重要性，并按顺序排列一下，最后选出最重要的六件作为你明天要做的事。写下来，带在身上，明天你就专注做这六件事。做完一件事，就划掉一件。如果你能做完，证明你很强悍地度过了充实的一天。这是世界上顶尖推销大师霍普金斯的秘诀，简单而有效。

五、意志力训练原则

训练的效果在很大程度上取决于合理的活动安排。这就要求训练意志力时不仅要有科学系统的训练活动，还要注意休息，做到劳逸结合。

1．计划为先(Make a plan first)

和做任何事情一样，意志力训练也需要制订相应的计划，如果没有计划的指引，则容易陷入混乱当中。

你会在你有时间的时候或想训练的时候进行训练，而不是在规定的时间进行训练。一个好的计划可以在多个方面帮助到你，它既能指引你在正确的时间做正确的事，又可以帮你戒除一定的惰性，帮助你走向成功。

2. 循序渐进(Proceed step by step)

意志力训练应按照意志发展的特点，针对不同的年龄阶段，在循序渐进的过程中使意志力得到锻炼。

任何良好的意志品质的形成都不是一朝一夕的事，总有一个逐步发展、逐渐巩固的过程。因此，意志力的锻炼不可能一蹴而就。另外，各年龄阶段的人，都有各自阶段的生理心理特点，也就是在意志发展上呈现出不同的年龄特征。意志的年龄特征是分阶段的，各阶段是相互衔接由低到高逐步发展的。

就像锻炼肌肉，科学的方式是循序渐进，由较小的训练强度开始，逐渐加大训练的强度。意志力训练也是如此。

3. 不要逞强(Don't flaunt your superiority)

这个世界有这样一条规律：当你逞强去做某事时，多半会得到你最不想看到的结果。因为当你逞强去做的时候，你已经没了把握，失去了理智。

从心理学角度来说，当人们逞强去做某事时，他已经进入了"失控"的状态，即失去了对自我的认知和对行为的心理控制力，这个时候的人是最容易出现问题的。

很多时候，当你因为逞强而失去控制后，突如其来的失败会让你在很长一段时间里感到失落，甚至恐惧。你不太可能立马提起勇气重新尝试，你会陷入"一蹶不振"的状态中。所以，无论是意志力训练，还是生活和工作中的事，都需要记住：不要逞强。

案例链接

案例一　从小事做起

有两个刚刚毕业的学生同时进了一家公司，一个叫小张，他很认真地工作，也很勤奋，在 8 小时之内，老板吩咐做什么他就做什么，他很认真、勤奋，但是他的目标仅仅停留在把这些工作完成好就可以了，当然他也因此得到了一份不错的薪水。另一个叫小李，他不仅有自己的目标，而且每天都多做一点点，每天进步一点点。每天他都比小张要晚下班一点点，哪怕晚下班 5 分钟，看看他的上司还有什么事情需要他做，需要搭把手的，他都去做了。他每天早到办公室一点点，静静地规划好一天的工作。他每天都多学一点点，花出一定时间来读书进修，每天看 10 页书，每天多想几个问题，每天都做到在明天到来之前有一点点改进，仅此一点点而已。但就在这样一点点的不同、一点点的积累中，几年之后，小张和小李之间的差异越来越大，小张永远都还是那个停留在原来职位的小张，而小李已经连升几级。

案例点评:

不积跬步,无以至千里;不积小流,无以成江海。许多时候我们失败了,却不是败给了对手,而是输给了我们自己。往往我们输给自己的并不是什么天分,也不是什么运气,而是输给了自己的意志力。

案例二 意志力不是凭空而来的

有一位朋友对学武功很热衷,缠着要拜一位老师为师,老师说行啊,不过我收学生有一个规矩,凡是意志力薄弱的不要,你给我站一下大马步吧,能站 5 分钟就留下,站不了就回家去。

大马步桩是武功的基本功夫,要求两脚分开为臂宽的两倍,大腿蹲平,是一种很吃力的功夫。朋友拉开架子往地上一站,只过了半分钟就来了反应:两腿颤抖,呼吸急促,满脸涨红。不到 1 分钟就吃不住了,嘴里嚷着"我不行啦,我不行啦"就歪着身子站了起来,看得大家都哈哈大笑。

老师说回去吧,朋友不走,说拜师以后一定会刻苦练功,请求老师收下他。老师说连5 分钟的意志都没有的人,以后凭什么去刻苦练功?但朋友还是赖着不走,请求老师再给他一次机会。老师说行啊,那就再站一下吧。

朋友歇了一会,深深地吸了几口气,把牙一咬对着众人说,我一定能成功!老师微笑不语,朋友喘着大气咬牙切齿地站着,又是不到 1 分钟就散架了。这回他不好意思再说什么,给老师道个歉转身就走了。

半年后他又去找老师,老师还让他站桩,他一站就站了 30 分钟,老师满意地点点头把他收下,大伙很惊奇地问他是怎么练的。他后来说回去以后是羞愧难当,发誓要为自己争回这口气,不是只站 5 分钟,而是要站 30 分钟。

当天夜里他就开始练站桩,但是不到 1 分钟又不行了。第二天继续站,还是过不了 1 分钟,他天天如此,屡战屡败。这样反反复复地持续了 1 个月,他感觉再这样练下去是不会有结果的,因为这种反复不是在坚强自己的意志,而是进一步销蚀他本来就不强的意志。

他闷头想了半天,忽然醒悟到这是好高骛远所带来的恶果,为什么每次都要盯着 30 分钟不放呢?连 1 分钟也站不了的人老想着 30 分钟只能令自己更加泄气。于是他把目标定在1 分钟上,等能够坚持 1 分钟再说。

当天夜里他就站了 1 分钟,这让他喜出望外,决定第二天加码至 5 分钟,没想到第二天站到 1 分钟左右就坚持不下去。这回他学乖了,马上察觉到自己又重犯了浮躁的老毛病。冷静下来以后他作了一个练功计划,决定以 1 分钟为基础,每过一个星期增加半分钟,争取在一年内达到站桩 30 分钟的目标。

就这样,他每天夜里练站桩,开始那一段还得咬牙切齿地坚持,不断地想去看手表。过了一段时间,他的心开始变得平和,不再去关心时间。再过了一段时间,他发现大腿没有以前那么火烧火燎了。但他没有改动计划,还是按部就班去站桩。直到有一天,他脑子里冒出了一个念头：今天不设手表定时，看看能站多长时间。结果他一站就站了30分钟。

案例点评：

这个故事告诉我们意志力不是凭空而来的，增强意志力需要脚踏实地去实践，不能悲观失望，也不能好高骛远。只要一步一个脚印向前走，就会积少成多，达到预定的目标。

案例三　三轮车夫奋斗二十载终成博士生

蔡某，辽宁锦州市人，高中学历，当过工人，摆过小摊，在锦州蹬过"神牛"(人力三轮车)养家糊口。但他凭借着在古文献研究方面的天赋，20多年来不懈努力自学，2009年3月，来自北大、复旦等名校的三位教授联名举荐，特别为他争取到了考取博士的资格，他参加了复旦大学出土文献与古文字研究中心的博士生考试。

蔡某高中毕业没考上大学，近20年自学古文从未间断。1991年高中毕业后，他进入一家胶管厂当了工人，三年后下岗摆摊维持生计，后来又蹬起了三轮车，所得仅够温饱。他摆摊就坐在摊边看书，一天摆八九个小时的摊，大概可以看四个小时左右的书，看书要记笔记，没有桌子，他就垫在腿上记。摆摊之余，他的时间几乎都用来看书了。提起蔡某对看书的热衷，还真是令人佩服万分。在锦州，这些书只有图书馆有，但很多古籍找不到，即便找到了，书也不让外借，除非有特殊情况，没办法，他只好在图书馆里整本整本地把书抄下来。在他手抄的《尔雅》的扉页上写着："积微言细，自就鸿文。"这是他21岁时的自勉，意思是从细微处积累，努力奋进，最终取得大成就。

案例点评：

实现理想的道路从来都不是一帆风顺的，需要我们有坚定的信念、坚强的意志、强烈的责任心和担当意识。蔡某虽然是一位三轮车夫，但他能克服各种困难，坚守自己的理想，用坚强的意志面对逆境、面对困难，不怨天尤人、不半途而废，锲而不舍地去实现自己的理想。

案例四　全国劳模刘宏

1988年，年仅18岁的刘宏高中毕业后来到首钢。那天，北京正下着小雨，首钢派出专车接新员工进厂，在路过钢厂时，刘宏看见了绚烂夺目的钢花。"这是人生第一次亲眼看见钢花，感觉好美啊！"从这一刻起，刘宏喜欢上了钢花，喜欢上和钢花相关的工作岗位。

进入首钢后，单位分配刘宏当材料工，负责材料收发。干了两年，当时的主管领导说："刘宏，你也该提升一下了，你想选个什么工种来学习？"刘宏说，她想当焊工，喜欢钢花飞溅的样子。

领导一开始并不同意，可是刘宏实在喜欢这个岗位，于是，领导派刘宏参加了焊工的入职培训。

刘宏的梦想终于实现了，如愿以偿地进了焊工培训班。

可是，事情并不是想象的那么简单。刘宏当时体重159斤，焊工需要弯腰蹲下来焊，可是刘宏蹲不下去，这怎么能行呢？

"为了自己心爱的工作，必要的身体条件还是要准备的。"刘宏决定减肥，她在饮食上注意营养，同时加强锻炼。4个半月下来，刘宏的体重从159斤减到了110多斤。

当然，刘宏也有过思想波动。刚开始学习焊工时，怎么也焊不好。有一次，焊接一个东西，连焊了十多次都不成功，刘宏一生气，就把焊枪扔到地上，出去生了半天闷气，但想想这是自己心爱的岗位，就又回来继续学习。刘宏克服了思想波动，技术也有了突飞猛进的提高。

有一年，刘宏学习新的焊接技术，需要左手拿焊枪右手拿焊丝。为了学好这个动作，每天晚上，刘宏在宿舍用筷子来练习。

在一次交流中，刘宏发现，光会操作还不行，还得会理论知识。于是，每天下班后，刘宏又开始翻看焊接知识的书籍，用理论来指导自己的实践。

功夫不负有心人，2005年，刘宏获得了高级技师证书，这是业内最高的职业技术等级。刘宏的技术越来越精湛，2009年，她获得了中国电视焊工比赛冠军。

2011年，因为刘宏的卓越表现，公司便以她的名字命名了"刘宏首秦工作室"，出任技术指导，担任3名青年骨干职工的师傅。在刘宏的带领下，她的3名弟子在首钢的焊工比赛中获得了第二、三、四名。

如今，刘宏进入首钢技术研究院用户技术研究所焊接工艺实验室工作。"这个实验室由我和助手以及5名博士、10名硕士组成，其他人均是清华大学等名校毕业生，理论水平相当高，我主要负责实际操作，配合他们做新钢种的可焊性试验和新焊材的开发。"

案例点评：

正是成长道路的挫折，激励了刘宏永不服输的斗志，成就了她"美丽焊花"的辉煌人生。坚强的意志和坚定的信念培养了她良好的学习和生活习惯，也成就了她辉煌的人生。

案例五 独臂英雄丁晓兵

丁晓兵出生于1965年9月。很小的时候，丁晓兵就有一个英雄情结，他期望有一天能成为一名军人，立功沙场。1983年他刚满18岁，就如愿参军入伍，成了一名真正的军人。入伍第二年，他就前往老山前线参与了实战，在真正的战火中锤炼青春岁月。在一次战斗中，丁晓兵不幸失去了右臂。

从那以后，丁晓兵常以"人可以有残缺之躯，但不可有残缺之志"自勉，始终以昂扬的斗志迎战军旅生活的每一次跨越。他从左手拿筷子、系腰带、练写字开始，克服常人难以想象的困难，在较短的时间内具备了基本生活技能。他在军事训练上从难从严要求自己，军事素质优秀。凭着这股不甘平庸、坚强的意志力，丁晓兵走到哪里，就把红旗扛到哪里。2003年7月，作为团政治委员的他，带领全团官兵奉命赴淮河流域执行抗洪抢险任务。洪峰在哪里，他就冲向哪里；哪里最危险，他就战斗在哪里。当时，寿县瓦埠湖堤坝突然发生特大管涌，他第一个跳进风高浪急的激流中，与党员突击队一起打桩，和大家一起运土扛包，经过连续 19 个小时的艰苦奋战，终于堵住了管涌，保住了县城。激战之后，由于断臂伤口缝合处经污水长时间浸泡严重，在身上的一块弹片露了出来，这时他才觉得断臂疼痛难忍。在这种战斗精神的鼓舞下，全团官兵经过 18 天的激烈奋战，圆满完成了抗洪抢险任务。

案例点评：

丁晓兵具有的坚强意志力启迪我们，面对挫折与逆境，最为重要的是有坚强的意志，知难而进。意志是行动的强大动力，是克服困难、获得成功的必要条件。意志是人生发展的精神支柱，具有坚强意志的人才能到达理想的彼岸，人生发展离不开坚强的意志，实现理想离不开坚强的意志。

总结与考核

一、实训日志

日　期		天　气	
主要实训内容：			
体会与感想：			
努力方向：			

二、训练考核(第六周)

考核内容		分值	本周考核要求	本周自评得分
平时成绩 (80分)	考勤	5分		
	训练过程	5分	"站桩"游戏,冥想训练,意志力测验	
	训练表现	10分	讨论发言5分,完成各项训练5分	
	团队训练表现	30分	"站桩"游戏: 1. 积极参与; 2. 体验与感受	
	长程团队项目及个人任务进程监控记录,个人贡献与反思	30分	冥想训练: 1. 积极参与; 2. 认真对待; 3. 持之以恒	
	本周平时分数合计			
训练感悟 (20分)	每个训练或团队项目的感悟与提升	20分		
备注说明	1. 平时成绩每课一结,个人自评,组长核查汇总。 2. 平时成绩每课总分80分,期末加总求平均分,作为期末成绩,占总成绩的80%。 3. 训练感悟得分直接计入期末总成绩,占总成绩的20%			

拓展训练

一、训练内容

长跑

任务:培养意志力

方法:制订一个合理的计划,包括目标和完成目标的期限。目标一定要明确,不要对自己说"我要每天跑步""我要在明天多跑段距离",应该这样告诉自己"我要坚持每天在晚上8点钟跑完三千米""我要在明天比今天多跑一千米",只有这样的目标才是有说服力的;完成目标的期限一定要在实施计划前设定,而且也要明确、具体,比如说"我要在三个月内做到一次跑完一万米"。具体的计划要根据自己的情况来设定,第一个月你要给自己设定一个可以承受的目标(如每天跑两千米),这个目标不能设定得过高,关键是你要坚持下来。目标太高的话不容易完成,就会让你失去信心,当然也不能太低(如每天跑五百米),过低的话太容易完成,没有挑战性的工作对你的意志力培养是没有好处的。如果第一个月你能够坚持下来,那么你已经初步培养了意志力,接下来要做的是坚持下去,然后给自己增加强度,强度要根据自己的情况设定,以每个月或每两个月为一个周期,每个周期内都增加一定的强度，直到这个强度到达你的极限为止。在实施计划的过程中，你可以记录自己训练的成果，比如说：我的肌肉更有力量了，生活也充满了活力；我很少得病了，这为我节省了很多金钱；我做事情更有耐心了，这让我更容易将我的工作做好。用这些好处刺激你，会使你激发更多的动力去将这个计划坚持下去，最终培养起坚强的意志力。

二、个人任务周进程监控表

任务要求	周一	周二	周三	周四	周五	周六	周日	任务状态
冥想训练(刚开始的时候，每天锻炼5分钟就行。习惯成自然之后，试着每天做10~15分钟)								
拓展训练								
团队项目(以组为单位寻找合适的意志力训练方法并持之以恒地坚持下去)								
	分配的个人任务、要求完成时间、完成情况：				贡献与反思：			
本周其他情况说明								

问 题 解 决

提出正确的问题，往往等于解决了问题的大半。

——海森堡

每天问一遍：是你解决了问题，还是你成了问题的一部分？

——汪中求

孤雁难飞，孤掌难鸣。

——中国谚语

切勿低估团队合作对解决问题的价值。

——麦肯锡

扬汤止沸，不如釜底抽薪。

——《三国演义》

训练目标

(1) 锻炼策划、组织和表达能力。
(2) 提高分析、解决问题的能力。
(3) 明确团队目标，加强团队沟通，增强团队凝聚力，提高团队士气。
(4) 以积极的心态面对问题，有效调动资源来解决问题。
(5) 了解创造性问题的解决策略，通过练习提高创造性解决问题的水平。

训练内容简述

针对学生在团队建设、团队训练过程中出现的问题、遇到的困难等，组织召开一次团体会议。每个团队自行拟定会议主题，在30～40分钟的时间内完成角色分工，积极参与讨论，寻求问题解决的方法并做好记录，完成策划书。在训练过程中，锻炼学生解决问题的能力。

训练内容

活动一　打　绳　结

打绳结

活动目标

创设问题情境，活跃学生思维，激发学生积极性，为后面的专题学习和训练打好基础，做好准备。

活动准备

材料和道具：每组准备3根软绳，长度为80～100 cm。

活动内容

具体的活动内容及步骤如下：
(1) 设置情境。

很久以前，有一个著名的魔术师，她非常善于解决各种难题。一个好事者颇不服气，便想出了一个古怪的问题来考她。他给魔术师一根绳子，问魔术师能否在两手抓住绳子两端不松开的前提下打出一个绳结。

(2) 以小组为单位解决问题。

学生以小组为单位，分析问题，群策群力，团结一心来解决问题，看如何帮助魔术师打出这个绳结。先想出答案的小组胜出。

体验分享

请学生就活动过程中想到的解决方法进行分享，并侧重于不同方法的尝试和推广。

活动总结

积极面对问题、多方面分析问题、发挥团队的聪明才智，往往可以使问题解决更加高效和顺畅。在不同思想和方法的碰撞下，团队成员各抒己见，群策群力，气氛热烈，在这样的氛围和过程中锻炼和提高团队及其成员解决问题的能力。

活动二　案例分析

活动目标

调动学生的主动性和积极性，锻炼学生对自身、身边及社会中存在问题的鉴别和总结能力，锻炼学生善于发现问题、明确提出问题和解决问题的能力。

活动准备

准备案例资料，小至个人学习、生活、工作中的问题，大至企业、社会在管理、改革、创新等方面所面临的问题和困难均可。对资料进行整理，能明确提出问题。(可参考本训练知识链接部分和案例链接部分的资料。)

活动内容

具体的活动内容及步骤如下：

(1) 案例分析和讨论。

提供案例供学生课上讨论。将案例中的问题、困难、矛盾呈现给学生，引导学生加以分析。以小组为单位进行讨论。

讨论规则：

① 每个小组成员都要发言，积极参与讨论。

② 强调讨论纪律，避免跑题和闲谈。

③ 做好记录。

(2) 提出对策。

① 小组成员在讨论的基础上逐渐提炼解决问题的方法和对策，达成共识。

② 每组提出的对策或共识要明晰如下问题：案例中的当事人遇到了哪些问题？换作是

你，你会如何去解决？案例中当事人在解决问题和困难过程中运用的方法以及所体现的态度和心态对你有没有启发？

③ 每组的对策要形成文字，由各组的记录员整理完成。

体验分享

请学生就活动过程中的体验和收获进行分享，教师予以点评。

活动总结

遇到问题和困难，遭遇发展瓶颈，往往需要我们从中跳出来加以审视，积极面对，明确问题，拆解问题，保持良好的心态，调动自身和身边的资源，集中力量去加以解决，并形成文字或自己的认识，向他人汇报或说服别人。

知识链接

一、企业看重毕业生解决问题的能力

企业需要什么样的人，用最简单的一句话来说，就是需要能解决问题的人。解决问题又分为两种：一种是对你进行了培训之后，你能解决问题了；另一种是给你抛出一个问题，你自己解决了。这两种方式差距非常大：如果是第一种方式做好了，你可能一辈子都是一个合格的员工；如果是第二种方式做好了，那么你可能会创造出很多价值。所以从企业角度来考虑，都希望能找到第二种有潜力的毕业生。

工作实践能力，特别是执行能力和解决问题能力是用人单位非常看重的。职业院校学生毕业后往往在企业的一线岗位工作，既要负责本部门的生产经营管理，服从指挥，完成生产目标，还要胜任相关部门间的沟通协调，领会并执行领导的指示。工作繁忙辛苦，遇到问题在所难免，如何分析、解决问题，保质保量完成工作任务，是职业院校学生必须培养的能力。

解决问题能力是从所有职业活动的工作能力中抽象出来，具有普遍适应性和可迁移性的一种核心技能。它是指能够准确地把握事物发生问题的关键，利用有效资源，提出解决问题的意见或方案，并付诸实施，进行调整和改进，使问题得到解决的能力。

企业经营的过程就是不断地发现问题、解决问题的过程。企业发展的程度取决于员工解决问题能力的高低。一个员工的智商再高，人际关系处理得再好，如果缺乏解决问题的能力，那么也不会受到企业的青睐。企业不会容忍一名不具备解决问题能力的员工。传统的竞争优势，如自然资源、技术、规模经济等日益变得易于模仿。企业的资源观认为，企业的持续竞争优势只有通过稀缺的、竞争对手难以模仿的价值创造过程才能获得。

新职业教育法明确，职业教育是与普通教育具有同等重要地位的教育类型，要着力提升职业教育认可度，深化产教融合、校企合作，完善职业教育保障制度和措施，更好推动职业教育高质量发展。

社会需求加快推进职业教育的改革。这就需要学校提供的教育，不是说只教一些技术和知识就够了，更重要的是教解决问题的能力。也就是说，把一个未知领域的话题或者课题抛给你，你通过某种方法在最短的时间内能把事情解决了。学校教育要在学中做、在做中学，强化教学、学习、实训相融合的教育教学活动，提升学生实践能力，提高解决工作现场各种问题的能力。

二、影响问题解决的因素

1. 已掌握的有关知识

问题解决的任何一个阶段都涉及相关知识，没有相应的知识不仅难以发现问题，而且缺乏分析问题的基础和提出假设所必需的依据，即使检验假设也必须具有相应的知识。知识对解决问题的影响，还涉及在必要时是否能及时回忆起已有的相关知识，并恰当地加以综合应用。

2. 心智技能发展水平

心智技能是一种借助于内部语言在人脑中进行的认知活动方式，如默读、心算、写作、观察和分析等技能。心智技能是影响问题解决的极其重要的因素。解决问题主要是通过思维进行的，心智技能正是思维能力在解决问题中所表现的技能。

3. 动机和情绪

动机和情绪在问题解决中有积极和消极两方面的影响。恰当的学习动机和求知欲，不仅对发现问题有极其重要的作用，而且对深入分析问题、探索各种假设和反复检验，都是重要的内部动力。但只有中等强度的动机和平静的心境状态，才有利于问题的解决。如果动机和情绪的强度不够，则缺乏动力；如果过于强烈，则会干扰思维而影响问题解决。

4. 刺激呈现的模式

每一问题中所包含的事件和物体，当它们呈现在问题解决者面前时，总要涉及特定的空间位置、距离、时间的先后顺序以及它们当时所表现的特定功能，所有这些具体特点及其间的关系就构成了特定的刺激模式。如果刺激模式直接提供了适于问题解决的线索，就便于找出解决的方向、途径与方法；如果刺激模式掩蔽或干扰了解题线索，就会给解题增加困难，甚至导向歧途。在教育领域，在教育教学过程中，教师要注意对刺激物的组织处理(如教具安排等)，并注意经常训练学生从多种角度观察同一事物，以揭露和认识这一事物在不同情境中所可能具有的多种功能。

5. 思维定式

思维定式是指连续解决一系列同类型课题所产生的定型化思路。这种思路对同类的后继课题的解决是有利的；如果后继课题虽可用前法解决，但也可以采用更合理、更简易的方法，则思维定式就会成为障碍，从而影响解题速度。推广到教育领域，即平时既要注重训练学生思维的定向性，又要训练其思维的灵活性。

6. 个性特点

独立性、自信心、坚韧性、精密性、敏捷性、灵活性等个性特点，均会对解决问题的效率产生一定的影响。

三、创造性问题的解决

正如实现快乐的途径有多种，对于每一个问题也有许多解决方法。一些方法可能比另一些方法更加可行，一个问题很少只有一个解决的方法，这就是创造性问题的解决中最典型的特点。在几种创造性问题解决的理论中，有一些普遍的概念(见图7.1)，但是，通向或者从这些概念出发的路径会随着使用者的不同而有着显著改变。

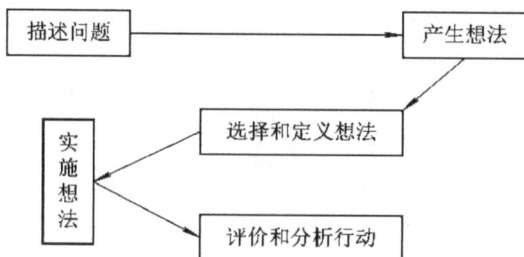

图 7.1　创造性的问题解决图示

1．描述问题

在成功地处理一个问题之前，你必须先了解它。这意味着要从所有的方面来看问题，客观地阐述问题，定义它，给它一些历史或其他人的观点，计划它对未来的影响，然后主观地阐述你对它的感觉、你投入的深度、它对你产生的效果或者影响。然后分析问题，切开它，看它的成分、优点和弱点，以及它的表面价值和底线。一旦你能够把握问题的本质，那么就可以前进。在整个创造性过程中，你要重复这个描述过程，因为过一段时间你会搜集更多关于它的信息。任何之后的变化都可能改变你最后选择的用来解决问题的方法。

2．产生想法

想法可以来自任何可及的资源，包括我们自身和外部，从记忆到书本、电影、博物馆和你想到的一切。在这个探索的过程中，你提出的想法越多，有效解决问题的机会将会越大。当你寻找想法的时候，要将头脑中的审查规则抛到脑后，不然，你将空手而归。接受每一个想到的想法，即使它看起来是愚蠢的。

3．选择和定义想法

不是你所有的想法都是好的或者有用的，需要进行筛选。你需要展开所有的想法并同等地看待它们。与想法游戏，命令它们，把它们绕成圈，让它们像军队的队列一样排列。一旦你将想法限定在一个选择上，那接下来就需要尽快做一个调查，看看这个选择需要哪些资源，包括人、财、物等。当然，不要忽视那些无形的资源，每个人都有隐藏的才能。

4．实施想法

实施意味着思考想法如何产生效果并加以实践。从大脑的想法到落地的做法，这是一个巨大的转变。想法，尤其是一个创新性的想法的实施需要魄力和坚定的信念推动，还需要勇气，尤其在面对压力和阻力的时候。

5. 评价和分析行动

想法落地实施后，可能出现截然不同的两种结果，或者通过现实检验，顺利实施，或者遭受现实冲击，需要推倒重来。这需要我们对想法的实施过程进行评判，来判断问题是否解决以及被解决的程度如何。

四、中小企业面临的问题及其解决

改革开放 40 多年来，我国中小企业的发展可谓突飞猛进。中小企业对我国的经济增长和社会发展起到了举足轻重的作用。然而，在新的发展环境下，众多中小企业在发展过程中仍然面临管理瓶颈。这主要集中在三个方面：

第一，公司战略管理随意性较大。中小企业的创业成功大多是靠市场机遇，所谓战略，往往是老板的创业灵感。把企业家的战略意图变成清晰的战略规划，是中小企业内部管理升级的需要，也是发展外部环境的客观要求。

第二，人力资源管理机制不健全。许多中小企业在创业时期，往往是老板和几个亲信组成核心团队，共同打天下。此时，企业规模小、流程简单、效率较高。然而，随着原始积累的完成，企业规模的扩大，越来越多职业经理人的加入，人力资源管理机制逐渐跟不上公司的发展需要，"重业务、轻管理"的现象亟须改变。

第三，企业文化理念缺乏明晰性。许多人认为中小企业不需要企业文化，其实企业文化是与生俱来的，如何让潜在的思想观念变成明晰的管理导向，让企业家的个人思想上升为组织的文化思想，是众多中小企业打造常青基业的 DNA。任何改革要成功，都必须先改变人，然后才能改变做事方式。人的思想和素质没有改善，升级只能"原地踏步"。

面对这三个方面的问题，中小企业要如何解决呢？

中小企业在解决众多问题的过程中，需要抓住三个关键。第一，要往哪个方向走？第二，要用什么样的人？第三，如何凝聚人心？如果这三大问题解决了，那么企业基本的问题也就解决了。对此，有人提出"以战略为导向，以企业文化为核心，以人力资源为机制"的企业竞争力三环模型。这个模型需要企业建立"战略、文化和人力资源一体化的管理体系"。

第一，理清发展战略，明确前进方向。当你选择的方向是错的时，那么无论你怎么努力，都将无济于事，甚至适得其反。因此，重要的不是我们身在何处，而是我们朝着什么方向前进。许多中小企业经过创业初期，或多或少会出现迷茫，企业家往往疲于应对具体事务，企业发展却迟迟上不去，劳而无果，劳而无功。这往往是战略不清或战略执行不到位所致。

第二，构建系统的人力资源管理体系。企业发展，人才是根本。面对用工荒、人力成本上升、年轻员工管理难度大等问题，中小企业需在理清公司战略的基础上，围绕人力资源规划、员工招聘、员工培训、绩效考核、薪酬激励、职业发展等，完善人才的选、用、育、留等机制，建立健全人力资源管理体系，推进人力资源管理系统的升级，为企业发展提供人才保障。

第三，塑造支撑战略发展的文化理念。许多企业在度过创业期后，往往出现"高层激情消失，创业元老思维僵化，新人进不来或留不住，企业活力弱化"的现象，这其实就是企业文化出现了问题。一年企业靠运气，十年企业靠经营，百年企业靠文化。事实证明，出几个好的市场策划,开发几个好的产品,搞几次突击管理培训等并不难,难的是观念的改变,即企业文化的变革。

中国企业的问题,还是要用中国式的解决办法,要倡导中国式管理。中国企业的竞争优势来源于真正意义的中国管理模式,这种管理模式既不是对西方管理理论的全盘继承,也不是对中国传统管理模式的全部采纳,它是将西方的管理科学和管理理论的精髓与中华优秀传统文化相融合而形成的本土管理模式。

五、成为解决问题的高手

在你成长的过程中,遇到问题和难题,你会怎么解决?你有没有陷入这样两种困境:第一种是遇见过类似问题,但之前的解决方案无效;第二种是这个问题完全没有看到过,没有经验可循。

解决问题的高手在问题面前则显得游刃有余。他们在对待问题方面,有一整套的思维方式和逻辑。他们有能力用一套方法论去解决所有的问题,不管这个问题难不难,有没有遇到过,都能解决。

解决问题有以下四个步骤:

第一步,明确和理解问题;

第二步,拆解和定位问题;

第三步,提出解决方案;

第四步,总结问题。

对这四个步骤,很多人认为提出解决方案很重要。而其实,拆解和定位问题反而是整套方法里最重要的。如果你想要解决问题,你就必须用80%的精力去拆解和定位这个问题,剩下20%的精力去寻找解决方案就足够了。因为当问题被拆分得足够细致且清晰时,你就会发现解决方案原来是那么明显,每个人都可以办得到。

第一步,明确和理解问题。

经常会有人说,自己在生活中遇到了很多棘手的事情。这时我们需要反思:我要解决的到底是什么问题。也就是说,遇到具体问题时你一定要问自己:我遇到的问题本质到底是什么?

在工作中你可能遇到过这样的任务,自己辛苦了半天,老板却不满意。这时候你就要想想,你忙着解决的问题,到底是不是老板交给你的那个任务。很多时候老板在派任务时表达得并不足够清楚,他可能只是随口跟你说:"小王啊,这个问题帮我解决一下。"但这个问题到底是什么问题,你很可能不敢问,只能自己揣测老板到底是什么意思。这种做法非常不可取。请务必自己明确一下问题,然后还要跟提出这个问题的人确认一遍。

明确问题,你可以从三个方面入手。

首先,你要找出对方关心的问题点。

以工作为例。你可以说:"老板,我看了一下您这份工作材料。我们部门过去一个月产品付费率下跌超过了50%,目前只有10%的付费率。这个数字确实很惊人,对我们业务的发展肯定也不好,我想明确一下,您想让我解决的问题是不是这个?"

这个时候老板可能会说:"对,我就是要解决这个问题,你去看一下问题到底出在哪儿，给个解决方案吧。"这就找到了问题点。

然后，明确问题的目标。

继续前面的例子。现在你知道了"过去一个月里产品付费率下跌超过了50%，目前只有10%的付费率"这个问题点，那老板是希望把产品付费率提升到原来的水平还是在现有基础上提升几个点呢？不同的目标对应的解决方案也不一样。比如你可以说："老板，我对比了一下整个行业的数据，发现新产品付费率随着时间的推移下降其实是正常现象，一般产品付费率稳定后在13%左右。而我们现在10%的付费率确实是有点偏低了。我回去研究一下，怎么把我们公司的产品付费率提升到13%这个行业平均水平，您看行吗？"这个时候老板一般会觉得这是个比较满意的答案。你知道明确问题，找到了问题点，明确了问题的目标。

最后，明确可以用来解决问题的资源。

继续前面的例子。我们现在假设你和你老板达成一致了，确定的目标是把产品付费率从10%提升到13%，那你就会需要业务部门的配合，需要调出产品的付费用户数、付费金额等数据，这些资源你都需要向老板去申请。老板也会授权你调用业务部门所有的与产品相关的数据等各种资源。但凡明确到这一步，解决这个问题，其实就很简单了。

再来看一个现实中的例子——你现在所学专业是家人替你选的，你自己并不喜欢。

首先，我们来明确问题点。这里的问题点一定不是专业的选择者是谁。家人替你选专业，希望你能有一个更好的发展和未来，所以你不应该在谁选的专业上跟家人进行无休止的争执。

然后我们再来看看希望达到的目标。你自己希望达到的目标其实和父母是一样的，是顺利就业，希望自己的未来会更好。

这时我们就要明确可以利用的资源了，学校的教学和实训资源、自己的目标和努力、家人的后勤保障和情感支持等都是我们实现学好专业、顺利就业、更好发展的资源。把更多的精力放在"如何学好专业"上，不纠缠于"专业不是我选的"这个问题，它也就慢慢淡出了。

总结一下明确和理解问题的三个步骤：首先理解问题点是什么，其次明确你希望达到的那个目标，最后明确可以利用的资源。有了这三项，你就做好了拆分问题的准备工作了。

第二步，拆解和定位问题。

很多问题之所以难解决，是因为它特别宏大而复杂，我们解决起来也不知道从哪里入手。比如，我们都希望自己的生活过得更好，但是怎样才能达到这个目标，怎么解决这个问题，其实我们都不太清楚。也许我们可以努力赚更多的钱，也许可以找到更好的生活方式，当然你也可以调整自己的心态等，这些都可能是答案，却又都不是特别好的一个解决方案。

为什么复杂问题我们总觉得解决起来千头万绪，找不到思路呢？答案很简单，同时也很重要，那就是因为我们生活中遇到的大多数问题都是复杂问题，而不是元问题。什么是复杂问题呢？就是掺杂了多个维度和变量的问题。什么是元问题呢？就是那些最细小的、待解决的问题。

复杂问题其实是不可以直接解决的，我们每天在应对各种各样复杂问题的时候，其实都会下意识地把复杂问题进行拆分，然后再一一进行解决。但是单靠下意识肯定靠不住，需要我们有意识地去训练拆解问题的习惯和能力，并在工作和生活中主动运用这种能力。

以就业为例。铁路院校的毕业生，如何通过面试，实现到铁路局工作的目标？

这个问题看起来很明确和清晰，但它仍不是一个元问题，而是一个可以拆解的复杂问题。很多因素都会对面试通过与否产生影响。我们这样来拆解这个问题：首先把通过面试分为两个层面，一个是自身层面，一个是外部层面。

自身层面再拆分出硬件和软件两个方面，硬件方面包括学历、成绩、身体素质、职业资格证书、仪容仪表、地域等，软件方面包括能力、心理素质、性格特点等。拆成这样才是具体的元问题。

拆完了自身层面我们再来拆外部层面。外部层面又可以拆分成你获得就业信息的渠道、往届毕业生的就业情况、家庭能够给你的支持等。

拆解之后，就可以一项一项对照着问自己。比如，学历是不是有问题？如果学历是一个局限条件，那你是不是就要考取更高的学历。再比如，心理素质是不是有问题？具体是沉着冷静还是沟通表达有问题？是否需要多在众人面前练习发言？或者学习沟通表达的技巧和方法等。当问题被拆解成一个个具体的元问题时，你其实就会对如何通过面试，实现就业有一个更好的认知了。

拆解问题是企业老板每天都在做的事情。比如，某公司老板的大目标是提高公司的营业收入，要实现这个目标，需要做些什么呢？老板就会把大目标拆分开来，分别安排给不同部门的不同人，可能分到你的那个目标就是把点击率提高10%。也就是说，如果你学会了拆解问题，也就学会了用老板的思维来思考问题。在上面的就业例子中，如果你学会了拆解问题，有助于你站在用人单位的角度来思考面试问题，有助于你在一个更高的站位，用更高、更统筹的思维来要求自己。

第三步，提出解决方案。

通过拆解和定位问题，把问题拆解成一个又一个元问题时，其实你已经对问题的解决成竹在胸了。因为当问题被拆分得足够细致且清晰时，你会发现解决方案原来是那么明显，每个人都可以办得到。然后，就需要我们明确问题，加以分析，寻求可以利用的资源，提出最终的解决方案。

第四步，总结问题。

总结问题是问题解决的最后一项任务。总结问题的重要性，被很多人低估了。怎么突出表现自己的能力，怎么让别人相信这是一个好方案，或者说怎么争取更多的资源和机会，这些在很大程度上都取决于你的汇报如何，也就是你总结问题的能力如何。

我们以竞选进入学生会宣传部为例来说明总结问题的重要性。比如，你的文笔很好，来到新学校后很想加入学生会宣传部，展现自己的专长。你要如何说服面试官相信你的能力呢？

你要介绍你的写作经历、你发表的优秀作品，表达自己对写作的兴趣爱好和坚持，以及你会如何和其他部员处好关系，分工合作完成稿件，多出精品等。这样，面试官才乐于把机会留给你。

完成解决问题的四个步骤之后，就需要落地实施方案了，即在实践中检验解决方案的效果，判断问题是否解决以及被解决的程度如何。然后循环往复，螺旋上升。

案例链接

案例一 姚忠良与白象方便面

姚忠良，男，汉族，出生于河南省平舆县一个普通家庭。高中毕业后参军入伍，退伍后转业到了粮食系统。现任白象食品股份有限公司董事长，是中国十大方便面品牌企业之一的领导人。

1996 年，一次偶然的机遇，姚忠良来到河南省粮食厅下属的粮食加工厂，从此姚忠良的命运就与方便面联系在了一起。这个食品加工厂是 1989 年为安置家属就业而建的，当时只有一条简陋的方便面生产线，员工 100 多人，亏损严重，6 年换了 6 任领导，第 6 任就是姚忠良。他在 1996 年接任时，这个粮食加工厂只有负资产以及一个虚幻而美丽的典故——白象。河南简称为豫，大象是河南的吉祥物。传说远古时期，黄河滩上曾经走来一头洁白的大象。因此，建厂之初，老领导为产品取名白象，白象寓意着圣洁、尊贵、丰盈、仁慈、吉祥，寄托着人们对于未来的美好憧憬。

面对只有负资产的粮食加工厂，姚忠良没有畏难，而是迎头而上。他是怎样扭转局面的呢？

1. 狠抓市场营销，瞄准广大的中低价市场

经过对当时国内方便面行业的分析，姚忠良坚信方便面有巨大的增长空间。同时，他也看到了白象的短处，即市场化程度太低。因此，白象要求得发展，首先要赢得市场。

姚忠良接手白象之后，最富有远见的创举就是引入了一批高等院校毕业生。这些"新兵"在进行了两个月的封闭式军训之后，就全部跟着姚忠良出去跑销售。他们蹬着三轮打天下，到城市的菜市场、家属院和广大乡村推销产品。年轻学生脸皮薄，一开始都不好意思拿扩音喇叭对着人流叫卖，更不敢喊出来。姚忠良就让他们在马路边上站成一排举起右拳助威，自己上前扯开嗓门大声叫卖："来！来！来！都来买，都来尝，白象牌方便面真营养！"大家看到老板拿得起放得下，自己一个无名小辈，还讲什么面子。在姚忠良的以身作则下，大家渐渐不再害羞，而是跟着一块吆喝。通过这种最原始的方式，他们的产品在市场上一点点打开了知名度。

姚忠良狠抓市场营销，推行"四千四万"，即"千辛万苦，千山万水，千言万语，千家万户"的市场销售策略。随后，白象打开了市场的大门，销量节节攀升。他接手企业的第二年，销售额就达到了 1 亿元。

随着社会的发展，人们对饮食的需求也在发生着变化。方便面的市场需求逐渐从充饥、美味过渡到营养和健康。姚忠良准确把握市场走向，高调推出了大骨面。大骨面的推出，迅速在当时的方便面行业刮起了一阵强劲的"大骨风"，成为市场兴奋点，使方便面在疲软态势下又找到一个新的利润增长点。大骨面的推出，获得了巨大的成功。白象企业切入高端市场的战略布局初见端倪。

2. 转战高端，品牌升级

白象成为业内标杆，其立足中低端，进军高价面市场的战略初显成效。姚忠良认为，白象应该具有更强的营利能力和更高的品牌价值。2008年，白象迈出了品牌提升的第一步。同年2月，白象食品集团与西藏登山队举行了"骨气撼神峰"合作签约仪式，白象集团新品"8848大骨皇"成为西藏登山队和珠峰大本营唯一指定的方便面。"8848大骨皇"作为一款高钙、高能量的运动型高端方便面，一出现，就在饱受成本困扰的中国面业投下一枚重磅炸弹，同时也拉开了白象品牌升级的序幕。"8848大骨皇"承载着白象转战高端的战略实施的第一步。

"只有站得高，才能看得远"，姚忠良是这样要求员工的，自己也是这样做的。

姚忠良来到白象之初，白象的团队建设就是他工作的重中之重。目前，白象集团已经形成以内部培养为主、外部引进为辅的人才政策。集团经营管理部长至今还记得，8年前他上岗才一星期就想另谋高就，姚忠良一席话留住了他：年轻人不要想马上就赚大钱，还不到那个阶段，现在是要掌握获取财富、驾驭财富的本领，首先学习如何做人，树立信仰，提升境界。

思考：姚忠良在接手白象之初，遇到了哪些问题？他是如何解决这些问题的？对你而言有哪些可以学习和借鉴的地方？

案例二　关于学校食堂拥挤问题的解决方案

1. 问题提出

食堂用餐高峰期的拥挤问题对在校生而言都不会陌生。打饭难——食堂窗口拥挤混乱；一座难求——即使打到了饭，也经常面对"一座难求"的窘境。有什么好办法可以解决用餐高峰期食堂的拥挤问题呢？

2. 几种解决方案

方案1：新建或扩建食堂。食堂面积增大，座位增多，窗口增加，可以从根本上缓解供求矛盾，满足学生需求。

方案2：错峰上下课，错峰用餐。用餐高峰期主要集中在放学后的30分钟时间内。学校可以利用这一点，将不同教学楼的上下课时间加以调整，一部分11:30下课，另一部分12:00下课。通过增加食堂空间和座位发挥作用的频次，改善食堂的拥挤状况。

方案3：促进食堂在管理和分类上更加细致和便捷。例如，每个楼层均设面食、炒菜、汤类等全品类打饭窗口，实现楼层分流；餐盘取用及回收的地点设置合理，方便学生取放；分散张贴付款码，提高刷脸支付设备的安全性和便捷度；等等。

方案4：对学生进行文明素质宣传教育。教育学生在就餐时有序排队，不拥挤喧哗，文明用餐，餐后主动将餐具放至餐具回收处等。

3. 方案选择和确定

上述4个方案均具有可行性。方案1由于涉及学校整体规划、土地、资金、施工等较多问题,当下执行会有一些困难,在各方面条件成熟时可以一体推进。其他 3 个方案均具有很高的可行性,安排不同教学楼错峰上下课,对学生进行文明素质宣传教育,同时在食堂管理上更加细化和优化,都有可以施展的空间,可谓多措并举。把这几个方面加以综合,就可以提出解决食堂拥挤问题的最优方案。

案例点评:

任何问题的解决,都可以尝试列出多个方案,再从众多方案中择优选择,解决问题。

案例三 个性特质与适合的岗位

某公司进行人才招聘,其间给通过初试的应聘者每人一个魔方,要求大家用一天的时间把同样的颜色排列到同一个面上。

第二天,候选者都把魔方带来了。

第一位候选者进来把魔方递给总经理,说已经完成了任务。总经理检查了一下,颜色都对上了,再仔细一看发现魔方有点问题。他用手指使劲一按,有东西掉下来,再放到鼻子底下闻还有油漆的味道。这位候选者解释说,自己忙到半夜三更也没有弄出来,想到家里面正好有五颜六色的油漆,就把油漆刷在魔方上面算是完成任务。总经理既高兴又难过,难过的是这位候选者没有按照自己的要求完成任务,高兴的是像这样的人具有创新的能力,如果留下来搞生产的话,就总有本事把产品生产出来。于是总经理把第一位候选者留了下来。

第二位候选者也把完成的魔方递给总经理。总经理仔细一看也有问题。原来,发给候选者的魔方是一个半新不旧的魔方,而这个人递交的魔方却是崭新的。这位候选者解释说,这是一大早到商场排队买的一个已经排好的全新魔方。总经理把这位候选者也留了下来,因为他用最便捷的方法完成了这个魔方任务。

第三位候选者递交魔方的时候向总经理汇报说,当天自己弄不出来,就打电话把这个城市里面的三个同学都找来了,请这三个同学帮忙,最终如期完成了任务。总经理一听非常兴奋,心想这个人懂得运用人际关系解决问题,具有销售人员的必备特质,于是就把他留下来搞销售。

第四位候选者是一个小姑娘,她用报纸包了一堆东西递给总经理。原来,她转魔方的时候一不小心就把它搞散架了,没办法再组装起来,只好用报纸把它包起来还给总经理,并向总经理诚恳道歉。小姑娘掏出口袋里仅有的 20 块钱作为毁坏魔方的赔偿。总经理心想,她自己出了错自己主动贴钱,这样的人做财务工作让人放心,于是就把小姑娘留下来做财务工作。

案例点评:

受遗传因素和成长环境的双重影响,一个人会形成某些特质。这些特质在不同情境下会以比较稳定的形式表现出来。不同特质所能胜任的工作岗位也不同,因此,我们要有自知之明,企业人力资源部门也要具有识人、选人的本领。

总结与考核

一、实训日志

日　期		天　气	
主要实训内容：			
体会与感想：			
努力方向：			

二、训练考核(第七周)

考核内容		分值	本周考核要求	本周自评得分
平时成绩 (80 分)	考勤	5		
	训练过程	5	案例分析,解决问题对策等	
	训练表现	10	讨论发言,5 分; 完成各项训练,5 分	
	团队训练表现	30	案例分析: 1. 积极参与; 2. 表达清晰; 3. 有借鉴意义	
	长程团队项目及个人任务进程监控记录,个人贡献与反思	30	问题解决: 1. 明确问题; 2. 积极应对; 3. 有效利用资源; 4. 体现出创造性	
	本周平时分合计			
训练感悟 (20 分)	每个训练或团队项目的感悟与提升	20		
备　注	1. 平时成绩每课一结,个人自评,组长核查汇总。 2. 平时成绩每课总分 80 分,期末加总求平均分,作为期末成绩的一部分,占总成绩的 80%。 3. 训练感悟每课总分 20 分,期末加总求平均分,作为期末成绩的一部分,占总成绩的 20%			

拓展训练

一、训练内容

(一) 室友问题

情境:在与你的室友生活两年后,你实在无法容忍某个人,想搬出去。

(1) 描述问题:_____

(2) 产生想法：_____

_____

_____

(3) 选择和定义想法：_____

_____

_____

(4) 实施想法：_____

_____

_____

(5) 评价和分析行动：_____

_____

_____

(二) 寻找工作

情境：你即将毕业，要寻找一份工作(或者你不能忍受你现在的工作，要换一份工作)。

(1) 描述问题：_____

_____

_____

(2) 产生想法：_____

_____

(3) 选择和定义想法：_____

_____

_____

(4) 实施想法：_____

_____

(5) 评价和分析行动：_____

_____

_____

　　在实际生活经验的基础上，选取两个比较有代表性的问题，要求你运用创造性问题解决的策略去加以解决。虽然这些问题只是假设的，仅供练习。但是，在将来你解决实际问题时，这些技能一定能派上用场。沿着问题解决的步骤走，看看你能提出些什么。对每一个假设的问题试着提出至少 3 种想法。

二、个人训练任务周进程监控表

任务要求	周一	周二	周三	周四	周五	周六	周日	任务状态
明确问题(个人学习、生活、工作中的问题，企业、社会在管理、改革、创新等领域的问题)								
积极应对(分析问题，提出对策)								
有效利用资源(对问题解决有益的方法和人、事、物)								
体现出创造性								
拓展训练								
团队项目(搜集和分析资料、提出对策、达成共识)	分配的个人任务、要求完成时间、完成情况：				贡献与反思：			
本周其他情况说明								

对 战 拖 延

不积跬步，无以至千里；不积小流，无以成江海。

——《荀子·劝学》

莫等闲，白了少年头，空悲切。

——岳飞

人拥有的东西没有比光阴更贵重、更有价值的了，所以千万不要把今天所做的事拖延到明天去做。

——贝多芬

很多人喜欢拖延，他们对手头的事情不是做不好，而是不去做，这是最大的恶习。

——比尔·盖茨

训练目标

(1) 关注自身拖延现象，警惕拖延的危害。
(2) 提高自我分析和自我应对的能力。
(3) 掌握相应方法，提高战胜拖延的能力。

训练内容简述

针对学生在实现团队目标过程中普遍会遇到的拖延问题，组织学生课下整理有关拖延的资料，搜集自身、团队或周围人群的拖延现象，课上通过报道、展示、讨论和活动的开展，锻炼和提高学生战胜拖延的能力。

训练内容

活动一 拖 延 大 作 战

活动目标

(1) 关注拖延现象，警惕拖延的危害，提高拖延识别的能动性；
(2) 善于从拖延现象中总结方法，用于对战自身拖延的实战；
(3) 主动分享并掌握对战拖延的方法，提高战胜拖延的能力。

活动准备

(1) 每位学生在课下整理有关拖延的资料，搜集自身、团队或周围人群的拖延现象，包括拖延的领域(如社交、学业、工作、家务、个人呵护等)，拖延的风格(如拖延时你通常会购物、吃东西、看小说、刷手机、看电视、睡觉、上网、聊天、喂猫、上厕所等)，经常使用的拖延借口(如时间还有的是，不必着急，再如我得先准备充分才行等)，汇总行之有效的战胜拖延的方法等，做好记录。

(2) 以小组为单位，将组内成员整理好的有关拖延的资料再加以整合。课上以新闻播报(视频和图片展示)、电台报道(2 句话新闻)、记者采访(同学、家长、老师、职场人士等对拖延的看法)或拖延故事的形式向大家进行展示。

活动内容

具体的活动内容、步骤及注意事项如下：

(1) 以小组为单位轮流上台就拖延主题进行讲解。因本次训练的主题为"对战拖延",故事先不对各组上台顺序进行排序。学生积极主动上台讲解本身就是对战胜拖延的生动诠释。

(2) 提醒大家在分享时,物品准备提前到位,声音要洪亮,吐字要清晰,在倾听时保持安静,做到用心倾听。

(3) 在倾听过程中注意做好如下记录:

① 哪位同学(哪个小组)的讲解对自己有触动?

② 自己被触动的点是什么?

③ 哪位同学(哪个小组)介绍的方法你认为是有效的?这个方法是什么?

④ 你会在哪个(些)领域使用这一方法?如何使用?

详细内容可填入表 8-1 中。

(4) 如有内容没记录完整或者听不清楚等情况,可随时打断小组讲解,说明自己的需要。

(5) 教师对讲解过程适时进行调控,确保展示有序有效进行。

表 8-1 对战拖延记录表格

哪位同学(哪个小组)的讲解对自己有触动?			
自己被触动的点是什么?			
哪位同学(哪个小组)介绍的方法你认为是有效的?			
这个方法是什么?			
你会在哪个(些)领域使用这一方法?			
如何使用?			

体验分享

所有小组讲解完毕,请倾听的学生就自己的记录情况进行分享,教师予以点评。

活动总结

教师对各个小组的讲解予以点评,并对本次训练过程加以总结,使学生对自身的拖延情况能够准确把握,认识到拖延的危害所在,掌握相应的"对战拖延"方法,积极应对拖延,认识到实干、苦干、快干、巧干的必要性和重要性。

活动二 撕 纸 看 人 生

活动目标

撕纸看人生

(1) 理解时间的重要性,体验时间的不可逆性;

(2) 检视自身时间管理状况，增强爱惜时间、合理利用时间的意识，增强对战时间拖延的内在动力，不因"习惯拖延"而让时间偷偷溜走。

活动准备

(1) 谜语导入。

世界上有一家奇特的银行，它给每个人都开立了账户，每天都往每个账户上存入同样数目的资金，并要求你当天用完，用不完第二天自行作废。余额不允许记账，也不允许预支和超支。请问，这家银行每天存入的到底是什么？

时间既无穷无尽，又转瞬即逝。对等待的人而言，它是最慢的；对享受其中的人而言，它又是最快的。它很容易被忽视；过后察觉又深感惋惜。它不会保留任何不值得纪念的东西；同时也会让所有崇高的东西生命常青。

(2) 物品准备。

① 纸条。每个学生分到 2 个长度相等的纸条。

② 多色彩笔、铅笔、直尺等文具。

活动内容

(1) 将纸条分成 10 等份，在纸条上间隔相等的距离标注出 10、20、30、…、100 这样的数字。

(2) 找到与你年龄相对应的位置，撕去这个时间点之前，即你已经度过的岁月的纸条。

(3) 预测自己的寿命，再撕去对应年龄之后的纸条。

(4) 再撕下退休后的纸条，放在桌子上备用(纸条 3：退休后的时间)。

(5) 请思考，每天 24 小时，你会如何分配？通常情况下，睡觉会占去 1/3；吃饭、运动、游戏、交友、娱乐、购物等再占去 1/3，剩下 1/3 的时间假定是可以真正用在学习和工作的时间，有 8 个小时。因此，请将剩余的纸条分成 3 等份，撕下其中的 2/3，放在桌子上备用(纸条 2：学习、工作之余的时间)。

(6) 我们把撕剩下的纸条叫作纸条 1，它代表你真正用于学习和工作的时间。把纸条 1、纸条 2 和纸条 3 按顺序摆放，并做比较。可以明确，你真正用于学习和工作的时间创造和积累的资源要去养活工作之余及退休后的生活，不仅养活你自己，还有你的家人。请衡量时间是否够用、是否充裕以及你是否要调整自己的时间安排。

(7) 如果再撕下去，比如撕去那些你假装努力的时间，你会有怎样的感受？

(8) 在另一个纸条上用多色彩笔标记并写出自己调整后的时间安排，向大家说明与第一个纸条相比，发生了哪些变化。

体验分享

请学生在小组内相互比较各自的 3 个纸条，在班级展示自己的 3 个纸条，分享自己在撕纸过程中的感受，教师予以点评。

活动总结

时间是上天分配给每个人绝对公平的东西，每天 24 小时，1440 分钟，86400 秒。光阴似箭，时光不可逆转，妥善利用、合理管理宝贵的时间，实质是在提升生命管理的质量和水平。同时，深刻体会时间的紧迫性，认识到习惯性的拖延是最大的时间偷窃者，提高自我管理能力，不给拖延恶习以可乘之机。

知识链接

一、拖延的定义

拖延(Procrastinate)一词已成为当今社会的一个高频词，在生活、学习、工作等众多领域都很常见。拖延含有推迟、延后、延缓、延长等意。它由两个拉丁词合成，pro 的意思是"往后"，而 crastinus 的意思是"属于明天"，合起来的意思就是"往后挪到明天"，也就是含有"以后再做"的意思。

当一个人推迟去做必要的事情，并为此感到苦恼和痛苦时，我们可以明确判断，拖延及其负面影响已发挥作用，当事人困在其中，不堪其扰。

二、拖延现象的普遍性

这些现象，你熟悉吗？明明今天能完成的事情，却总喜欢拖到明天。明明有充裕的时间做事，却不到最后期限不开工。在正式开始做一件事之前，会花样翻新地去做各种可以消磨时间的小事，比如浏览微信。遇事没有勇气直面，暗示自己"这么难，我做不了"，懒散、颓废，不尝试新办法，不付出足够努力，习惯性逃避，遇事就拖拖拉拉。对自己的人生雄心勃勃、充满幻想，说起来也滔滔不绝，但却迟迟不愿付诸行动，只想不做，实际就是"思想的巨人，行动的矮子"。

拖延现象在生活中非常普遍，甚至会成为人们的一种生活习惯。比如在校大学生，经历过奋发图强、废寝忘食、神经高度紧绷的高三，很多人到了大学就一心寻求放松，久而久之，习惯于安逸放松的状态，形成了拖延的习惯，"躺平"大学生大有人在。

有研究指出，职业院校中，部分高职学生的时间管理意识淡薄，不能有效利用时间，出现了各类荒废学业的现象；还有部分高职学生习惯于依赖家长和老师的管控，虽然能意识到时间管理的重要性，但缺乏管理时间的技巧和策略，缺乏自我管理的主动性，拖延行为普遍存在。

拖延行为在中职校园里也很常见。有学者就中职生学业拖延与心理健康的关系进行了研究，认为中职生学业拖延与心理健康水平存在负相关关系。也就是说，学业拖延程度越高，其心理健康水平往往就越低。学业拖延是学生在学习过程中，没有及时进行自己认为应该完成的学习活动的一种非理性行为，在行为上表现为延迟对学习活动进行计划、执行、补救和总结。学业拖延主要表现为学习者推迟完成学业任务的倾向，并造成学业任务没有按照要求认真完成或在最后期限匆忙完成。此研究指出，中职生的学业拖延情况总体来说程度较高。学业拖延行为受学生学业压力以及将来就业压力甚至是对所学专业喜爱程度的影响。学生对所学专业的喜好与否是造成学业拖延与否的重要原因之一。

还有学者就中学生学业拖延及其与父母教养方式的关系进行了研究，将中学生学业拖延划分成延迟计划、延迟执行、延迟补救和延迟总结4个因子。研究结论显示，总体上中学生延迟计划得分最高，延迟执行、延迟补救次之，延迟总结最低。男女生得分均以延迟计划最高，延迟执行、延迟补救次之，延迟总结最低。这表明，中学生在规划自己的学习方面的拖延情况最为严重。在学业拖延方面，男生、女生的表现不同。在整体上，男生的学业拖延显著高于女生。具体表现为，男生在学业拖延总分及延迟计划、延迟执行、延迟补救上都显著高于女生。

学业拖延对学生的学习成绩、情绪体验、生活质量都有明显的消极影响。作业不能按时完成，评价降低；考试不能顺利通过，成绩下降；职业资格证书不能如期考取，影响升学和毕业；认识不到学习的意义，认为校园生活无聊、枯燥，学习压力大。因拖延带来的煎熬和压力，会使人陷入厌恶、焦虑、紧张、内疚自责、抑郁等消极的负面情绪中，长此以往，如果不加调整，则会引起自身免疫力下降，注意力无法集中，睡眠质量低下，失眠多梦，从而严重影响学生的身心健康。

熬夜现象在现代生活中司空见惯，职校生亦普遍存在熬夜行为。这其中包括不想睡觉，主动推迟睡眠时间；被一些娱乐活动吸引(如手机游戏、短视频等)，占用了原本用来睡觉的时间而推迟睡觉以及出现了失眠等情况。但部分职校生却往往对熬夜行为习以为常，对按时睡觉的好习惯不以为然。大量的研究表明睡眠质量差对个体的身心发展都会产生不良影响，具体到学生群体，则可能产生注意力分散、成绩下降、情绪抑郁、易怒等，罹患身心疾病，甚至导致猝死等突发状况，令人痛惜。

三、拖延大盘点

人们有哪几种不同的拖延风格？我们为什么会寻找借口并延误做事？如何停止拖延，做事更有效率？由美国简·博克(Jane B. Burka)和莱诺拉·袁(Lenora M. Yuen)编写的《拖延心理学：向与生俱来的行为顽疾宣战》对拖延进行了近距离的审视和综述。

控制拖延的一个关键步骤就是对你的个人拖延方式进行清查。虽然大多数拖延者习惯与拖延为伍，但是他们平时并不会过多地思考它，他们想的只是怎样把它清除掉。尝试以一个旁观者的身份来观察自己，对自己的拖延问题不做评判，只去清点，让自己更清楚地觉察自己的拖延心理和言行。

1. 盘点你的内心挣扎

想一想事情被你推迟的那些时刻，这样的事情可能发生在两个小时之前，也可能发生在两年之前，它们或许是灾难性的，或者，它们对别人而言无足轻重。有时候一些表面上正常的情况可能会对你造成很大的情感上的打击，下面就是一个这样的故事。

莱诺拉还在读研究生的时候，出于一时冲动为自己在旧金山的狭小公寓买了一台磁带录放机。就在她刚把它带回家不久，她的朋友瑞伊就打电话过来，说她可以花更少的钱搞到一台质量更好的录放机。谁能够抵御住这样的诱惑呢？就这样，瑞伊就将那台更好的录放机带了过来，并帮莱诺拉安装好，一切都很顺利，除了莱诺拉自己买的那台录放机还原封不动地躺在门边。莱诺拉当然想把它退掉，但是一晃7天的退货期已经过了，接着14天的换货期也过了，她一直没有时间。在她退换机器之前，她必须到图书馆去查阅《消费者报告》(当时没有电脑，也没有网络)，才能知道该换什么产品。接着她还需要一整天才能把机器连带包装一起退回到商店里去，谁会有那么多的时间呢？

一个月、两个月、三个月过去了，每次莱诺拉进出她公寓房间的时候，总能看到那个靠在门边没有被打开的盒子等着被送走。莱诺拉听到一个越来越严厉的声音在训斥自己："为什么连这样一件简单的事情也做不到？"表面上看，退还录放机看似是一件很小的事情，但是每次进出公寓，莱诺拉的内心都深感内疚、恐慌和焦虑，被一种瘫痪无力感所折磨。

莱诺拉最后终于让自己平静下来，开始客观地思考她的状况。她决定利用一个小时的空余时间将那台磁带录放机还给商店，虽然她并没有翻看过任何一期的《消费者报告》。她心惊胆战地来到那家商店门口，一路上还在心里排练着种种借口，为自己超过六个月退货期找理由。在门口，她正好碰上那个把机器销售给她的强势的女销售员。她问："你想退货吗？"莱诺拉说："是的。"她说："好吧，我给你开一张退货单。"问题解决得如此轻松，就在这样一个让人大松一口气的时刻，莱诺拉才意识到，原来她一直害怕的是再次碰到这个女销售员，以为她会带着轻蔑的口气跟她说："你怎么这么反复无常！你能不能考虑好了再作出决定？"虽然莱诺拉多年来从未有意识地想过这个内心的恐惧，但是自从她还是个孩子的时候，她就害怕听到这样的责骂，因为这会让她感到羞耻。难怪她会在退货问题上一再推托！同时，这样的一个认识也帮助她搞明白了当初她对写《拖延心理学》这本书为什么会有这样的第一反应："我怎么可能写一本书呢？我想都不敢想！"

写下你所记得的两三次自身的类似经历。其间发生了什么？在事件中谁被牵扯了进来？是什么诱发了你的拖延？你的感受怎样？最后的结果又是什么？是否伤害到他人或者引起他人不便？然后，你可以问自己在这些经历中是否存在着某些共同的主题或者模式，分析清楚你一直恐惧的究竟是什么。

2. 外在的与内在的后果

拖延必有其后果，有时候这些后果是很明显的：在高速公路上车子中途没油了，一个经常迟到旷课的学生成绩亮起红灯，几年前买到手的书至今没有开封。这些都是拖延外在的后果。

拖延还会造成一些内在的后果。它们包括：觉得自己不能胜任、悲伤、负疚、欺骗感、恐慌以及一种从来未曾尽情享受生活的感觉。一个拖延者可以表现得很成功，有能力、有才华，聪明而慷慨，但是拖延的内在后果却让他背负重压，而且会渐渐地破坏一个人的自信和满足。

看一下下面这个列表，哪些适用于你？还有别的什么后果吗？

后果

外在的：	内在的：
金钱上的损失	自责
丢掉工作(机会)	尴尬或者羞辱
成绩下降	焦虑，担忧

没有完成学业或者培训课程	无法集中精神
丧失机遇	负疚感
跟老师或同学发生冲突	失去享受其他活动的能力
承担的职责减少	欺骗感
信誉度降低	紧张，身体上的疼痛
跟家人或朋友关系紧张	恐慌
意外或者身体受伤	抑郁
失去朋友	兴奋感和刺激感
回避浪漫关系	身体上的疾病
过度使用物品	失眠等睡眠问题
(香烟、酒精、药物等)	感觉孤立

3. 你今天的拖延

1）拖延的领域

有些人只在某一个领域里拖延，而在其他领域里没有任何问题。在生活的每个领域都拖延的人很少见。比如，学生可能在完成作业方面有明显拖延，但在个人卫生方面，却能保持光鲜亮丽，干净整洁。换句话说，无论你的拖延所涉及的范围是多么广泛，如果你仔细检查一遍，你会发现你的拖延是有选择性的。你可以对照下面这些在家务、学业、工作、个人呵护和社交等不同领域的活动列表，明确自己的拖延领域。

★家务
◇日常琐事(如洗头、洗澡、洗衣服、剪指甲、宠物养护等)
◇打扫卫生、处理垃圾
◇物品整理和归置
◇扔掉没用的废弃物品
◇购物
◇退换货
◇小的家用设施维护
◇开家庭会议，做家庭决定
◇其他_____

★学业
◇上课
◇做作业
◇期末考试
◇写论文
◇跟老师交流
◇跟同学相处
◇跟家人电话、视频联络

◇加入社团，参加社团活动

◇寻找兼职或者实习的机会

◇申请奖学金、助学金等资助

◇备战单招考试

◇阅读提升

◇其他_____

★工作

◇准时上班或开会

◇处理商务电话、电子邮件、工作群信息等

◇处理工作现场事宜

◇写材料、做报表、制作演示文稿、汇报等

◇建立交际圈

◇完成领导交代的任务

◇学习新知识、新技术

◇加薪升职

◇进行职业规划

◇找一份新工作

◇其他_____

★个人呵护

◇锻炼身体

◇减肥

◇戒烟、戒酒等

◇注意个人卫生

◇体检

◇看医生

◇常备相关处方药

◇养生

◇购置新衣服

◇培养个人爱好，阅读感兴趣的读物

◇参与有意义的活动

◇保持心情愉悦、情绪乐观

◇其他_____

★社交

◇跟亲朋好友保持联络

◇跟朋友聚餐、娱乐、打球等

◇约会

◇请客

◇得到帮助

◇给予支持

◇策划集体活动

◇参加不同圈子的活动

◇结束一段令人不满的关系

◇其他＿＿＿＿＿＿＿＿＿＿＿＿＿＿＿

在每一个领域中，你都可以想想拖延在多大程度上对你造成了影响，拖延最多发的领域可能是你大多数麻烦的根源，也可能不是。举个例子，你可能习惯于将一堆脏袜子扔在水盆里好几天也不去洗，但是这对你并没有什么影响。然而，虽然有些问题只是阶段性地发生，但是你却可能对此非常自责，比如，你忘了家人的生日，没有送去祝福。

这里，需要你仔细思量一下，在你推迟的事情和你能够按时做到的事情之间，最关键的区分在哪里？其中，你观察到什么样的模式没有？你是推延细小的杂事，还是推迟对你很重要的事情？你是否只推迟为自己做事，而不会推迟为别人做事？你所推迟的事项属于你所擅长的领域，还是你没有经验的领域？在你所拖延的事情中，你是否觉察到任何恐惧或焦虑？

2) 你的拖延风格

人们的拖延行为形形色色。有人可能把很多时间花在了健身房，但却从来不主动做家务，而有人可能每天在家里上上下下、里里外外吸尘两次，却走不出家门去健身房。人们在拖延时，会做出千千万万种事情来。拖延者是非常富有创造性的。比如，购物、吃东西、喝水、看小说、刷短视频、打游戏、看电视、睡觉、上网、聊天、整理书桌、整理衣柜、发呆、喂猫、上厕所……不一而足。

有很多时候，某种行为是否属于拖延是很难区分的。例如，什么时候算是放松大脑和休息？什么时候又算是逃避呢？什么时候做家务属于必须完成的事情而不属于拖延呢？刷短视频属于拖延还是放松呢？如果你是一个因为拖延而经常对自己生气的人，那么一定要学会区分什么是消磨时间，什么又是放松身心。要知道，即便是拖延的人也拥有享受生活的权利！

大部分人在拖延的时候都会感受到某种异样。通常他们会听到内心有一个喋喋不休的声音在说："你知道现在你不应该做这个。"他们的脑海里或许会闪过一些他们正在逃避的画面，他们可能也想到了后果。一个拖延者这样说："拖延的时候，我的脑海中会浮现出一幅老板一脸阴沉地在那里对我点点戳戳的生动画面。"有些人会出现一些躯体反应，比如胃疼、头疼，或肩部、颈部、背部有紧绷感。还有，他们可能会无法集中注意力，无法在正在做的事情中获得乐趣。你可以问自己一个问题，对你来说有哪些迹象表明你正在拖延？

3) 拖延的借口

想想有没有什么时候你本来可以开始做一件事情而你又把它推迟了呢？在那样一个时刻，你本来可以打个电话，完成一项作业或去操场跑跑步。这个时候你又对自己说了什么，用怎样的借口，让自己对不去做这件事情感到心安理得呢？

给你的借口列一个清单。有些人一开始想不起来自己有些什么借口。这些借口很多是自动冒出来的，似曾相识，并且看上去一点儿也不像是借口。但是，如果注意一下你逃避采取行动的那一刻，你就可以找到自己的借口。

以下是拖延最常见的一些借口：

> 我得先准备充分才行，现在还有一些事情没有到位。
>
> 现在我根本没有时间做完它，所以做了也没有什么意义。
>
> 多好的一天啊，把时间花在这件事上太委屈自己了。
>
> 我已经干得很努力了，休息一下是应该的。
>
> 如果等待好的时机，我可以做得异常出色。
>
> 等我有了热情再说吧。
>
> 我感觉不太好；我现在太累了；我不在状态。
>
> 做这事用不了多少时间，我还有大把时间呢。
>
> 我正乐在其中呢，再给我一点时间玩玩。
>
> 我得先做锻炼（睡觉、吃东西等）。
>
> 跟上这个世界的步伐很重要，所以我最好先看看新闻。
>
> 这周开始做的话，已经太晚了。
>
> 干吗要在周五发送这个东西呢？反正下周一之前没人会看它。
>
> 周末我会有更加充足的时间。
>
> 干吗要去问呢？反正他们的回答是"不"。
>
> 我已经完成了最难的部分，最后一步不过是小菜一碟。

以一周为周期记录你采用的借口，留意那些在你将事情推迟的当口出现的念头，正是它们给了你一个等待的理由。对心里的想法保持清醒的认识，观察自己的想法怎样影响了行为，这些做法对你都大有好处。

就在你为自己的拖延找到一个理由之前，看看你能否发现究竟发生了什么事才会刺激你的拖延动机。在找到拖延理由之前，你在想什么？你有什么样的感受？或者，你在做什么？周围的环境又是怎样的？是什么触动了你？举个例子，有一个男子答应给他的女友做一张桌子。他发现自己并不愿意去工作室里埋头苦干，心里反而在想："多好的一天啊，待在室内就可惜了。"究竟发生了什么促使他为自己找借口呢？就在那天早上，他的女友曾经打来电话询问那张桌子的事情，她还说："你可不是一个普通的木匠，你做的每样东西都是一件艺术品。"他可以想象得到，当他将一张做好的桌子而不是一件艺术品交给她的时候，她脸上的表情会有多么失望。他想到自己是多么想取悦她，但因为这件事，他开始对两人的关系往哪里发展感到忧心忡忡，因为害怕对方失望，他只想逃避。

许多借口都有真实的一面，你很可能真的累了，厌倦了，缺乏热情，也可能是饿了，或者生病了。房子可以让钟点工来打理，这样你的工作场地也就会更加井井有条了，但问题是，即便在你的借口中包含有真实的成分，借口的真正功用还是想逃避内心的不舒服。你通过利用那个真实的成分来达成拖延者所希望的结论："以后再做。"例如，现在可能还不是最好的时机，所以我会以后再做；我累了，以后再做吧；现在正在播放一个好看的综艺节目，那件事可以以后再做。

每个人都难免会疲劳、厌倦、丧失热情，或者是太忙了。但是不管你的借口是什么，也不管你多么疲劳、多么没有热情或者多忙，你总可以花上 15 分钟时间做一点事。记住，那些不拖延的人也有你所碰到的难处，但是他们觉得自己依然可以动手做事。他们主张的理念有：

虽然现在时机不够好，但是无论如何我都想尝试一下。

虽然我很累，但我想再干 15 分钟再去睡觉。

虽然结果可能不太完美，但是我可以从中学到不少东西。

我没有合适的设备来做这件事，但是是否有什么事情我可以先干起来？

今天已经没有足够的时间马上做完这件事，但是我想再干 15 分钟。

事情越来越困难了，所以我最好留出更多的时间来解决这些难题。

怀着一种固定的心态，你会不愿意冒险，不愿意采取行动；当你为自己寻找借口的时候，你是在逃避退缩；而怀着一种成长的心态，你会乐于采取行动，即便事情很难，或者你不是很情愿做它。与其相信你的借口，让它们将你带进泥沼，不如不去理睬这些借口，直接采取行动。

四、战胜拖延的方法

1．确定一个具体可操作的真目标

在某一个新阶段开始，比如新年、生日、新学校、新学期以及新工作之初，很多人通常会做这样一件事情——给自己未来的某个阶段制订计划和目标。有的人打的是腹稿，有的人会把它写下来，随着网络的普及和发达，有的人则会发个朋友圈，宣称自己要开始减肥、节食、健身、读书、学习、背单词、写小说、考证、做兼职、攒钱、投资、创业等。

在制订计划和目标之后，多数人往往会经历这样一些心路历程：激情—三分钟热度—三天打鱼，两天晒网—恐慌—放弃—迷茫—新的激情……日子就在这样一轮又一轮的循环中流逝了。

那有人就说了，所以我就不做计划。不过，梦想还是要有的，万一实现了呢。梦想、计划当然可以有，但不会天上掉馅饼，不要指望单靠运气"万一实现了"。比如说，作为工科学生，把"学好机电技术"当成目标，其实意义不大，这顶多算是个方向，并不能指导你的具体行为。怎么才算学好了机电技术？是理论方面达到成绩优秀？还是实践方面吃苦耐劳，能完成指定的任务？是考取众多资格证书？还是能够融会贯通，解决现场的大多数问题？等等，需要问自己更多这样的问题，并且问得越细越好。

要制订出科学合理的真目标，在最开始，你就要认真审视自己的梦想，围绕具体、可分解、能实时反馈、有时间限制等几个方面来做功课。

1）具体

举例来说，"找一个能理性网购的女朋友"就比"找一个会过日子的女朋友"更具有指导性。再如，"各部门配合，解决了一次突发事件"就远不如"甲、乙、丙等部门积极配合，将一次漏电事件消灭于萌芽状态"具体清晰。所以，当你制订目标时，一定要多问几次："现在说得足够清楚了吗？还可以再具体一点儿吗？"这时，团队的集思广益就突显出它的优势了。

2) 可量化(可分解)

"财务自由"是很多人梦寐以求的目标。可是,有多少钱才算财务自由?对此,有人就用所谓"超市自由""数码自由""汽车自由""购房自由"等来作为量化标准。

可是,仔细想想,就会觉得这些标准并不靠谱——数码产品不一定比汽车便宜,汽车也不一定比房子便宜。知足常乐、小富即安的人,就算没多少钱也觉得万事不缺;而本身就不会乱花钱的人,再有钱也会有计划地过日子。因此,"不差钱"更多的是一种主观的东西,并不能成为衡量财务自由的客观标准。因此,好目标要能够量化,需要有明确的东西去衡量我们要达成的最后结果。这样,可量化的目标才是明确的目标,也才能指导我们的具体行动。

一个好的目标,一个可以量化的目标,同时也意味着这个目标可以被拆分成更小的步骤,即目标可分解。我们每个团队所设定的目标,要能够随时评估,及时获得反馈,否则,再有意志力的人也坚持不下来。也就是说,再宏伟的目标,不分解成时不时能看到进展的"小确幸",都会最终半途而废。比如,大家都下载过电脑程序、手机 APP,都见过手机和电脑上的进度条。那么,进度条有什么用呢?从用户的角度来说,很有必要。如果没有一个随时告诉你"现在进行到哪儿了,还有多少没完成"的反馈,你就会变得很煎熬。从这个意义上说,"不积跬步,无以至千里"真正的意思应该是:对于千里这么大的目标而言,不把它分解成一步步来完成,是很难实现的。

把复杂的学习或工作任务进行细化拆解,把繁重的工作或学习压力分摊到每个时间节点上,按计划有序行动起来,你会发现复杂的学习或工作任务并没有那么难,压力也没有那么大。这就是可量化、可分解在实践中的应用。

3) 时间限制

有没有时间限制,是目标和梦想之间最大的区别。小时候你被问到长大后想干什么,你说想当宇航员,这叫梦想。因为往往在这个问题之后,你照旧该干什么干什么。

那么,什么叫目标?就是当你说"想当宇航员"之后,接着被问:"那你想想,你飞上太空的时候,大概是多大年纪?"你算了算,说:"35 岁以前肯定能做到!"这才算得上是一段关于"目标"的对话。因为按照现有的宇航员选拔流程,如果你想在 35 岁前有资格进入太空,就意味着 25 岁时你至少要成为优秀的飞行员;而 25 岁当上王牌飞行员,就意味着 20 岁时就要开始飞行训练;而 20 岁时能当飞行员,就意味着现在就得开始锻炼身体,至少视力、身体素质得保持好…… 一旦设置了时间限制,你就不只是想想而已,你就必须从现在开始做点儿什么了,你的这个目标就会因此而启动。

2. 说做就做

每一个成功者都有一个开始。勇于开始,才能找到成功的路。

任何事情的完成都需要一个过程。不要总想着一下子做完整件事情。每到一个阶段,可以暂停一下问问自己:接下来我要采取的行动是什么?在计划完成的时间内,每次扎实迈出一小步,也同样可以达到"至千里"的结果。

我们可以这样来做:将计划要完成的任务划分为前后不同的若干阶段,每次专注于当前的阶段任务,不要去想后面还有多少任务没完成。你会发现,这样心理负担会小很多,你往往会在预期时间内提前完成当前阶段的任务。其他阶段任务的完成依法炮制即可。

3．为困难和挫折做好准备

有些目标任务执行起来不会那么一帆风顺，困难和挫折会时不时光顾。因此，你要为困难和挫折做好心理准备。可以事先做好功课，不给困难和挫折发展壮大的机会；也可以在困难和挫折光顾时积极应对，寻找有效的解决办法。提醒自己不要以困难和挫折为借口推迟去做事情，防止自己一遇到挫折就坠入拖延的深渊。

4．情绪和行为分离

在一场马拉松比赛中，如果你一开始就因为种种原因落后于别人不少，你会不会纠结于跑还是不跑的问题？而在你纠结的同时，你被落得更远了。这时，你望着遥远的终点，感到很绝望，失去了继续跑下去的动力。可是，如果你不去看不去想终点，也不去想别人，只关注自己的脚下，只关注跑这一行为，并告诉自己："不要管那么多了，先跑过这个小土丘再说。"正如马拉松运动员山田本一那样，一个小目标一个小目标地跑，最终你一定会跑到终点。那时，你也许会发现，你并不是最慢的，甚至是很不错的。这就是专注于努力的过程而非最后的结果。当你为认真学习了一个下午或认真做了一个实验，而不是为最后考试拿到了优异成绩或一个漂亮的实验结果而表扬自己时，你会发现，完成任务其实没那么难。

专注于当下，对拖延者来说也是很需要注意的一个地方。这里说的专注于当下，不是指专注于你现在脑子里的想法和情绪，而是专注于你现在在做的或选择要做的事情。其实，很多拖延的人恰恰就是太过关注自己一时的情绪，比如觉得自己不开心了，需要放松一下、上上网、打打游戏等，然后就开始了拖延。从心理学的角度来说，过于关注自己一时的情绪是不懂得延迟满足的一种表现。就像小孩子想要一个玩具就非要马上得到一样，这样的做法会大大削弱一个人的自制力。而且，心理学实验表明，满足自己一时的情绪需求并非最佳策略，从长期角度来看，它会降低一个人的自我满足感和幸福感，而非增加它们。

具体而言，就是不去理会那些打扰你的情绪波动，比如对自己说："我现在很郁闷，但我还是要继续手头的事情。"然后就不理会自己的情绪，接受它的存在，同时继续专心做你要做的事情。就像把一颗小石子投入湖中，会泛起一圈圈涟漪，你若不理，湖面最终会归于平静；倘若你过于关注那颗小石子，试图把它捞出来，这反而会激起更大的波澜，使湖面久久无法平静。我们还可以这样来操作：把你当时因为有情绪想要做的事情(比如上网、玩游戏、看电影、看小说等)记下来，告诉自己等做完手头的工作就去做那些事情，然后专心于工作，之后再去做那些记下的事情。

不要等到自己有意愿的时候才开始。如果你想要等到自己完全有意愿和感觉的时候才开始做事，那么结果只有一个，你永远也不会开始。即便状态不理想，或者心情不对，你依然可以着手做事。情绪和行为是可以分离的。

5．提高时间管理技能

时间是一个客观常量，不能控制；但作为一种资源，在使用方面，时间又是一个变量，善用则多，妄用则少。只要合理利用，时间就可以发挥出更大的效力。时间管理所探索的就是如何减少时间浪费，以有效地达到既定目标。科学管理时间，善于运用时间，拥有更宽裕的时间，促使学生综合素质、职业技能的养成和人生的发展，为党育人、为国育才。

1) 要事第一

每时每刻铭记你最重要的目标。如果你的目标过多，那么就每天优先完成最重要的五个目标，并且最好把这五个目标列出一个优先顺序。

史蒂芬·柯维博士在其著作《高效能人士的七个习惯》中，将高效能人士和低效能人士加以比较，提出的如下两点值得我们关注：

第一点，是否以要事为第一。

高效能人士：要事第一。以要事为先的人总是按照事务重要性的顺序来安排生活并付诸实践。无论情势如何，他们的生活总是遵循自己最珍视的原则。

低效能人士：不重要的事先做。他们总是在应付各种危机。他们之所以无法关注最重要的事务，是因为他们总是纠缠于周围环境、过去的事情或人间是非。他们陷入成堆的琐事，被紧迫的事务弄得团团转。

第二点，思维模式不同。

高效能人士：双赢思维。有双赢思维的人能在交往中寻求互利和互相尊重。他们基于到处是机遇和富足的心态，基于"我们"而不是"我"来进行思考。他们总是通过向情感账户存款来建立互信关系。

低效能人士：非赢即输。他们抱的是匮乏心态，把生活看作是一场零和游戏。他们不善与他人沟通，总是从情感账户提款，结果是时时提防他人，陷入对抗的心理。

2) 自己动手，列出今日待办事项清单

拿出笔和纸(最好准备一个专用本子)，利用 10～15 分钟的时间，整理并写出"今日待办事项"，如外出购物、给妈妈打电话、完成两科作业等，检查有没有漏掉什么事项。

在罗列这些事项的同时，你的大脑就要启动估算程序，即估计每个事项要花费的时间。如果你知道某件事必须在某个时间完成，也可以标上最后期限，比如，"晚七点完成两科作业"。

待办事项的清单可以遵循要事第一的原则来进行编排，在不同事项的后面标注上重要、一般或不重要，这有利于我们脚踏实地、专注地去做重要的事项，去完成重要的任务。

3) 与时间做朋友

《把时间当作朋友》一书中提出，与时间做朋友的方法很简单，就是用正确的方法做正确的事情。

在做事的过程中，最可怕的不是效率不高，而是根本就做错了事。如果做的事情是错误的，效率越高，结果越糟。如果做的事情是正确的，效率低一点也没关系，因为做一点是一点，多收获一点，多进步一点，动力就会更强一点，进而更容易持续地做下去。

怎样判断所做的事情是否正确呢？核心只有一个，即看它是否现实。

几乎一切愚蠢的行为都来自否定现实、逃避现实。只有接受现实，才可能脚踏实地，避免心浮气躁、好高骛远，但接受现实并不容易。

比如"资源的稀缺性"，这个世界上的资源并非平均分布在每一个人身上，这一状况可以用正态分布曲线来表示。资源是有限的，资源并非均匀分布，直接的结果就是"绝大多数人都觉得自己拥有的不够多"。

理解这种现象看似不难，但在清楚地理解之后还能平静地接受就不那么容易了。无法接受这种现象的人到今天还随处可见。和苏格拉底生活在同一时代的第欧根尼，在意识到资源稀缺的时候选择了逃避，而他采取的逃避方式是限制自己的主观愿望。所以，他主张清心寡欲。他也喜欢享受，但是他可以控制自己的欲望，进而只享受真正零成本的"消费"，如晒太阳。

现代西方经济学缘起亚当·斯密的学说，经过大卫·李嘉图的补充，直至约翰·梅纳德·凯恩斯，才算正视资源的稀缺性，明确了经济学的根本目的——研究"如何运用有限的资源发挥最大的效用"。换言之，要在承认资源稀缺的前提下研究如何提高效用。

平静并理性地接受"资源稀缺"这个现实，其困难程度超乎想象，以至从人类整体来看，理解并接受这个现实花费了两千多年——从第欧根尼到凯恩斯。

尽管现实总是如此难于接受，但坚强的你应该坦然，对于种种现实，你必须要接受。

同样的事情，不同的人会使用不同的方法，有趣的是，殊途同归，很多人凭借各自不同的方法都可以取得成功。

以学英语为例。有人用的是听英语广播、利用"艾宾浩斯遗忘曲线"的方法，有人用的是抄写和听写的方法，有人用的是"词根词缀记忆法"，并且每种方法都会让人把英语学得很好。可以看到，所谓的"好方法"，实际上是因人而异的。而这些不同的方法之所以能让人学好英语，一个不争的事实是，使用某一方法的人必须是非常用功的人。方法因人而异，适合这个人的方法，放到那个人身上，很可能适得其反。换言之，适合所有人的方法很可能根本不存在。或者说，方法固然重要，但远不及"用功"有效。

因此，所有学习上的成功，都只依靠两件事——策略和坚持，而坚持本身就是重要的策略。比如，学任何东西的时候都可以做到在既不"废寝"也不"忘食"的情况下利用所有的时间。所以，与其不停地寻找"更好的方法"，还不如马上开始行动。

4) 二八原则

在最高效的时间，一个人只要 20%的投入就能产生 80%的效率。相对来说，如果使用最低效的时间，80%的时间投入只能产生 20%的效率。一天头脑最清楚的时候，应该放在最需要的学习和工作上，或者最具挑战性的任务上。所以，我们要把握一天中 20%的最高效时间(有些人是早晨，也有些人是下午或晚上；除了时间之外，还要看你的心态、血糖的高低、休息是否足够等)专门用于最困难的科目和最需要思考的学习上。许多同学喜欢熬夜，但是晚睡会伤身，所以还是尽量早睡早起。

6. 利用你的身体减轻拖延

在拖延的时候，不论我们是通过奔波忙碌来逃避一些事情，还是蜷缩在沙发上，我们实际上失去了跟最基础的自我(我们的生物层面)的接触。花一些时间跟自己的感官体验接触，培养自己良好的身体状态，这些都可以让你更勇于面对那些被你延后的事情。

运动除了有利于身体健康之外，对提升我们的情绪也有很大的好处。假如一个抑郁的人可以让自己出去散个步，或者去一次健身房，那么，他们一般都会比原来感觉好多了。运动会刺激身体产生一种叫作内啡肽的荷尔蒙，有助于提升愉悦感和幸福感。

除了提升情绪之外，运动还有助于大脑的成长，提高大脑的调节能力。哈佛大学心理学家约翰·莱迪(John Ratey)在他的《火花》一书中写道，在你运动的时候，你不仅会感觉更好，而且你的大脑会以更好的状态运作：你学得更快，认知灵活性有了提高，你的思维更为清晰，记忆更为敏锐。你运动时在身体中涌动的血液，在你停下来的时候几乎马上会返流到你的大脑中，从而激发大脑的学习能力。有调查研究显示，在运动之后人们学习新单词的能力会比以前增强 20%。

不要等到自己有意愿和感觉的时候才开始运动。许多拖延者都期盼能够在他们感到无所畏惧、信心满满、准备充分或者情绪激昂的时候再跨出他们的第一步。然而，即便你不在理想状态，或者心情不对，你依然可以起身运动，通过运动启动自己的身体状态。

使用计步器。健康专家建议我们每天走一万步，大约等于 8 公里路程。走更多路会让你的感觉更好，大脑更清醒，这样你的心思就可以回到那些被你长期回避的事情上去了。

学会"休息"。当你发现自己做事踟蹰不前的时候，或者当你想要开始做事但是毫无头绪的时候，你可以休息一下。休息可以打破你恐慌、焦虑或自责的神经回路。但是，在休息的时候做什么很重要。你必须想办法让自己的身体动起来。下楼散散步、骑健身自行车锻炼一刻钟，或者听着你喜欢的音乐让你的身体一起摇摆，这些活动可以让你的血液流动加速，对你接下来集中精神做事很有好处。

约朋友一起做运动。在运动时，你可能还会想着其他许多难缠的事情。因此，你可以找一个能陪伴你运动的伙伴，这样会让你更专心致志，并享受过程的更多乐趣。如果你跟一个人约好了，你就更有可能走出去。同时请记住，社交对你的大脑也有好处，它可以对抗被孤独所激发出来的压力荷尔蒙。

在处理一件棘手的事情之前做运动。运动可以加速血液的流动，你的大脑就会"享受"更多的氧气、脑源神经营养因子和内啡肽。锻炼之后一个小时左右你的头脑会更加清醒。利用这一点，运动之后可以投入到一件你感到棘手的事情当中去。

从小事做起。如果你以前不爱运动，目前有要运动的打算，或许你会有冲动想要从每天步行 5 公里或者打全场篮球开始。毕竟，一小步看上去太微不足道了。但是，就像其他许多事情一样，对运动来说，从小事做起才是好的办法。虽然这个策略似乎跟你的理想愿景差了很多，但是它更为务实。那些在运动中起点太高的人不仅冒着身体受伤的风险，而且更有可能会放弃运动。缓慢地起步，一点点地进步，这样做要好得多。

运动是优化大脑功能的有效方式。通过运动身体，拓展大脑，你就能够在其他一些被你延误的事情上付出努力并取得进展。

案例链接

案例一　用案例说明拖延的理由

1. 惧怕失败

小林是一个聪明的农村小伙，他是家乡那个小村庄里第一个考上北京大学的孩子。村子里的每一个人都对他的学业成绩津津乐道。小林感到自己背负着村子里所有人的期望。大家的交口称赞对他来说既是一种荣誉，也是一种责任。

因此，他在撰写博士论文的时候迟迟不能动笔，因为他总感觉自己的设计还不够优秀，论文还不够完美。现在，已经是他博士延期的第六年。

案例点评：

在幻想层面追求完美，会激起拖延者自责、厌恶等情绪反应，但任务完成后得不到肯定和认可的挫败感，其带来的痛苦更甚。因此，拖延者宁愿接受懒惰和拖延的评价，也不愿被说成无能，自我效能感降低。

要知道，完美永不存在。不管做什么事情，都需要时刻忍耐各种各样的不完美，否则事情根本无法完成。最终完成的事情，距离完美也都有差距。现实如此，我们要学着接受，告诉自己，有时候，完成比完美更重要。

2．惧怕成功

小刘的父亲是一位非常努力勤奋的教授。他忙碌地在电脑前工作，在他的床头柜上始终放着本黄色的效率手册，时间安排精确到分钟。他甚至会利用上厕所的时间阅读科学期刊。常年专注于工作令父亲与母亲的关系彻底崩溃，父亲也因为积劳成疾患了癌症，在小刘上中学的时候就离世了。

小刘发现自己成了和父亲完全相反的人，任何事情都很拖拉，而且毫无章法。

案例点评：

内心恐惧成功的人经常会有这样的想法：成功需要太多付出；成功是危险的，因为总有人会受到伤害；成功是禁区，我命中注定不能获得成功……这些认知，显然会阻碍一些人行动起来的脚步。

别在怀念过去或者憧憬未来中浪费掉你现在的生活，活在当下更重要。

3．作为报复的手段

小邓不喜欢自己的物理老师，认为他是一个不苟言笑、冷若冰霜、只会严厉要求学生的魔鬼教练。对于老师布置的作业，小邓总是不由自主地拖延，上课时也经常神游，致使他的学习成绩每况愈下。

案例点评：

用拖延来表示拒绝，表达对控制的反抗，达到所谓的"报复"目的，结果很可能是得不偿失，甚至两败俱伤。

尝试运用情绪和行为分离的方法，把对老师的负面情绪打包安放一边，转而投入课堂和作业之中，才是理性的选择。

4．让自己变得可爱

小戴经常会用自己拖延的故事来逗大家开心，他对很多人讲自己不按时完成作业而被各科老师批评的事情。所有人都会用他因为拖延而窘态百出的行为来调侃他。在小戴这里，拖延成了他逗众人开心的一种方式，他不知道如果没有了拖延，别人是不是还会把他当成一个风趣的人，是不是还会喜欢他。

案例点评：

用自嘲的手法逗大家开心，本无可厚非，但如果为了逗大家开心而拖延，这就不可取了。

5．想成为圣人

小杨是人们公认的大好人，帮助别人从不吝惜时间。虽然面临考试，他仍会花上好几个晚上安慰失恋的朋友。他会为帮助朋友筹划迎新晚会，而把自己手头的事情一拖再拖。

不断满足朋友的需求让他渐渐忽略了这样一个事实：自己的事情早已一塌糊涂，一些重要的事情根本没有时间处理。

案例点评：

不要做好好先生。任何人的时间都是宝贵的，记得保护你的时间，学会拒绝，学会说不。

6. 彰显自己的能力

小高一直被周围的朋友称之为"奇人"，因为他总可以在最后一刻爆发出惊人的战斗力，出其不意地完成在别人看来已经不可能完成的任务。为了赶在最后期限之前完成任务，小高可以连续工作 36 个小时。虽然最后完成的结果并不出众，但是小高仍然可以获得周围人的赞扬和认可，认为他可以创造奇迹。只不过大家都忽略了这样一个事实，这些让小高摩拳擦掌的所谓紧要关头，都是他自己一手导致的。他一直在拖延，把自己逼到了墙角，然后再扮演这种转危为安的英雄角色。换句话说，拖延造就了他与众不同的错觉。

案例点评：

你对小高这样的英雄角色怎么看？在熬夜奋战与按部就班、有计划落实之间，你倾向于作出何种选择？你会选择用掏空身体、赶在最后期限之前完成任务这种拖延的方式来收获赞扬和认可吗？

7. 掩盖自己的无能

小徐是心理中心的常客。他每次进入心理中心都会说到同一个问题：拖延。小徐也从不避讳告诉别人自己的问题。他经常说："是的，我有拖延症，很严重，如果不是因为这个，我早就考到更好的学校了，早就是班级第一年级前十了，早就完成老师交给我的各项任务了。"总之，一切失败都是因为自己没能掌控好时间，没有足够的时间来完成。

案例点评：

拖延者会借助拖延制造这样的假象：不是我做不好，我只是没有足够的时间。如果再给我××××时间，我就能……

只说不做，说起来滔滔不绝，但却迟迟不愿付诸行动，这是拖延者的一些共性。拖延者最需要的是明确的目标和可行的计划，并且切实行动起来。

案例二　明确思路，节约时间

开完会后，小王感觉疲惫极了。讨论了整整一个半小时，双方一致同意按照既定的研发流程来做。但在核心问题上却各不相让。会议最后不了了之，没取得什么实质进展。小王觉得，每天的会议既繁多又枯燥无聊。而第二天上午，还有 3 场会议等待着他，小王最终跑到领导老张那里去抱怨。

小王是深圳一家医药公司的一个研发小组的组长，是个健谈的开朗小伙，爱摄影，爱打篮球，但不爱开会。在他看来，一两个小时的会议，大家争争吵吵，也讨论不出什么新颖的东西来，大家本来就挺忙，这样岂不是更浪费时间？小王向老张抱怨说，希望减少和取消开会，把更多的时间放在研发上。

老张放下手上的茶杯说："好，明天上午部门的 3 个会议我来主持，你旁听就好。"

第二天上午，老张召集参会同事，仅用了 20 分钟，便结束了原本预期 1 个小时的会议。1 个小时，便将整个上午的会议全部开完。小王在一旁目瞪口呆。

老张把小王叫到办公室，一边喝茶一边对他说："你说自己很忙，可你再忙也没我忙。你的工作量也就是我工作量的三分之一。今天上午的会，我只用了你预定的一半的时间，结果却比你做得好。为什么呢？"

老张总结道："光勤奋是不够的，还要讲方法。有的人开会，说了半天，大家还听不明白。这样一来，不仅是自己忙，还把其他人也拖忙了。因此，在开会前，要把思路理好，会上 10 分钟讲完，大家再相互交换一下意见。而如果自己没想清晰，开 2 小时的会，参会的有多少人，就浪费了多少个 2 小时。"

总结与考核

一、实训日志

日　期		天　气	
主要实训内容：			
体会与感想：			
努力方向：			

二、训练考核(第八周)

考核内容		分值	本周考核要求	本周自评得分
平时成绩 (80 分)	考勤	5		
	训练过程	5	案例分析,解决问题对策等	
	训练表现	10	拖延现象的展示,5 分; 完成各项训练,5 分	
	团队训练表现	30	拖延现象的展示: 1. 积极参与; 2. 表达清晰; 3. 有启示作用	
	长程团队项目及个人任务进程监控记录,个人贡献与反思	30	对战拖延: 1. 明确拖延现象; 2. 掌握对战拖延的方法; 3. 积极对战拖延	
	本周平时分合计			
训练感悟 (20 分)	每个训练或团队项目的感悟与提升	20		
备 注	1. 平时成绩每课一结,个人自评,组长核查汇总。 2. 平时成绩每课总分 80 分,期末加总求平均分,以此作为期末成绩,占总成绩的 80%。 3. 训练感悟得分直接计入期末总成绩,占总成绩的 20%			

拓展训练

一、训练内容

(一) 活动:"有用"PK"有趣"

以"无用-有用"为横坐标,"无趣-有趣"为纵坐标,画出"有用""有趣"的四个象限。审视自己的生活,将自己生活中实际发生的事项分别填入四个象限,选择放入某一象限的标准是:这一事项的完成是否确实对达成目标有益以及你对这件事趣味性的判断。

许多人都会发现,自己经常因为觉得有趣就去做的那些事,其实并没什么用。例如,你在学期末制订了一个目标——暑假通过驾照考试的所有科目。可是暑期过半时你发现,你做得最多的事情就是宅在家里。再比如,你想通过英语四级考试,给自己制订的目标是每天背 100 个单词。可是背到第 15 个的时候,同学约你一起逛街,你欣然应约。逛得疲惫不堪地回来,直接洗洗就睡了,那剩下的 85 个单词的任务早已抛至九霄云外。

如果我们足够理智，心智足够成熟，就不难懂得：无用的事情，哪怕非常有趣，都不应该去做(第二象限)；有用的事情，哪怕非常无趣，都应该去做(第四象限)。用理智指导自己的行为，在最开始的时候，必然会经历一个痛苦的挣扎过程，但如果它最终成为你的习惯，那么，在将来的某个时刻终将变得其乐无穷，即从第四象限变到了第一象限。

(二) 中学生学业拖延问卷

下面是一些与学习有关的句子，请你认真阅读每一个句子，然后根据自己的真实情况，在符合你平时实际行为的数字上打"√"。请勿漏选！

选　项	完全 不符合	大部分 不符合	部分符合 部分不符合	大部分 符合	完全 符合
1. 从不考虑如何安排自己的学习，想起什么就做什么。	1	2	3	4	5
2. 上课前，按计划提前预习本堂课将要讲的内容。	1	2	3	4	5
3. 如果老师布置的学习任务没有规定完成的期限，就把它一直搁置在一边。	1	2	3	4	5
4. 编制错题集，分析自己学习的优势和不足。	1	2	3	4	5
5. 如果学习的时间安排不合理，会根据自己的情况及时进行调整。	1	2	3	4	5
6. 在开学初制订好该学期的学习计划。	1	2	3	4	5
7. 如果上课有内容没听懂，课后会主动自学或请教同学。	1	2	3	4	5
8. 事先安排好本周要完成的学习任务。	1	2	3	4	5
9. 安排好每天要完成的任务以及完成任务的时间。	1	2	3	4	5
10. 课余时间要完成什么学习任务，自己会一一作出安排。	1	2	3	4	5
11. 按时完成寒暑假作业。	1	2	3	4	5
12. 对于不适合自己的学习方法，会尽快作出调整。	1	2	3	4	5
13. 如果学习计划不适合自己，会及时进行调整。	1	2	3	4	5
14. 当日事当日毕，当天的作业当天完成。	1	2	3	4	5
15. 即使没有人督促也会在规定的期限内完成学习任务。	1	2	3	4	5
16. 在学习过程中留意自己采用的学习方法是否适合自己。	1	2	3	4	5
17. 定期收集别人和书本上介绍的学习方法和经验。	1	2	3	4	5

二、个人训练任务周进程监控表

任务要求	周一	周二	周三	周四	周五	周六	周日	任务状态
拖延领域								
拖延风格								
拖延借口								
"对战拖延"的方法								
团队项目 (新闻播报、电台报道、记者采访、拖延故事)	分配的个人任务、要求完成时间、完成情况:				贡献与反思:			
本周其他情况说明								

危急情况应对

居安思危，思则有备，有备无患。

——《左传》

夫英雄者，胸怀大志，腹有良谋，有包藏宇宙之机，吞吐天地之志者也。

——《三国演义》

在最危急的时刻能保持极端的放松，不是一种技术，而是一种修养，是一种长期潜移默化修炼提升的结果。

——毕淑敏

世界上只有一种真正的英雄主义，那就是认清生活的真相后还依然热爱生活。

——罗曼·罗兰

训练目标

(1) 加深学生对生命价值的理解。

(2) 培养学生的安全意识，通过训练有意识地将安全意识转化为安全习惯。

(3) 培养学生在危急情况下，沉着冷静、快速有效沟通和协作配合的品质与能力。

(4) 使学生认识到扎实的专业知识、熟练的急救技能和规范的自我防护是应对危急情况的必备条件，并在学习和实践过程中有针对性地进行培养和提高。

训练内容简述

将不同专业学生在专业课学习和实践过程中，从老师那里或者图书、网络等不同渠道了解到的危急情况加以融合和提炼，通过情境模拟表演的方式，使学生更加直观、深入地认识工作和生活中的一些危急情况，并通过训练掌握应对危急情况的理念和方法。

训练内容

活动一　危急情境及应对表演

活动目标

(1) 拓宽学生对危急情况的认识；

(2) 观摩学习危急情况应对和处理的方法；

(3) 身临其境，体察自己在危急情况发生时的情绪和行为反应，明确自己需要继续提高的方面。

活动准备

学生要有意识地在学习、实习、听课、读书、上网以及生活中搜集各种危急情况，留心记录，再以小组为单位加以汇总。

小组成员商定本组要进行哪种危急情况的展示，集思广益，充分发挥组员的才艺和智慧，进行表演。

在准备表演的过程中，要能清晰地表达出如下内容：危急情况是什么？在危急情况下，大家的心情如何？在危急情况下，哪些人表现出了沉着冷静、快速有效沟通和协作配合等非智力品质？对危急情况的处理运用了哪些专业知识？危急情况的处理结果怎样？整个处理过程中有什么经验及教训？

此外，也可以向学生播放成功应对危急情况的视频，供学生学习和借鉴。

活动内容

具体的活动内容及步骤如下：

(1) 以小组为单位轮流上台表演。

(2) 提醒大家在表演时声音要洪亮，吐字要清晰，要注意投入到所扮演的角色中，表现出角色应有的状态。

(3) 在观看和聆听的过程中，要注意围绕如下问题做好记录：

① 对于生命的价值，你有没有产生更深入的理解？如果有，请写下来。

② 在危急应对的过程中，你认为当事人的哪些表现是值得点赞的？

③ 比照自身，在危急应对方面，你认为自己还有没有什么地方需要提高？如果有，请写下来。

(4) 教师对表演过程适时进行调控，保证活动有序开展。

体验分享

所有小组表演结束后，请学生就自己的记录情况进行分享，教师予以点评。

活动总结

教师对各个小组的表演予以点评，对表演过程中的重要理念加以总结，引导学生在危急情况发生时能够有意识地积极应对。

可能涉及的重要理念有：

(1) 生命至高无上，安全重于泰山；安全无小事。

(2) 身体素质很重要。只有具备过硬的身体素质，才能更有效地躲避危险，摆脱困境，实现自救、互救和救他。

(3) 每临大事有静气。越是危急时刻，越应当有宁静闲适的心境。危机不会因为你慌张而减少，却有可能因为你镇静而平复。

(4) 扎实的专业知识、熟练的急救技能和规范的自我防护都是应对危急情况的必备素质。

活动二　"突围闯关"游戏

活动目标

(1) 使学生认识到，在生命中，灾难、意外在所难免；

(2) 过好当下，活出自己的精彩，更坚强地去面对。

活动准备

活动导入：当西南干旱、玉树地震深深震撼人们心灵的时候，我们对生命有了更深的理解；当灾害来临一个个生命倒下的时候，我们感叹生命的脆弱；当幸存者被救还的时候，我们感慨生命的坚强;新冠疫情发生,举国上下共克时艰,医护人员逆风而行,我们感受到了生命的责任与担当;活跃在生产一线的工作人员,默默付出的志愿者,勤劳智慧,兢兢业业,踌躇满志,生命价值熠熠生辉。我们通过下面这个游戏活动来感受生命的坚强。

活动内容

具体的活动内容及注意事项如下:

(1) 小组成员围站在一起,手臂互相勾住,形成一个"包围墙"。每组一位组员站在"包围墙"中央,作为被包围者。

(2) 被包围者可任意用钻、跳、推、拉等方式,力求挣脱包围。

(3) 筑成"包围墙"的同学极力抵挡被包围者的冲击,双方相互"斗争"。

(4) 一分钟的时间,不管是否突围成功,都要换另一位组员突围,直到每位组员都尝试过为止。

(5) 注意:活动过程中不可避免有身体冲撞,务必注意力度,不要对活动任何一方、任何一员造成伤害。

体验分享

请"突围"成功的同学谈谈自己在活动过程中的感悟。

活动总结

在灾害时有发生的今天,我们更要看到生命的坚强,深入思考生命的价值,眼中有希望,心中有梦想,满腔热忱地继续我们的生活,乐观坚强地行走在人生路上。

知识链接

一、对生命及其价值的理解

人生一世,草木一秋。在历史的长河中,人的一生转瞬即逝。人为什么要存活于世呢?这是每一个来到这个星球的人都要面临的问题。

同永恒的大自然相比,人的生命是短暂的,任何人都不免一死。人生的价值则在于探索,在于发现,在于创造,在于创新,在于进取,在于关爱他人,在于诚信做人……经过不懈的努力,目标一个接一个地达成了;即便有目标未能如愿,但谁都不能否认,努力过的人生就是有价值的。生命的真义就是不断地成长和奋进。只要把握好平凡的每一天,做好平凡的每一件事,你就会发现,人生的真义在不经意间已经得到。

人生苦短,生命短暂且不可再生,因此,我们要珍惜生命,热爱生命。

生命有时候很脆弱,生和死有时只有一线的距离。突发疾病、意外事故、遇到天灾、遭遇人祸等,任何意外可能就是生离死别。因此,我们要善待自己,善待生命,健康地活着才是最重要的。我国自然灾害救助的首要工作原则就是"以人为本，最大限度地保护人民群众的生命和财产安全"。在各种气象灾害、地质灾害、海洋灾害和重大生物灾害等自然灾害发生后，从地方到中央，从国内到国外，大家第一时间携起手来，与时间赛跑，为生命接力。为了寻找和抢救废墟中的幸存者，政府不惜一切力量，只要有一线希望就要尽百分之百的努力。

生命也很坚强。在各种自然灾害和人物的新闻报道中，我们可以看到那么多人渴望生命继续坚强与坚持。下面来看两个例子。

22岁的乐刘会，困在地震废墟中冷静等待救援。听不到任何声音，她就平静呼吸，保存体力；听到有人经过的声音，她就大声地呼救。在被困70多个小时后，她终于获救。

史铁生，1951年生于北京。1969年，自愿到陕北延安农村插队。同年4月，因腰腿病返京治病，两年后病情加重。1972年，开始轮椅生涯。1981年，因患肾病回家疗养，开始写作。1998年，被确诊为尿毒症，需隔日透析以维持生命。史铁生自称职业是生病，业余在写作，代表作有《我与地坛》《务虚笔记》《病隙碎笔》等。历任中国作家协会全国委员会委员，北京作家协会副主席，中国残疾人联合会副主席。2010年12月31日凌晨3点46分，因突发脑出血在北京宣武医院去世。根据遗愿，不举行遗体告别仪式，器官捐献给医学研究，当日凌晨6时许，其肝脏移植给天津的一位病人。

史铁生的人生是一个奇迹——是文学的奇迹，也是生命的奇迹。在漫长的轮椅生涯中，他从悲观失望到自强自尊，超越自己的平凡和苦恼，建立起一座独一无二的文学殿堂。他的想象力和思辨力通过文字一再刷新高度，用一种令千万人心痛的温暖，在瞬息中触摸永恒，在微粒中进入广远，在艰难和痛苦中展现出对生活宽厚的微笑。

韩少功这样评价史铁生：史铁生是当代中国最令人敬佩的作家之一。他的写作与他的生命完全同构在了一起，在自己的"写作之夜"，史铁生用残缺的身体，说出了最为健全而丰满的思想。他体验到的是生命的苦难，表达出的却是存在的明朗和欢乐，他睿智的言辞，照亮的是我们日益幽暗的内心。

生命还是一种责任。我们的生命不只属于我们自己，也属于这个社会，属于爱我们的亲人、朋友。所以，我们必须对自己的生命负责，认真对待我们的生命，不让爱我们的人为我们的健康与安全牵肠挂肚，为爱着我们的人、为我们爱着的人，也为自己好好地活着，不轻言放弃，再艰难困苦也不要走极端。活着，每个人肩上就都有一份责任，需要你我去承担。回报父母的养育之恩，父母把儿女养大，儿女给父母养老；去爱别人，伸出援手，爱出者爱返，福往者福来，在为社会创造价值的过程中提升自身的价值。

二、把安全意识转化为安全行为习惯

只有把安全意识培养成一种安全行为习惯，"被动安全"才能转化为"主动安全"，我们的工作才会多了一层可靠而有力的安全屏障，也才能为企业安全生产打下稳固而永恒的基石。

为了不伤害自己、不伤害他人和不被他人伤害，我们每个人都应该从我做起，从点滴做起，绷紧安全这根弦，决不放松对自己的要求，严格按规程办事，让事故远离我们，真正做到事故苗头不在我们身上、身旁出现。

(1) 劳动安全的应知应会内容要纳入三级安全教育，实现安全教育的全覆盖，逐层细化，不同层次有不同的内容，越往基层内容越具体。要使全体职工逐步树立起高度的安全责任感，自觉用安全理念规范日常安全行为，将强制性的安全生产变成自己自觉自愿的自律行为。

三级安全教育是指对新招收、新调入的员工，来厂实习人员或其他人员所进行的厂(矿)级岗前安全教育、车间(工段、区、队)级岗前安全教育和班组级岗前安全教育。安全教育层次不同，内容也不同，但越往基层内容越要具体。

厂级岗前安全教育内容主要包括本单位安全生产情况及安全生产基本知识、本单位安全生产规章制度和劳动纪律、从业人员安全生产权利和义务、有关事故案例等。煤矿、非煤矿山、危险化学品、烟花爆竹等高危行业生产经营单位厂(矿)级安全培训除包括上述内容外，还应当增加事故应急救援、事故应急预案演练及防范措施等内容。

车间(工段、区、队)级岗前安全教育内容主要包括工作环境及危险因素、所从事工种可能遭受的职业伤害和伤亡事故、所从事工种的安全职责、操作技能及强制性标准、自救互救、急救方法、疏散和现场紧急情况的处理、安全设备设施、个人防护用品的使用和维护、本车间(工段、区、队)安全生产状况及规章制度、预防事故和职业危害的措施及应注意的安全事项、有关事故案例等内容。

班组级岗前安全教育内容主要有本班的作业特点、作业环境、危险区域、设备状况、消防设施、应急装备、岗位安全操作规程、岗位之间工作衔接配合的安全与职业卫生事项、有关事故案例等内容。

三级教育的累计时间应不少于 24 学时。煤矿、非煤矿山、危险化学品、烟花爆竹等高危行业生产经营单位新上岗的从业人员安全培训时间不得少于 72 学时，每年还要接受不少于 20 学时的再培训。

(2) 需要是一切行为的动力来源，安全需要是安全活动的基本动力，要形成好习惯，或者改掉一个坏习惯，首先要激发自身的欲望。可以通过举办展览、张贴标语挂图、悬挂安全警示标志、观看警示教育片等方式，创造"安全第一"的氛围，潜移默化地去影响员工，激发员工自觉把养成安全好习惯与自身利益、个人发展和家庭幸福紧密联系起来，让安全好习惯的养成变成员工的主观自愿，使安全生产成为员工自觉的行动。

(3) 要把出发点放在行为养成上，进一步提高员工、群众的安全意识，"让安全成为一种习惯，让习惯变得更规范"。安全的行为习惯需要培养、训练和坚持。各个层次、各种形式的安全培训教育和学习，其目的在于行而不是限于知，只有把所学的安全知识自觉运用于生产工作和生活之中，处处想着安全，主动自觉地保障工作和生活的安全，才说明员工有了安全意识。许多员工，学习的时候很认真，很积极，也认识到了安全的重要性，但是到了工作实践中，遵章守纪、循规蹈矩一阵子，就又回到了原来的老习惯，这就失去了学习的目的。这种现象的出现，关键是没有形成安全的行为习惯。安全行为习惯的养成，要结合内部训练和外部训练来综合进行。

① 内部训练——自我训练。

外因是条件，内因是根本。企业要通过各种有效的方式教育员工。通过有意识、有计划的自我训练，自觉养成安全的行为习惯。不管在工作中，还是在日常生活中，养成安全的行为习惯都是非常必要和重要的。

安全行为的自我训练可从以下三个方面做起：

一是坚持自觉学习安全知识。学无止境，安全生产法律法规、标准规范、事故防范和应急知识的学习也是如此，每个员工，对安全知识的学习都要从低到高经历四个阶段。

第一阶段是"不知道自己不知道"，这一阶段员工刚到单位，对单位、车间、班组、岗位的工艺特点、操作规程都不熟悉，不知道还有那么多安全知识需要自己学习，是"初生牛犊不怕虎"的阶段，也是最容易出现违章作业，最易引发事故的阶段。

第二阶段是"知道自己不知道"，这一阶段，员工通过学习和实践的磨炼，看到了自己有限的知识与安全生产工作需要的差距，明白了自己还有大量的安全知识需要学习。

第三阶段是"知道自己知道"，通过各种形式的学习，懂得了本职工作所需的各方面的安全知识，并能够有意识地运用所学的安全知识正确操作，积极防范各类事故。

第四阶段是"不知道自己知道"，这一阶段安全意识从显意识内化为潜意识，员工在工作中下意识地就能进行正确的操作，这是学习的最高境界。

二是要正确认识自我。每个人的性格、气质、能力都有差异，每位员工要在认识自我的过程中明确自己的"长板"和"短板"所在，有针对性地、有意识地扬长避短。

三是有意识地培养自己的安全行为习惯。根据心理学的研究，3 周以上的重复动作就可形成习惯，3 个月以上的重复就会形成稳定的习惯。作为习惯养成的主体，员工要发挥其主人翁作用，形成自身的需求。员工要自觉把养成安全习惯与自身利益、个人发展和家庭幸福紧密联系起来，让安全习惯的养成变成自己的主动自愿，有意识地坚持正确的操作程序和方法，形成习惯，内化为下意识的行动，形成肌肉记忆。当安全生产成为一种习惯时，必然可以有效预防和避免事故。

② 外部训练——组织训练。

对企业员工进行组织培训，保证企业安全生产管理体系的有效运行，可从以下 6 个方面进行。

一是"规则使其不能"。通过贯彻落实安全生产法律法规、标准和企业的规章制度，来调控企业员工的安全行为；界定员工在生产和劳动过程中的行为是否安全，对不安全行为明确给予禁止和约束。

二是"教育使其不违"。通过思想教育、法律法规教育、安全知识教育、典型事故案例教育等广泛扎实的教育，让广大员工知道哪些行为不安全，不能做，并知道为什么不安全，为什么不能这样做，使员工自觉遵守，提高员工的安全技术水平和事故防范能力。

三是"监督使其不易"。建立安全监督网络，发挥监督体系的作用，让员工知道他们的行为始终在别人(包括上级领导、安全监管人员和一起作业的同事)的监督之下，"循规蹈矩"是唯一的选择。

四是"严惩使其不敢"。对违反安全生产规章制度、操作规程和标准规范的员工必须进行及时、高效、有力度的惩罚，处罚要大大超出违规者所占的便宜，触及违章者的痛处，使其接受教训而远离违章。

五是"明赏使其不怠"。对认真贯彻执行安全生产规章制度、操作规程和标准规范以及防止和抢救事故有功的员工，应有明文规定的奖励，如提供发展机会等，使更多的人乐于遵章守纪，自觉关心和维护企业的安全生产。

六是"信息使其不误"。要建立安全生产信息系统，保证信息系统畅通有效，使有关事故及伤害的记录、分析、统计，安全设备的研究、设计、生产及检验技术，有关的法律、规章、技术标准及其变化动态等最新信息为员工所知晓，不断提高企业的安全管理水平。

(4) 加强日常的监督和检查，把安全意识落到实处，促使安全行为常态化。认真落实各部门安全第一责任人的责任，扎实开展隐患排查工作，加强安全教育培训，加大对"三违"人员的查处力度，促进各项制度和工作落到实处，做到以制度约束人、以制度规范人、以制度管理人。

三、危急情况下需要加强协作配合

协作是指在目标实施过程中，部门与部门之间、人与人之间的协调与配合。协作应该是多方面的、广泛的，只要是一个部门或一个岗位实现承担的目标必须得到的外界支援和配合，如资源、技术、信息等，都应该成为协作的内容。

人在紧急情况下，由于大脑处于过度兴奋状态，在信息的输入、处理和输出上会出现向失误方向倾斜的趋势。实验表明，在信息间隔时间或信息显示时间缩短，并要求被试尽可能快地完成任务的情况下，被试在实验中会表现出较明显的紧张状况，误判断率和误操作率均出现上升的趋势。因此，紧急情况下的协作配合就显得更加重要了。

在危急情况下，首先要告诫自己和同伴必须保持镇静，不要慌乱，惊慌必然会导致思维的混乱，从而影响对眼前情况的判断，延误化解危机的最佳时机。

不同部门之间、同一部门的不同岗位之间要有明确的分工，职责要明确，边界要清晰。发生危急情况时，要积极保持沟通，通告自己的进度，了解别人的进度，保证不同部门和人员间的联系能畅通无阻。沟通时尽量使用通俗易懂的语言。万不得已要使用专业概念时，要对概念进行必要的解释，避免误解。很多配合之所以无法进行，是因为没能领会对方在说什么。平时要有意识地与其他部门保持良好的关系，建立起良好的情感账户。

在日常的运作和管理过程中，强调强烈的责任心，特别是部门主要负责人的责任意识，推进部门间协调配合机制的建立和完善。完善的制度是工作协调高效运转的保障，危急情况下自然也不例外。要从单位、公司、企业的顶层层面就部门间的合作配合事项建立起部门之间的利益共同体，一荣俱荣，一损俱损。

加强日常的监督和检查，当问题、危机、隐患等在萌芽状态时就予以排除。通过适当的培训和辅导，提升各级管理人员的服务意识和服务能力。

四、调节自身状态，在危急情况下保持沉着冷静

职校生在步入职场之前就要有意识地对自身的身心状态进行调整，对薄弱环节加以弥补。

1. 树立积极的人生态度，形成合理的信念

在危急情况下，合理的信念和态度能带来积极的行为和情绪反应。在积极的心理暗示下，会产生积极的情绪体验，并激起人的顽强意志。积极的心理反应有利于注意力集中，有利于机体对传入信息的正确认知和评价、应对策略的抉择和应对能力的发挥。

梁万俊，2004 年感动中国十大人物之一。他是某试飞大队副大队长，空军特级试飞员。中国四代机歼 20 的首飞试飞员。截至 2010 年，他安全飞行 2300 多小时，先后担任某重点

型号飞机火控系统定型试飞、某系统飞机鉴定试飞等数十项重大科研任务，多次成功处置空中重大特情。

在执行一次试飞任务时，起飞一切顺利。当梁万俊按规程做完动作后，突然发现飞机推力下降，油量指示有异常。两分钟后，油表指针停在了 0 刻度！失去了动力，飞机就成了一个自由落体。从事飞行工作 20 年，尽管梁万俊经历过很多突发事件，但这一次空中停车无疑是他遇到的最大的困难。当飞机急速下降至海拔 4300 m 时，如果梁万俊选择跳伞，没有人会提出异议。但科研机关系着空军战斗力的提升，关系着无数科研人员的心血，可能影响到一代战机的研制。在这危急情况下，梁万俊瞬间作出了自己的选择。他说："我选择了迫降。因为我要把这个飞机带回去。"

最终，飞机以超出常规 100 km 的速度接地、刹车、放伞。轰鸣中，飞机拖着两道长长的轮痕，在距跑道尽头 300 m 处停住了。这惊天一落，堪称世界航空史上的奇迹！

2. 每临大事有静气，增强心理承受能力和自我调适能力

什么是静气？就是遇到大变故，仍然可以不慌不忙地维持原来的轨迹和状态，"泰山崩于前而面不改色"，做到以静制动。这个静气可以来自身体素质过硬，专业知识扎实，知道如何自救等优势和资源，还可以通过增强自己的心理承受能力和自我调适能力来获得。

心理承受能力包括危急事件发生时的情绪控制和理性判断，是应对危急事件心理反应能力的重要指标。敏锐的观察力、良好的自控力和果断的处置能力是面对危急事件必须具备的心理素质。尽量多了解可能发生的风险，不低估风险，做好充分的心理准备，对可能发生的变故胸有成竹。多读书，书中的世界丰富多彩，书读多了你"经历"的所谓大事自然也就多了，这有助于你做到每临大事有静气。遇事惊慌失措在所难免，但还是要把解决事情的理性思维摆在惊慌失措之前，迅速调整状态，做到平心静气，方能全面细致地思考问题，果断从容地应对危急情况。

自我调适能力也可从以下多个方面来锻炼和提高：

(1) 积极暗示，比如：可以每天在心里默念——我是一个坚强的人，不会轻易被打败；我是一个冷静的人，在任何情况下都能够泰然处之……

(2) 主动和家人、邻居、老师、同学、朋友进行沟通和交流，一方面可以交流信息，增进感情，另一方面还可以在沟通和交流过程中了解更多看待问题和解决问题的不同态度与方法，互通有无，提高心理调适能力。

(3) 培养乐观的生活态度，以微笑的目光、平静的心态去看待一切，善于发现生活中的美好，建立健康、愉快、丰富的生活模式。

(4) 培养多元思维方式，在面对同一种境况时有意识地从多个角度进行转换和分析。

(5) 不断充实和强大自我，把环境和生活的变化看成是迎接新挑战和再学习的机会。

3. 养成体育锻炼的习惯，提升身体素质

经常参加体育运动，能有效地增强机体各器官、各系统的功能，增强人体基本活动能力，如耐受力、灵敏度、力量、速度等。过硬的身体素质在应对危急事件时所起的作用已经得到广泛认可。只有具备优良的身体素质，才能有效地躲避危险，摆脱困境，实现自救、互救和救他。同时，体育运动不仅能够增强体质，而且可以放松身心。因此，职校学生需要通过循序渐进、长期不懈的体育锻炼，养成运动习惯，增强自身的体能和体质。可以选择自己喜欢的、适合自己的运动项目，坚持进行锻炼，持之以恒，逐渐增加运动量，达到增

强身体素质的目的，使过硬的身体素质成为自己的一项优势和资源。

4．积极参加模拟演练

研究指出，情景模拟法对培养大学生的应急能力是行之有效的方法，应在高校广泛推广。这样的应急训练课程具有感官冲击性强的特点，能增强学生的兴趣，令学生印象深刻，可以培养和开发学生的战略观念、决策能力、分析判断能力和应急潜能，提高逃生和救灾效率。因此，不论是在校园还是在工作场合，都要积极参加逃生、救灾或突发事故等各种主题的模拟演练，如消防应急模拟演练，地震、泥石流等自然灾害应急模拟演练等，培养和提高应急能力。

5．掌握必要的自救技能

以火灾和踩踏事件为例。

➢ 火场逃生

• 保持镇定，判断火势，决定逃生方法

面对浓烟和烈火，要强令自己保持镇静，迅速判断危险地点和安全地点，决定逃生的办法，尽快撤离险地。

注意：千万不要盲目地跟从人流，亦不可逆人流而行，以免被人群踩踏。

• 从安全通道逃生

逃生准备：穿上质地较厚的衣物，向头部、身上浇些冷水或用湿毛巾、湿毯子等将头、身体裹好，再冲出去。

逃生过程：用湿毛巾、口罩蒙住口鼻，尽量降低身体重心(弯腰或匍匐前进)，以减少烟雾吸入量，防止中毒。

• 固守待援

退回屋内：假如用手摸房门已感到烫手，此时应退守到屋内，关紧迎火的门窗，打开背火的门窗。

防烟火入侵：用湿毛巾或湿布塞堵门缝，或用水浸湿棉被蒙住门窗，然后不停用水淋透，防止烟火渗入房间。

充分暴露：应尽量待在阳台等易于被人发现的地方。可通过呼喊、晃动鲜艳衣物等，发出求救信号。

• 阳台、窗口自救逃生

结绳自救：救援队员还没有到达，而火势已很大时，不要盲目跳楼，可用绳子或用窗帘、床单等结成绳子，拴在窗口、水管、暖气管等固定物上，用毛巾保护手心，顺绳滑下。注意绳子打结一定要牢固。

跳楼：只有在楼层不高(一般 4 层以下)，不跳楼即可能被烧死的情况下，才能采取跳楼的方法。

• 发生火灾后逃生"四不可"：

第一，不可乘坐电梯逃生。因为此时可能发生断电，乘坐电梯可能会使自己困于电梯之中。

第二，不可贪恋财物。生命是最重要的，切不可因一时贪财而使自己置身危险之中。

第三，不可盲目跳楼。即使已没有任何退路，若生命还未受到严重威胁，千万不可盲目跳楼，要耐心等待救援人员的到来。

第四，身上着火不可奔跑。因为奔跑或拍打时会形成风势，加大火势。应赶紧设法脱掉衣服或就地打滚，压灭火苗。

> **踩踏逃生**

- 进入公共场所要先注意安全通道、安全出口的位置，以便发生事故后能及时找到最近的安全出口。
- 发觉拥挤的人群向着自己行走的方向涌来时，应该马上避到一旁，不要盲目奔跑。
- 遭遇拥挤的人群时，行走、站立要稳，不要采用体位前倾或者低重心的姿势。鞋子被踩掉后，也不要贸然弯腰提鞋或系鞋带。
- 如果发现自己前面有人突然摔倒了，要马上停下脚步，同时大声呼喊，告知后面的人不要再向前靠近。
- 如有可能，抓住一样坚固牢靠的东西，如栏杆、桥墩之类，待人群过去后，迅速而镇静地离开现场。
- 当带着孩子遭遇拥挤的人群时，最好把孩子抱起来，避免其在混乱中被踩伤。
- 若被推倒，要设法靠近墙壁。面向墙壁，身体蜷成球状，双手在颈后紧扣，以保护身体最脆弱的部位。
- 有人指挥疏导人群时，要听从疏导人员指挥，不要逆人群而行。
- 踩踏事件发生后，不要慌张，要尽快报警，等待救援，同时要抓紧时间开展自救和互救。
- 容易发生踩踏事故的地点：学校、商场、地铁、体育场馆、影剧院、酒吧、歌舞厅、庙会、灯会、狭窄的街道、楼梯等。

注意：不要因为贪图小便宜、好奇心强，盲目加入挤、抢人群！

案例链接

案例一　死去的母亲留给宝宝的短信

地震后，抢救人员发现这个女人的时候，她已经死了，是被垮塌下来的房子压死的。透过那一堆废墟的间隙可以看到她死亡的姿势，双膝跪着，整个上身向前匍匐着，双手扶着地支撑着身体，有些像古人行跪拜礼。只是身体被压得变形了，看上去有些诡异。救援人员从废墟的空隙伸手进去，确认她已经死亡，又冲着废墟喊了几声，用撬棍在砖头上敲了几下，里面没有任何回应。

当人群走到下一个建筑物的时候，救援队长忽然往回跑，边跑边喊："快过来！"他又来到了她的尸体前，费力地把手伸进女人的身子底下摸索，他摸了几下，高声喊道："有人，有个孩子，还活着！"

经过一番努力，人们小心地把挡着她的废墟清理开。在她的身体下面躺着她的孩子，孩子裹在一个红底黄花的小被子里，大概有三四个月大。因为有母亲的身体庇护着，他毫发未伤，抱出来的时候还安静地睡着，他熟睡的脸让所有在场的人都感到很温暖。

随行的医生过来解开被子准备做些检查，发现有一部手机塞在被子里，医生下意识地看了下手机屏幕，发现屏幕上是一条已经写好的短信："亲爱的宝贝，如果你能活着，一定要记住我爱你。"看惯了生离死别的医生却在这一刻落泪了，手机传递着，每个看到短信的人也都流下了热泪。

案例点评：

活着，并不仅仅是一种生存状态，它还承载着来自亲人的希望、寄托和爱以及家庭和社会寄予我们的责任。

案例二　汶川地震中的小英雄

马小凤，女，17岁，四川省德阳市绵竹市东汽中学高二年级学生。

2008年5月12日，马小凤从震后昏迷中醒来，用唯一能动的左手迅速检查身体，发现后脑勺出血，就立即用书将自己的头垫起来。做了这些自救，她听到从废墟右侧的一堵墙壁外传来同学殷少华呼救的声音，便立即向殷少华大喊："不能哭，不能浪费能量。"随后，马小凤调匀呼吸，把自己的右手和双腿从石缝中抽出来，去帮助殷少华。但因断墙阻隔，未能成功。马小凤尝试着大声呼救，没有听到回应。她摸到了半截课桌腿，不断敲击头上的水泥板，还是没有回应。她用双手和这半截课桌腿，在废墟中艰难地开出一条道路，一点一点地向前移动了10 m，仍无法找到出口。在这期间，她又听到了同学曹健强、葛轲、薛肖的声音。马小凤不时提醒大家，要相互鼓励，要坚持，千万不能睡觉。经过近75个小时的等待，他们的呼救声被救援人员听到，4人被先后救出。

案例点评：

在危情和绝境中，强烈的求生本能支撑着人们积极利用有效资源实现"自救"；同时，同伴之间不断地安慰和鼓励，也是支撑人们坚持下来的重大力量源泉。

案例三　安全意识淡薄惹祸端，安全监管不力漏洞多

2006年2月11日8时28分，中铁××局电气化工程有限公司沪杭铁路电气化工程项目部××作业队，在沪杭线 K129+100 处进行接触网调线作业过程中，一名劳务工未挂安全带，向接触网腕臂处移动时失稳滑坠侵线并将身体倒挂侵线，他先后被通过的 N537 次客车车厢上部及空调机顶盖碰撞，当场死亡。

案例中存在的问题：

(1) 作业人员未挂安全带，遇意外情况时安全带未起到应有的保护作用，是导致本次事故发生的直接原因。

(2) 施工单位在铁路营业线电气化施工作业中安全管理不到位，防护人员资质不合格，防护措施不落实，执行作业标准不严格。

(3) 安全培训不规范以及建设单位安全监管不力。

对于每一名从业人员来说，要确保在设备高压带电、高空维修作业、列车高速运行情形下的劳动安全，就必须首先掌握电气化铁路劳动安全的基础知识和基本要求，并自觉遵

照执行。

案例点评：

安全无小事，对于在一线工作的人员而言尤甚。任何的疏忽大意或闪失都可能惹下祸端，造成人力、财力的浪费甚至追悔莫及的损失。

案例四 盲目指挥拆地线，他人命丧感应电

1．事故概况

2006 年 8 月 23 日，××供电段××接触网工区按计划在汉西—汉阳上行区间 12～20 号间进行更换正馈线作业。12 时 56 分，电力调度员发布 859 号停电命令(限定完成时间为 13 时 37 分)，当作业进行到 13 时 40 分时，因作业未完成，该班工作领导人、工长谢×× 要求延点。13 时 46 分，工长谢××在未确认作业区上方作业人员已撤至安全地带的情况下，违章指挥，通知接地线人员拆除接地线。13 时 47 分，地面作业人员陈××发现 18 号支柱的 AP 肩架上还有一根铁丝套子，黄××在摘除铁丝套子时，遭感应电电击，经送医院抢救无效，于当日 21 时 10 分死亡。

2．事故原因

(1) 工长谢××违反铁道部《接触网安全工作规程》(铁运〔1999〕102 号)第 48 条关于"作业人员、机具、材料撤至安全地带，方能拆除接地线"的规定，在黄××还未从接触网支柱下来时，盲目通知拆除接地线，造成黄××在 18 号支柱处用左手取 AP 肩架上的铁丝套子时触及保护线，被感应电电击死亡。

(2) 黄××在作业中未按分工要求完成应有的作业内容，未及时取下铁丝套子，摘取铁丝套子时未确认地线是否接地。

案例点评：

在完成作业和任务的过程中，主观臆断、盲目自信的想法和做法通通要不得，必要的沟通和反馈是安全顺利完成任务的必要条件。

案例五 川航"英雄机组"的英雄事迹

2018 年 5 月 14 日,川航 3U8633 航班执行重庆—拉萨航班任务。在成都区域巡航阶段，在万米高空突然发生驾驶舱风挡玻璃爆裂脱落、座舱释压的紧急状况。飞机急剧释压会对机载人员的身体产生巨大冲击，严重的话会使人失去意识甚至死亡。此外，高空低压低温情境下，人类生存时间非常短，在万米高空只能生存 1～2 分钟。当然，玻璃破损也会造成航空器的一些损坏。在飞机急剧失压时要求机组尽快进行紧急下降。

该航班机长刘传健表示，事发时，没有任何征兆，风挡玻璃突然爆裂，发出巨大的声响。副驾尽管系了安全带，但身体已经飞出去一半，半边身体在窗

再访中国机长刘传健

川航 3U8633 航班紧急备降事件调查报告出炉

外悬挂。驾驶室许多设备出现故障，噪声非常大，无法听到无线电。整个飞机震动剧烈，无法看清仪表，失压和低温状态下，每一步操作都非常困难。在自动驾驶完全失灵，仪表盘损坏，无法得知飞行数据的情况下，完全要靠经验判断降落。

同时，机长还要给全体机上人员做紧急情况广播，机上的乘务人员也要及时帮助乘客戴上氧气面罩，安抚慌乱中的乘客。机长驾驶飞机到达相对安全的高度后，要尽快飞往最近最适合的机场优先安全着陆，抢救伤员。

生死关头，在民航各保障单位密切配合下，3U8633 航班机组全体成员临危不乱、果断应对、正确处置，确保了机上 119 名旅客的生命安全。3U8633 航班飞行数据显示：大约在北京时间早上 7:07，飞机从 9750 m 左右紧急下降高度，7:11 左右下降至 7200 m 左右，7:16 再度由 7200 m 左右降低高度，直至 7:43 平安着陆在成都机场，所有旅客平安落地，有序下机。备降期间右座副驾驶面部划伤、腰部扭伤，一名乘务员在下降过程中受轻伤。所有旅客被妥善安置。

此次航班机长刘传健是军转民飞行员，有过硬的飞行基础和心理素质，他平时就会关注特殊的飞行事故，会刻意关注从职业的角度，考虑事故发生原因以及如何去进行操作，并做一些特殊准备。

为表彰他们成功处置"5·14"事件，2018 年 6 月 8 日，中国民航局和四川省政府授予川航 3U8633 航班机组"中国民航英雄机组"称号，授予机长刘传健"中国民航英雄机长"称号。

2018 年 9 月 30 日，习近平在人民大会堂福建厅会见四川航空"中国民航英雄机组"全体成员。

习近平表示，很高兴在国庆 69 周年之际同大家见面。5 月 14 日，你们在执行航班任务时，在万米高空突然发生驾驶舱风挡玻璃爆裂脱落、座舱释压的紧急状况，这是一种极端而罕见的险情。生死关头，你们临危不乱、果断应对、正确处置，确保了机上 119 名旅客的生命安全。危难时方显英雄本色，你们化险为夷的英雄壮举感动了无数人。得知你们的英雄事迹，我很感动，为你们感到骄傲。授予你们"英雄机组""英雄机长"的光荣称号，是当之无愧的。

习近平强调，平时多流汗，战时少流血。"5·14"事件的成功处置绝非偶然。处置险情时，你们所做的每一个判断、每一个决定、每一个动作都是正确的，都是严格按照程序操作的。危急关头表现出来的沉着冷静和勇敢精神，来自你们平时养成的强烈的责任意识、严谨的工作作风、精湛的专业技能。你们不愧为民航职工队伍的优秀代表。我们要在全社会提倡学习英雄机组的英雄事迹，更要提倡学习英雄机组忠诚担当、忠于职守的政治品格和职业操守。

习近平指出，伟大出自平凡，英雄来自人民。把每一项平凡工作做好就是不平凡。新时代中国特色社会主义伟大事业需要千千万万个英雄群体、英雄人物。学习英雄事迹，弘扬英雄精神，就是要把非凡的英雄精神体现在平凡的工作岗位上，体现在对人民生命安全高度负责的责任意识上。飞行工作年复一年、日复一日，看似平凡，但保障每一个航班安全就是不平凡。希望你们继续努力，一个航班一个航班地盯，一个环节一个环节地抓，为实现民航强国目标、为实现中华民族伟大复兴再立新功。

习近平强调，安全是民航业的生命线，任何时候任何环节都不能麻痹大意。民航主管部门和有关地方、企业要牢固树立以人民为中心的思想，正确处理安全与发展、安全与效益的关系，始终把安全作为头等大事来抓。要加大隐患排查和整治力度，完善风险防控体系，健全监管工作机制，加强队伍作风和能力建设，切实把安全责任落实到岗位、落实到人头，确保民航安全运行平稳可控。

案例点评：

在交通安全方面，以下的做法和理念是相通的：切实把安全责任落实到岗位、落实到人头，坚持安全第一、旅客至上、真情服务的原则和理念，苦练本领，锤炼顽强作风，全力保障人民群众生命财产安全，确保交通安全运行平稳可控。

总结与考核

一、实训日志

日　期		天　气	
主要实训内容：			
体会与感想：			
努力方向：			

二、训练考核(第九周)

	考核内容	分值	本周考核要求	本周自评得分
平时成绩 (80 分)	考勤	5		
	训练过程	5	积极参与,主动应对,体现临危不惧的精神等	
	训练表现	10	危急情境的模拟展示,5 分;完成各项训练,5 分	
	团队训练表现	30	危急应对: 1. 尊重和珍惜生命; 2. 有主动沟通协调的意识和行为; 3. 有专业知识的展现; 4. 冷静果敢	
	长程团队项目及个人任务进程监控记录,个人贡献与反思	30	危急应对: 1. 对生命价值的思考; 2. 自身所掌握的专业知识; 3. 主动锻炼和训练的情况	
	本周平时分合计			
训练感悟 (20 分)	每个训练或团队项目的感悟与提升	20		
备 注	1. 平时成绩每课一结,个人自评,组长核查汇总。 2. 平时成绩每课总分 80 分,期末加总求平均分,作为期末成绩,占总成绩的 80%。 3. 训练感悟得分直接计入期末总成绩,占总成绩的 20%			

拓展训练

一、训练内容——反应速度测试

心理学上的反应速度并不只是大家所认为的大脑反应的快慢，而是一个很宽泛的概念。它不仅指大脑反应的快慢，还包括灵敏程度、思考的角度、思考的方式等。因此，测试反应速度时，答得快并不能完全证明反应速度快，它是对一个人综合反应能力的测量。现在，就请你走进趣味反应速度的测试考场吧。

1. 假设 3 只猫在 3 分钟内抓住 3 只老鼠，请问，100 只猫最多要花费多少分钟抓住 3 只老鼠？

2. 一个大人带着一个小孩，小孩是那个大人的儿子，大人不是小孩的爸爸，请问这两个人是什么关系？

3. 下面两种数学式的说法，你认为哪种是对的？

8 加 8 是 15。

8 加 8 等于 15。

4. 一只青蛙不慎掉进一口 30 m 深的枯井中。如果它每天能够向上爬 3 m，再向下滑 2 m，以这种速度，它什么时候可以爬到井口？

5. 火车还有两分钟就要开了。假如车站与我家的距离是 2 km，如果我从家里出发以 30 千米每小时的速度跑完第一个 1 km，试问，剩下的 1 km 路，我应该以多快的速度奔跑才能赶得上火车？

6. 有一个魔术盒子，里面装了几个鸡蛋。魔术师开始施展"魔术"以后，鸡蛋的数目每分钟就会增加一倍；一小时整，盒子里盛满了鸡蛋。请问，几分钟时盒内鸡蛋为半满状态？

7. 一位顾客到商店买了 20 元水果，取出 50 元纸币给店主。店主没有零钱，就到隔壁的药店换了 5 张 10 元钞票，抽出 3 张找给那位顾客。不久，药店伙计跑过来告诉店主，那张 50 元纸币是假钞。店主仔细检查，果然是假钞，于是取出另外一张 50 元钞票给伙计。请问，店主总共损失了多少钱？

8. 池塘中有许多鸭子在游泳，请问，最少要多少只鸭子，才能排出下列队形：一只鸭子前面有两只鸭子，一只鸭子后面有两只鸭子，两只鸭子中间有一只鸭子。

9. 假设一打五角的邮票共有 12 张，请问，一打一元的邮票共有几张？

10. 一位考古学家宣称，他找到了一枚标着"公元前六百四十九年"字样的银币，你相信吗？为什么？

反应速度主要取决于人的感受器(视觉、听觉等)和其他分析器的特征以及中枢神经系统与神经肌肉之间的协调关系。反应能力是接收外来信号并作出反应的能力。反应能力可以通过反应时间实验来加以测量。普通人的反应时间通常为 0.2～0.4 s，专业运动员则可达 0.1～0.2 s。反应能力并不是天生的，大部分人的反应能力是可以通过训练来加强的。通常情况下，反应能力强的人总是能够很快地对突发状况作出反应。

二、个人训练任务周进程监控表

任务要求	周一	周二	周三	周四	周五	周六	周日	任务状态
危急情况的搜集								
危急情况下需沟通、协调的部门和人员								
危急情况下需用到的专业知识								
保持冷静果敢的方法								
团队项目(危急情况的展示、处理过程中的经验、教训)	分配的个人任务、要求完成时间、完成情况:				贡献与反思:			
本周其他情况说明								

正念减压

莫听穿林打叶声，何妨吟啸且徐行。

竹杖芒鞋轻胜马，谁怕？一蓑烟雨任平生。

料峭春风吹酒醒，微冷，山头斜照却相迎。

回首向来萧瑟处，归去，也无风雨也无晴。

——苏轼《定风波·莫听穿林打叶声》

训练目标

(1) 拓展生活和体验。

(2) 学会构建适合自己的正念练习。

(3) 发展出自己的正式或非正式练习，同时计划自己的练习，并保持与计划一致。

(4) 培养内在的力量以应对压力、疼痛和疾病，减少生活中的各种挑战所引起的压力、焦虑和病痛。

(5) 为自己的健康和幸福带来积极的影响，为生活带来更大的和谐与安宁。

训练内容简述

(1) 根据进程分两次进行压力评估。

(2) 列举正念吃葡萄干、正念内省、正念呼吸、正念步行、身体扫描等六个正式正念练习活动；正念饮食、正念融入生活，正念八种态度、"STOP"、关注自己的痛苦的五个非正式练习活动。根据实际情况带领大家尝试各种正念活动。

(3) 分享总结正念练习的感悟，回顾自己的非正式练习，引导大家选择适合自己的正念练习，循序渐进，不断深入，将正念应用到日常生活，融入理念。

(4) 编制适合自己的正念计划与练习工作表，引导大家行动起来，并根据自己的感悟及回顾做必要调整。

(5) 正念小知识、正念小建议以及在正念训练过程中最常遇到的问题的解答。

(6) 正念小案例。

(7) 正念拓展训练。

训练内容

活动一　压　力　评　估

活动目标

确定目前生活中的压力源，用1～10级评分法评估压力源。

活动准备

笔以及相对安静不被打扰的空间。

活动内容

花点时间探索我们生活中的压力源，目的是确定目前生活中的压力源，以便开始处理它们。这个过程分为两步：第一步，使用下面的表格，列出自己在目前的生活中觉察到的10种压力情境；第二步，在1～10的范围内为这些情境评分。1表示不是很有压力，10代表压力极大。最开始时，要确保这些压力情境涉及比较广泛的范围，让其包括温和压力(等级为2～4)、一般压力(等级为4～6)、较大压力(等级为6～8)、极大压力(等级为8～10)，如工作、学校、交通、人群、新闻、孤单、经济、身体疼痛、不健康的饮食、糟糕的睡眠等，当然可以更具体一些，这样当我们以后在判断某种情境或压力等级是否有变化时会有迹可循。例如：与其说"工作"，不如说"当我的老板要求我做季度报告时"；谈到"人群"时，可以具体地说"当我参加集体大会时"。

然后在标注压力源那一栏的右边，用以上所描述的1～10级评分法评估压力源，1表示不是很有压力，10表示压力极大。留下最右边的一栏，结课时返回此页，对相同的压力源作出评估，监测我们察觉到的压力水平是否有变化。通常，改变不会如我们所期望的那样迅速发生。但要相信经过一段时间的练习，改变自然会发生。而练习才是让我们获得真正持久改变的关键。

如果你列出来的大多数压力情境都被评为极大压力(8～10)，那么你需要在学习的同时，联系心理咨询师。

压力情境	评分(1～10)	
	初始阶段	结束阶段
例：当我要参加演讲比赛时	7	5

体验分享

当我们找到压力源并对它评分时，我们便会对自己所处的境地有了比较明确且量化的理解。这时有没有什么想法或者感受突然出现？花点时间来思考吧，如果你愿意，还可以分享给大家。

活动总结

毫无疑问，前面所列出来的压力源正是我们学习正念的原因。这个练习在大家处理压力、痛苦和疾病时是一个很好的选择。我们常常在解决生活中的各种困难时，发现自己最大的力量，而练习正是获得真正持久改变的关键。

当我们试着在规定的时间内进行练习和探索时，祝贺大家已经迈出第一步！欢迎你加入正念之旅！

当我们进行正念一个学期后，请返回此练习，对照前后，通过明确且量化的压力水平的对比，看看我们自己的压力水平有了怎样的变化，它是怎样发生的？与我们正念练习的联系在哪里？如果你愿意可以随时记录和分享，看看我们的经验感受能带给大家什么样的帮助。

活动二　正念吃葡萄干

正念吃葡萄干

活动目标

介绍专注地吃葡萄干的练习，来阐明正念。

活动准备

葡萄干(如果没有葡萄干，其他食品也可以)，相对安静不被打扰的空间。

活动内容

把所有分心的事放在一边，专注于直接、清晰地觉察自己所体验到的每个方面和每个时刻。我们阅读下面的文本来进行练习。在每个指导语上花点时间。让我们用五分钟左右的时间来做这个练习。

把几个葡萄干放在自己手中。如果没有葡萄干，其他食品也可以。想象自己刚从外太空来到地球，那里没有这种食物。现在，这种食物在你手上，你开始用你所有的感觉来探索它。选择其中一个葡萄干来观察，就好像你从来没有见过和它类似的东西一样。集中注意力看这个物体，仔细观察它，探索它的每一个部分，如同你以前从未见过它一样。用自己的手转动它，并注意它是什么颜色。注意它的表面是否有褶皱，再看看它的表面什么地方颜色较浅，什么地方颜色深暗。接下来，探索它的质感，感觉一下它的柔软度、硬度、粗糙度和平滑度。当我们这么做的时候，如果出现下列想法，例如"我为什么做这个奇怪的练习""这对我有何帮助"或者"我讨厌这些东西"，那就看看你是否能认同它们，然后随它们去吧，再把自己的注意力带回到这个物体。把这个物体放在自己的鼻子下面，仔细地闻它的气味。把这个物体放到耳边，挤压它，转动它，听一下是否有声音传出来。开始慢慢地把这个物体放到你嘴里，注意一下手臂是如何把这个物体放到嘴边的，或者注意一下你是何时开始意识到你嘴里的口水的。把物体缓缓地放入嘴里、舌头上，不要咬它，只去仔细体会这个物体在你嘴里的感觉。当我们准备好时，就有意地咬一下这个物体，注意它在你嘴里是怎样从一边跑到另一边的，同时也注意一下它散发的味道。慢慢地咀嚼这个物体。注意你嘴里的唾液，在你咀嚼这个物体的时候，它的黏稠度是如何变化的。当我们准备吞咽的时候，有意识地注意吞咽这个动作，然后看一下你是否注意到吞咽葡萄干的感觉。去感觉它滑入到自己的喉咙，进入自己的食道，再进入胃里。这段时间里你体验了正念吃葡萄干，也叫正念饮食，花点时间为自己庆贺一下吧！

体验分享

对于这个葡萄干(或其他食物)，自己在视觉、触觉、声音、气味方面都注意到了什么？有什么令你感到惊讶的吗？当我们做此练习时，有没有什么想法或者记忆突然出现？如果你愿意，分享给大家吧。

活动总结

正念饮食非常重要。毕竟，每个人都必须吃东西。然而我们吃东西时经常分心，往往是在做其他事情时，比如读书、工作或者看电视时吃东西。结果，人们经常不知道食物的真正味道，甚至注意不到自己正在吃什么。我们可以把正式练习中吃葡萄干的方法延伸到任何饮食体验中。实践出真知。选一些每天日常做的事情，并尝试着把自己的注意力放在你所做的事情上，把所有的感觉都放在这次体验中。如果自己在刷牙，提醒你自己在刷牙，去感受并且去听牙刷对自己的牙齿和牙龈的摩擦，去闻一闻并且尝一尝你嘴里的牙膏味道。尝试一下，看看你注意到了什么。

活动三　三分钟正念内省

活动目标

体会另外一种正念的感受：正念内省。

活动准备

一个放松的、没有干扰(如关掉电话)的环境。

活动内容

现在你无论躺着或坐着都可以，但如果你躺下来，发现自己容易睡着，请尝试站立的姿势。我们建议在练习中闭上眼睛，因为重点关注的是你身心的内在体验；然而如果你喜欢，你也可以稍微睁开点眼睛。当我们阅读下面的文字时，请将你全部的注意力集中到这个练习上，并在每段后暂停一下进行练习。

花点时间安静下来。祝贺你自己能抽出时间进行正念练习。通过感觉你内在的身体和心灵，开始进行正念内省。允许想法、情绪或身体感觉的波动，不要去管它们。在忙碌的一天中，这也许是你第一次休息，当我们开始去感受这个世界而不是匆忙地行动时，你会发现你自己感觉的痕迹。你没有必要判断、分析或指出一些事情，只是让你自己存在于此时此地，存在于当下的每一件事情当中。花费大约三分钟时间以这种方式来体验你自己。在自己的正念内省结束时，再一次祝贺自己做了这个练习，直接促进了自己的健康和幸福。

体验分享

当我们完成第一次正念内省练习时，花点时间记录这个过程中自己的任何想法、情绪和感觉。如果你愿意，可以分享给大家。

活动总结

三分钟练习，简短而有力，可使我们意识到自己对身体、精神和情感是如何感觉的，并能帮助我们回到当下的自己。建议将这种练习融入日常生活中，在生活中随时应用。

活动四　非正式练习让正念融入生活

活动目标

进行非正式练习，将正念融入我们的每一天。

活动准备

打开心扉，准备迎接正念生活。

活动内容

具体的活动内容及步骤如下：

当我们在清晨刚刚睁开眼睛时，不要急于下床，花几分钟时间做一次正念练习。通过对当下的觉知开启新的一天，以更平静、坦然的状态来迎接这一天的挑战。当我们在沐浴时，关注自己的大脑，看它是否已经开始思考、计划、预演以后的生活。当我们意识到它正在这样做的时候，请你和缓地把自己的意识带回当下，闻一闻泡沫的香味，感受水流在你身上漫过的感觉，聆听淋浴中水流的声音。如果你和其他人住在一起，在你离开住处之前，花些时间去专注地倾听他们，和他们用心地沟通。当我们走近自己的教室时，走得慢一点，检查一下自己的身体，关注它是否有些紧张。在自己的汽车启动之前试着去放松身体。当我们骑车时，试着慢一点。红灯亮起时，提醒自己注意呼吸。步行是一项自主运动。当我们步行去教室或去食堂时，尝试用不同的方式走。例如，你可以走得慢一些，或者每走三步做一次吸气，再走三步做一次呼气。注意你走路时从双脚到整个身体的感觉。当我们学习的时候，留出点儿时间来做一些类似的练习。例如，花一些时间来做计划，并且在这段时间里不做其他事情。如果可以，当我们专注于学习时，把网络消息关掉。如果方便，可以安排自己每周单独吃一次饭。静静地、以比平时更慢些的速度去吃，真正地品尝到你所吃东西的味道和质地。当我们回到宿舍时，在进门之前做一次正念内省，注意自己的身体是否紧张。如果身体是紧张的，就试着通过调整呼吸去放松肌肉。注意这些肌肉的状态并顺其自然。现在我们任意选取以上条目，进行自己的正念练习。

体验分享

当我们开始把非正式练习与日常生活结合到一起时，花一些时间去回忆所经历的事情。

你都做了什么？关于自己，在练习前后你都注意到了什么？你是如何对待他人或者对他人是如何反应的？你从这种非正式练习中学到了什么？如果你愿意，你可以在自己的日志中记录下来，还可以分享给大家。

活动总结

开始时每天都可以按照以上活动进行一些正念练习，这些都是很好地让正念融入生活的点。

独自进行这些练习可能有些困难。我们可以与他人联系，从中获得鼓励与支持，并从他人的见解中获益，与他人一起分享，了解他们的经历，可以帮助我们坚持并深化练习。

活动五　正念练习的计划与回顾

活动目标

制订计划练习表及回顾日志，提醒、帮助我们把正念融入日常生活。

活动准备

笔，定时提醒器，日历，相对安静放松、不受干扰的环境。

活动内容

具体的活动内容及步骤如下：

第一步，创建一个正念日程表，要按照这个表来进行练习、回顾。无论我们在日常生活中有什么样的日程，都要安排好我们的正念练习并尝试遵守这段时间来练习正念。在安排好的时间练习，应像去看医生一样守时，直到成为我们的习惯。

现在在我们的日程表中安排下周的正念练习项目及时间，并试着每周至少有五天进行正念练习。

	正念练习计划		回顾正念练习时间
	计划练习的正念项目	时间	
周一			
周二			
周三			
周四			
周五			
周六			
周日			

第二步，回顾正念练习是如何进行的。我们先用一段时间来做一些重要的思考(哪些是有利因素，哪些是不利因素，它如何影响我们的正念练习)，以便于我们能根据需要调整练习。例如，你可能会注意到，自己在早晨练习的次数比晚上练习的次数多，或者在某段时间更容易被打断；还可能会注意到，这周不能做某个练习，但是下周就可以成功地完成。它们之间的区别是什么？为了找到以上规律，我们做以下工作来回顾我们的正式练习和非正式练习。

回顾正式练习：每做一次正式练习，请填写下面的日志。我们用一个例子来讲明如何使用这个正式练习日志。

日期	正式练习项目	练习时间	练习时出现的想法、情绪和感觉以及之后的感受
12 月 21 日	正念检查	上午 8 点	今天我一直在想我必须做的工作。我注意到有时会胸闷，但是会减轻。在胸闷时我会感到紧张，练习后我发现自己变得更平静了

回顾非正式练习：同样我们用一个例子来讲明如何使用这个非正式练习日志。

非正式练习项目	当时的情况	在练习之前，你注意到了什么？	在练习之后，你注意到了什么？	你从中学到了什么？
正念饮食	我正在和同学吃午饭，我注意到都快吃完饭了，我还没有品尝出食物的味道	情绪：焦虑。想法：在学生会里我确实剩下许多工作需要做。感觉：肩部紧张	当我把注意力放在食物的味道和咀嚼的感受上时，我的身体开始平静，并且感到食物非常美味。我感觉好多了，并且更享受我的食物	当我放慢吃东西的速度时，我更享受食物，这就像繁忙一天里安静的一隅。我也意识到我是多么地喜欢饭菜的香味

体验分享

以上表格全部填完后，请回顾这一周的练习，想一想本周练习进行得如何，我们是否注意到对自己有益的模式，为了使练习更好地进行下去，你将作出怎样的调整。如果你愿意，请写下来，分享给大家吧！

活动总结

当我们开始一个新做法时，通常最初是专注的和热情的，然后热情开始逐渐消退。日常事务、一些出乎意料的需要和障碍都可能妨碍正念练习。为了避免以上情况，我们做了以上工作，这很值得，毕竟这是为了我们的幸福所做的事情，而且它可以改善我们的身心健康。同时这个回顾不是为了判断我们是否努力，而是让我们产生一种觉察，意识到对自己而言什么在影响我们，什么是不起作用的，以及在练习中怎样保持效率。

计划与回顾在以后的正念训练中会一直被用到。

活动六　五分钟正念呼吸

五分钟正念呼吸

活动目标

学习运用正念呼吸，深化练习。

活动准备

一个放松的、没有干扰(如关闭手机)的环境。

活动内容

具体的活动内容及步骤如下：

对于正念中一些重要的基础内容，我们已经熟悉了。现在请准备好开始练习正念呼吸。我们之前曾提起过，实践出真知。开始之前，再和大家分享另外一句话：对于任何一种练习，只有当我们安于事物的原貌时，最深层的疗愈才会发生。这可能意味着仅仅是关注并认同压力或焦虑，而不是陷入习惯性逃避。我们可能发现，通过包容恐惧，找到了自己曾经迷失的心灵。无论躺着或坐着都可以，但如果你躺下来，发现自己容易睡着，请尝试直立的姿势。当我们阅读下面的正念指导语时，请将全部的注意力集中到这个练习上并在每段后暂停一下再进行练习。我们可以在一天中的任何时候练习。如果喜欢，可以把此练习与正念内省联系起来。花点时间安静下来。祝贺自己能抽出时间进行正念练习。让我们的意识跟随着呼吸，游走在身体每一个感受强烈的角落。它可能在颈部、胸部、腹部或其他地方。当我们正常而自然地吸气时，去感受空气的吸入；当我们呼气时，去感受气体的排出。你只需要在吸气与呼气时，保持这种对呼吸的专注。没有必要去想象呼吸的场景，记住呼吸的次数，或弄清呼吸的过程；只要专注于吸气与呼气。不需要评判，只要观察呼吸像大海的波涛一样起伏涨落。没有什么地方要去，没有其他的事情要做，只需要在此时此地专注于呼吸——活在每一次呼吸的当下。当我们吸气和呼气时，专注于吸入时身体的提升、呼出时身体的下降。每时每刻，乘着呼吸的波浪，吸气、呼气。有时，注意会从呼吸上转移。当我们发现这种状况时，去感知注意的去向，然后逐渐地把它带回到呼吸上来。正常而自然地呼吸，不用任何方式去操纵它，只是在吸气和呼气时关注呼吸。当结束这段正念时，为自己能抽出时间活在当下并实践了一些爱的行为而庆祝吧。祝愿我们祥和宁静，祝愿所有生命都祥和宁静。

体验分享

花些时间填写下面的日志，记下我们的第一次正念呼吸练习。请回顾这一周的练习，想一想你本周练习进行得如何。你是否注意到对你最有效的模式，为了使练习更好地进行下去，你将作出怎样的调整。如果愿意，分享给大家吧。

日期	练习项目	练习时间	练习时出现的想法、情绪和感觉以及之后的感受

活动总结

正念呼吸通常作为正念练习的基础，因为呼吸一直与自己相伴。无论在何处，它都可以使我们安于当下。而正念呼吸过程中所要做的全部，只是专心地呼气、吸气而已，只需要正常地、自然地呼吸，注意吸进呼出的过程。在吸进呼出的过程中，体会气流在鼻腔、胸腔、腹腔甚至整个身体的感觉，这样可以让我们更加专注。

活动七　将八种正念态度融入生活

活动目标

将八种正念态度融入生活。

活动准备

一个放松的、没有干扰(如关闭手机)的环境。

活动内容

具体的活动内容及步骤如下：

我们先来了解正念的八种态度。正念练习就像打理一个花园，当某些条件满足的时候它才会欣欣向荣。就正念而言，这些条件包括以下八种态度，它们是正念练习所必需的。

(1) 赤子之心：这种觉察意味着将事物看作新鲜的，就像初次接触一样，带着好奇感。

(2) 不加评判：这种觉察意味着对于任何体验都进行公正的观察——不对任何想法、情绪或感觉贴以好坏、对错、公平与不公平的标签，而只是对每一刻的想法、情绪或感觉加以注意。

(3) 确证认同：这种觉察意味着确证并认可事物的本来面目。

(4) 不加努力：这种觉察意味着不贪婪，不抗拒变化、不逃离。换句话说，不加努力是指无论当下发生什么，都泰然处之，不试图远离所处之境。

(5) 平静祥和：这种觉察意味着需要心态的平衡、智慧。这种觉察的品质能对变化的本质给予深刻的理解，让你能够带着更深入的洞察和慈悲与发生的变化和谐共处。

(6) 顺其自然：这种觉察意味着仅仅是让事物保持本来面目而不加干涉，无须设法改变当前的任何事物。

(7) 自我信任：这种觉察意味着能帮助你靠自己的体验理解自己，无论真实与否。

(8) 自我关爱：这种觉察意味着能培养你对当前自我的关爱，不自责与批评。

把以上八种正念态度牢记在心，仔细思考并根据你最大程度的理解来培养这些态度，这将会支持、促进并巩固自己的练习效果。发展这些态度是把自己的能量注入疗愈与成长过程的一种方式。这些态度是互相依存的，是相互影响的，通过培养一种态度，自己的所有态度品质都会得到提高。尝试将八种正念态度带给自己、他人以及你所参加的活动。举个例子，如果你在烹饪，可以把它当成第一次来做，用赤子之心的态度来烹饪。切洋葱、胡萝卜、青菜时，感受其质感，品味其味道。不对食物或者烹饪过程作任何评判。肯定自己的能力，因为通过烹饪你可以照顾自己和他人。如果这样比较困难，就把它当作一次锻炼自我关爱的机会，意识到自己正用最大的努力来完成，并且即使事情不像你想象的那样发展，也不要灰心。如果自己的头脑开始高速运转，而且想要尽快结束烹饪体验，那你就练习"不加努力"，了解你当前所处的状况，然后回到手边的任务上来。观察并理解此过程中呈现的无常本性，顺其自然，这是在练习"平静祥和"态度。当这些态度呈现时，注意自己身心的感受；反之，不出现时，身心感受又如何。尝试把这个练习带到你日常生活中的各个方面，看看你与自我、他人及周围环境的关系会怎样。现在就用正念来练习自己的感觉。简单地环顾房间和窗外，以赤子之心的心态去觉察看到了什么，就好像你是第一次观看周围事物。听任何声音，闻任何气味，品尝在你口中的味道。或者，如果你饿了，就有目的地并专注地去吃东西。去感知自己的身体，并认同你身体上和情绪上所感受的一切。去觉察任何进入你大脑的想法。结束时，要感谢自己花时间做正念练习，并认同那些在自己的感觉、想法和情绪中可能呈现的东西。

体验分享

花些时间填写下面的日志，八种正念态度，你对哪个更有感触？为了使练习更好地进行下去，你将作出怎样的调整？如果愿意，分享给大家吧。

练习项目	当时的情况	在练习之前，你注意到了什么？	在练习之后，你注意到了什么？	你从中学到了什么？

活动总结

现在我们已经了解学习了正念饮食、将正念融入生活以及将八种正念态度融入生活三种非正式练习，你是否注意到对你最有效的模式？当我们逐渐使正念成为一种生活方式，并且将其延伸到日复一日的活动中时，把非正式练习的每点反思都记录下来是不现实的。不过，我们可以每天花些时间，对于某一次非正式练习做一下回顾，可以运用所思考到的东西来深化日常的非正式练习。

活动八　正念步行

正念步行

活动目标

培养对自己身体的细致觉察，体验运动。

活动准备

一个安静、远离干扰、能够安心地步行 10 分钟的环境。

活动内容

具体的活动内容及步骤如下：

按照下面的短文指导语，把自己的全部注意力都集中在这个练习上，然后开始练习。首先慢慢地走，留意脚掌以及脚掌每一个部位的感觉，从脚跟到脚趾，触及地面。注意行走时身体是怎样移动的，自己的双臂是怎样前后摆动的。无论何时，如果你注意到自己的心思脱离了行走本身而在游离时，就确认它，并和缓地把注意力转移回来。开始站立，花点时间来深入地感受自己的身体。感受身体和地面的连接。注意你周围的环境，花几分钟来感受周围的光线、气味、声音，或其他感觉。同时也注意并确认任何想法和情绪，让所有的感觉和内在体验顺其自然。现在将注意力专注在步行上。自己的重心移向左腿，抬起右脚，然后向前移动，再将它放回地面。先慢慢地走，留意从脚跟到脚趾，感受脚掌每一个部位触及地面的感觉。注意行走时身体是怎样移动的，自己的双臂是前后摆动，还是背在身后或抱在胸前。专注地行走，一次走一步。继续走，一次走一步，一直走到预定的终点。不要中断正念，把觉察带入转身的复杂过程中，再走回你开始的地方。专注地行走，一次走一步。继续走，转身，返回，一次走一步。带着正念行走。

体验分享

当我们完成了自己的第一次步行正念练习时，请花点时间，写下自己在这次正念过程中注意到的想法、情绪和感觉。如果愿意，把它们分享给大家吧。

日期	正式练习项目	练习时间	练习时出现的想法、情绪和感觉以及之后的感受

活动总结

我们在生活中每天都会步行，但很少会对它加以注意。虽然在婴儿的时候，我们花费了一年多的时间去学习如何用自己的小脚站立，并且保持平衡，但像大多数人一样，一旦开始行走，就觉得有行走能力是理所当然的。但是，如果把脚的大小和身体相比，或许就会想到，在某种意义上，我们人类可以保持平衡并能行走是一个奇迹。

步行正念是去感受自己的脚踩在地上的感觉，这是一种排解压力和焦虑的好方法，在日常生活中，走路通常就是从 A 地到 B 地，你会觉得几乎不断地在忙于站立、走动。步行正念是蓄意而行，与简单地从 A 地到 B 地有不同的目的。步行正念的要点在于每一步都要感受当下。

步行正念让我们注意到脚的每一个运动——抬起、向前移动、放下。虽然很简单，但是你会发现在抬起另一只脚之前，承重的一只脚会发生哪些变化。这有助于我们完成完整的一步：抬起、前移、放下。慢慢地体会这个过程，通过这个运动培养一种对自己身体的细致觉察。在一天当中，你可以预期许多变化，有时你会感觉走得很快，有时你会感觉走得非常缓慢。无论情况如何，自己的倾向如何，把所有的注意力都放在运动体验上。感受每一步抬起、前移、放下的感觉。上面是一个正式练习。但是在日常生活中我们可以不用那么正式地练习。在一天当中，可以每次只抽出几分钟来练习。我们介绍的其他练习也是如此。

活动九　"STOP"练习

活动目标

学习正念里的"STOP"方法，以更平衡和宁静的方式体验每个当下。

活动准备

随时无预设，相对安静无打扰。

活动内容

具体的活动内容及步骤如下：

首先了解一下"STOP"。在日常生活中,有一种使用正念来减少压力和焦虑的非正式方法,缩写为"STOP"。这是一种使身体和心灵恢复平衡的简单而有效的方法:我们在一天当中有很多次无法意识到的内在变化,花几分钟暂时停下来(S),深呼吸(T),并观察发生了什么(O)——包括你自己的思想、情感和感觉,让自己可以重新与自己的体验建立连接,然后继续工作(P),会发现更有效率。其中:

S(Stop)=停止;T(Take a breath)=呼吸;O(Observe)=觉察;P(Proceed)=继续。

我们可以在任何时候练习——当自己紧张不安时或任何自己喜欢的时间。可以选择在某些活动之前或之后做这个练习,也可以在每天的不同时间安排这个"STOP"练习,检查一下自己的状态。我们知道一些人已通过时间安排软件来设置每小时一次的自动提醒。开启我们创意,找到一些不同的方式来提示自己"STOP"并回到当下。我们每个人都能成为一个管理自己健康的积极参与者,无论多么困难或紧张,我们都可以发掘出自己以更平衡和宁静的方式体验每个当下的潜能。

体验分享

花些时间仔细地回顾"STOP"非正式练习。写下自己在这次正念过程中注意到的任何想法、情绪和感觉。如果愿意,分享给大家吧。

练习项目	当时的情况	在练习之前,你注意到了什么?	在练习之后,你注意到了什么?	你从中学到了什么?

活动总结

这种做法能够很好地感知身体的状况,也许肩膀酸了,下巴收得很紧,或者身体非常地紧张,也许你饿了,或是累了,或是需要休息。有可能是这几分钟的练习,就能简单地提醒自己回到当下。

活动十 身体扫描

身体扫描

活动目标

学习身体扫描,尝试与身体和心理连接。

活动准备

一个轻松的、没有干扰的环境。

活动内容

具体的活动内容及步骤如下：

我们建议你躺下来做身体扫描，但是如果你发现自己有睡意，或者更喜欢坐姿或站姿，那样做也是可以的。如果你正在阅读文本，可在每段之后暂停一下，再进行练习。持续练习45分钟、30分钟或15分钟。

花点时间安静下来。祝贺自己能抽出时间进行正念练习。做一个正念内省，感知一下自己的身心，并且允许想法、情绪和身体感觉的波动。在忙碌的一天中，这也许是你第一次休息，当我们开始感受这个世界而不是匆忙地行动时，你才可能会注意到自己的各种感受。你没有必要进行判断和分析，也没有必要把事情弄清楚，只需要让你自己存在于此时此地。当我们准备好时，慢慢地把注意力转移到呼吸上。现在开始注意呼吸。自然地呼吸，并且关注鼻尖和腹部。吸气，并且意识到你正在吸气；呼气，并且意识到你正在呼气。有时头脑可能会远离这种有意识的呼吸。当认识到这些的时候，认同头脑中所出现的想法，然后回到对呼吸的关注，有意识地吸气和呼气。现在，把自己的意识从正念呼吸中逐渐撤出，准备进行身体扫描。当我们扫描身体时，你可能会遇到一些紧张的区域。如果你能使它们放松，那就让它们放松；如果你不能，那就让这种感觉顺其自然，任其扩散到它们要去的地方。这既可以应用在身体感觉上，也可以应用在任何一种情绪上。当我们扫描身体时，把注意力集中在身体的感觉上以及可能由这些感觉而引发的任何想法或情绪上。把意识转移到左脚的一个部位，这个部位是你能接触到地板的位置。它可以是脚后跟或者左脚的底部。感受一下你觉察到的，感受一下脚后跟、大脚趾以及左脚的脚底。感受一下自己的脚趾和左脚的顶端，感受下面的跟腱和上面的脚踝。现在把自己的意识转移到左腿的下部，感受一下小腿肚和小腿部分，同时感受一下它们与左腿膝盖的连接部位。把意识提升至大腿，感受一下大腿以及它和左边骨部的连接部位。现在把意识从左边臀部撤回到左脚，再把它转移到右脚，把意识带到你右脚接触地板的位置，这个位置可以是脚后跟或者右脚的底部。感受一下你觉察到的，感受一下脚后跟、大脚趾以及右脚的脚底。感受一下自己的脚趾和右脚的顶端，感受下面的跟腱和上面的脚踝。现在把自己的意识转移到右腿的下部，感受一下小腿肚和小腿部分，同时感受一下它们与右腿膝盖的连接部位。把意识提升至大腿，感受一下大腿以及它和右边臀部的连接部位。慢慢地把自己的意识从你右边的臀部转移至骨盆区。将意识移入排泄系统和生殖系统，感觉进入生殖器和肛区。注意所有的感受、想法和情绪。现在把意识转移到腹部，这是负责消化和吸收的部位，有意识地去感受内脏，并顺其自然。现在把自己的意识从腹部转移到尾椎骨，意识开始进入后背的下部、中部和上部，去感受你所觉察到的。让所有的紧张感放松，如果无法放松就顺其自然。现在把意识转移到胸部，移到心和肺。感觉进入肋骨和胸骨，然后进入乳房。现在慢慢地把意识从胸部撤回，并且把意识转移至左手的指尖。感觉进入手指和手掌，然后是手背，并上升至左手腕。意识继续进入到前臂、胳膊肘部、左上臂，感受一下你所觉察到的。现在把意识转移至右手的指尖。感觉进入手指和手掌，然后是手背，并上升到右手腕。意识继续进入前臂、胳膊肘部、右上臂，感受一下你所觉察到的。让意识进入两个肩膀和腋窝，然后上升至颈部和喉咙。体验所有的感觉、想法和情绪。现在把自己的意识转移到下颚，然后慢慢地移到牙齿、舌头、嘴、唇。让各种感觉去它们需要去的任何地方，不要管它们，感觉进入脸颊，到达头部的眼睛、眼睛周围的肌肉。感觉进入前额和颞叶。持续一会。让意识进入头顶和后脑勺。感觉进入耳朵，然后进入头部，并进入大脑，持续一会儿。现在从头部到脚趾，把意识扩大至整个身体。把头部、颈部、肩膀、手臂、手、胸部、背部、腹部、骨盆区、腿以及脚全部连接起来。把身体作为一个整体的有机体，感受一下，连同它的各种生理感觉、想法以及情绪，持续一会儿。吸气，感受整个身体的提升；继续深吸气，然后呼气，同时感受身体的下降。把身体作为一个整体感受一下并持续一会儿。当我们结束身体扫描时，为自己进行这次体验当下的练习庆祝一下。你可能会知道这是一个爱的行动。

体验分享

身体扫描能帮助我们自己更多地觉察身体哪个部位有紧张感或各种情绪吗？花点时间注意一下自己身体里是否有压力、焦虑、高兴、悲伤、喜悦、愤怒或者任何其他情绪。当我们完成自己的第一次身体扫描之旅后，请花点时间，写下自己在这次正念过程中注意到的任何想法、情绪和感觉。如果愿意，分享给大家吧。

日期	正式练习项目	练习时间	练习时出现的想法、情绪和感觉以及之后的感受

活动总结

当我们和自己的身体建立联系时，你可能会发现你正在感受的部位隐藏着压力、紧张或者各种情绪，这的确令人惊奇。当我们的意识进入身体时，可能会出现无数的感觉、想法和体验。但有时你也可能没有太多的感受，知道这一点很重要，而且这也是可以探索的。会不会什么感受都没有，或者感受到中性的状态？事实上，随着你去感觉身体，确认所有的体验，你是不会没有任何感受的。许多人经常体验到无法解释的疼痛和痛苦。通过练习身体扫描，你可能会发现这些疼痛和痛苦反映出自己的紧张或情绪，它们可能存在于自己的胸部、颈部、肩膀、后背或者胃。身体扫描是一个绝妙的方法，它让我们和自己的身体建立起了联系。

知识链接

一、正念的基础知识

1. 正念的概念
正念是对当下所发生一切的全部觉察不进行任何判断取舍，它适用于任何情况。简单而言，正念即是觉察地活在当下。正念的应用领域非常广泛，能对诸多领域产生影响，如神经科学、心理学、教育领域和商业领域等。医生也会建议病人进行正念训练，以减轻病人的压力、痛苦和疾病。

2．日常正念

正念是一种学习如何与自己的生活直接建立联系的方式。正念就在自己的生活当中，因此没有谁能代替我们进行正念，或者确切地告诉我们怎样做到正念。幸运的是，当我们意识到自己离开当下时，并不用努力地让自己回来，因为实际上，在意识到自己没在当下的那一刻，我们已经就在当下了。当我们知道自己被困于自己的想法的时候，你已经获得了走出陷阱的自由。

作为一种生活方式，正念练习包括两种方式：正式的和非正式的。

正式练习是指每天抽出时间，特意采取坐姿、站姿或躺姿，去关注呼吸、身体感觉、声音、其他的感觉或者想法和情感。非正式练习是指把正念觉察引入日常活动中，如吃东西、运动、做家务、与他人沟通等，基本上在任何活动中都可以进行正念练习，而且不限场所，无论在工作场合或家里，还是其他任何地方，都可以进行正念练习。

3．正念和其他形式的冥想的区别

冥想有两种基本方式：内观冥想和专注冥想。正念属于内观冥想。因为它需要将你的全部注意力都集中于当前的身体和心理，不需要尝试改变或控制这些体验。无论身体上(视觉、听觉、嗅觉、味觉、感觉)或心理上发生什么，你的任务仅仅是观察它无常变化的本性。通过这种正念练习，你开始发觉引起你痛苦的原因，并找到通往广阔与自由的道路。与此不同的是，专注冥想重点关注的是某些想法、形象。在专注冥想中，当你将全部注意力集中于某一处，并被你的冥想对象所深深吸引时，你的心灵会收获一种宁静的感觉。

4．正念的姿势

在许多正念图片中，人们闭着眼，采取特殊的坐姿，这使初学者感到正念难以做到或者和自己无关。我们应该澄清的是，在我们正念的时候，没有必要采取特定或者异常的姿势，唯一的要求是姿势要能让自己感觉敏锐、专注以及舒适，让自己的脊柱不要太僵硬，也不要太松散，这有助于正念。正念不是要做到某种坐姿或者达到某种精神状态，而是无论自己身心处于什么位置，都能清醒地觉察当下。

做正念练习时应该怎样摆放姿势，怎样处理困倦呢？建议坐在地板上、坐垫上或者一张椅子上正念，也可以坐在床上、垫子上，甚至可以站立或者仰卧。若是仰卧，那么有意地保持清醒并专注于当下是很重要的。

大部分人闭目正念，但如果你更喜欢微睁开眼或者感觉这样做更舒服，你也可以这样做。如果你选择睁着眼睛，请记得把关注点放于你正在练习的正念上。

你可以把手放在膝盖上，或者把它们放在大腿上。

让自己处于既能保持警觉又感觉舒服的姿势。正如乐器上的弦一样，它在太紧或太松的状态下都会损坏。一个正念者可能会因为坐姿刻板而感到不适，这样就会导致坐姿不能持久；相反，一个正念者如果姿势太放松，也可能睡着。

如果感觉困倦，你可以站立或睁着眼睛正念，或者你可以小睡一会儿——也许你真的需要这样，休息充足了以后，再回到练习当中。对自己要疼惜，并深入倾听自己需要什么。

5．正念与放松之间的差别

有时候正念的确会给我们带来放松的感觉，但也可能没有这种感觉。自己的目的是造成这种差别的原因。当我们想放松的时候，你可以投入到很多活动中，像看电视、读书、躺在吊床上、泡一个热水澡、做深呼吸练习……而正念时，目的仅仅是不加评判地专注于你选择的任何事物。因此，如果你在进行吃葡萄干的正念练习，你就会调动所有的感觉，但不是为了放松，而是为了更加真切地、深入地体会当下。为了放松而练习正念实际上是一个陷阱，如果你正念时未感到放松，自己的意识可能会被"自己怎么无法放松呢"这种想法所占据，从而导致沮丧、焦虑和失望，并使你陷入恶性循环，把你推向更加焦虑或抑郁的状态。

二、正念练习中的问题

1．正念中的腹式呼吸

为了应对压力和焦虑，我们有时候会选择腹式呼吸——用腹部呼吸，它可以使人平静下来。腹式呼吸是我们自然的呼吸状态，尤其是当躺卧的时候。为了确定自己在用腹式呼吸，可以把手放在肚子上，感受它是否在你吸气时扩张，呼气时收缩。如果不是，就要注意呼吸得更深一点，并感受呼吸时的收缩与扩张。

腹式呼吸的一个重要好处是，它有助于缓和由压力和愤怒引起的不规则呼吸。焦虑会导致浅而急促的或者断断续续的呼吸，甚至过度换气。而一次严重的惊恐发作，则会引起呼吸短促、思维失控、胸部疼痛。通过进行腹式呼吸，可以帮助身体重返平衡。因此，当焦虑降临时，首先认同这种感觉，然后逐渐把注意力转向腹部，练习有意识的腹式呼吸。

2．正念中的思维游离

在练习正念的过程中，思维常会不由自主地游离。当我们开始仔细地关注思维活动的时候，可能会发现，自己经常迷失于对未来的思考和对过去的回忆当中。例如，淋浴时，你很少去体验淋浴，因为你在想别的事情。你可能经历过开车去某地，结果却发现根本不记得是怎么到达目的地的。一天之中有很多次，你心不在焉。当我们刷牙、洗衣、洗碗时，你有多久活在那个当下呢？

这是正常的，尤其是对于没有进行过专注力训练的人。你的任务不是去评判自我，而是耐心地注意到并确认思维的游离，顺其自然。事实上，当你意识到自己不在当下时，你就已经回到了当下。即使自己在整个练习时间里，除不断让心回归外没有别的事做……虽然每次你把它拉回来，它又跑掉了，但是你自己的时间恰好就流失了。重点是当想法或感受出现时，不要压抑或隐藏它们。要学习怎样与它们存在的状态共处，而不是试图强迫它们变成另外某个样子。当我们的思维游离时，首先要不予评判地认同，这是很重要的，然后逐渐地把它带回到专注的对象。

3．没有时间正念

我找不到时间正念，怎么办？许多人会遇到这个问题。希望我们能逐渐明白，花时间练习正念是给予自己的一个极好的礼物，没有其他人能给予我们这个礼物。正如要在日程表上安排与他人的约会一样，也应该安排与自我约会来练习正念，哪怕只有五分钟。我们可以把它记在你日常的任务旁边。如果有电子日历，用弹出式菜单来提醒自己练习。

后面我们将介绍更长时间的练习。虽然每天三十到四十五分钟的正式正念最有益于自己的健康和幸福，但一天只做几分钟的正念也是有用的。我们纳入了多种练习，以便无论你坐、立、行、卧，都能更容易地将正念融入生活。

案例链接

案例一 压力评估案例

李明是某职业学校国家级技能大赛的备战队员，备赛期间参加了学校特意为参赛队员组建的正念减压练习小组。因备赛压力大，入组时他的自评压力为 7，显示压力特别大。当他跟随这个正念减压训练到中间阶段时，他感到能更好地处理备赛的挑战，但仍然感到中等程度的压力，所以他将它评估为 5。到这个训练的最后阶段时，他对同样事件的压力程度又作了评估，尽管他仍感到有些压力，不过很微小，他将它评为 2。

压力情境	评分(1~10)		
	开始阶段	中间阶段	结束阶段
备战国家级技能大赛	7	5	2

案例二 正念饮食

故事要追溯到 7 年前，笔者还在读书，选了正念的课程学习。每次我们坐下吃东西时，正念老师就会让我们觉察我们在吃什么，它从哪里来，谁准备了它，要对它充满感激，并且要专注地品尝它。刚开始时，我很抵触，我不配合这种做法，并且继续像平常那样吃东西。我的头脑中经常涌现疑问，质疑我来这个地方的决定，认为我有更重要的事情去做，并且担心我是否真的适合做这些。大部分时候，在我真正品尝食物之前，我都会半途而废。

有一天，当另外一个参加者跟我提及在我们的所有活动中有意地去感受当下的重要性时，我立即想到吃东西并且问他："大家为吃东西如此大费周章，你不觉得烦吗？"他冲我绅士地一笑，从他的背包里拿出一个橙子，说："拿这个做个试验。拿起这个橙子，并且认真地思考它是从哪里来的；在土里它是怎样从一个种子开始的；人们是怎样关注这棵树并使它健康成长的；怎样从树上采摘水果的；想一下现在我给自己的这个橙子，在我之前，它是怎样经过许多不同的人的；它是从哪里运过来的。现在，拿起这个橙子，在你剥完皮之后尝一下，并用你所有的心智感受一下，而不仅仅是品尝它。等你准备好了，就咬它一口，用比你平常吃东西再稍微慢一些的速度去咀嚼它，然后回到我身边，让我知道它对你而言是怎样的。"然后他离开了我。

当我独自坐着时，我意识到自己有些抗拒，但是我决定尝试他的实验。我仔细思考我手中这个小橙子背后的所有努力。当想到这是来自他的礼物时，我感受到了内心的感动以及自己脸上浮现出的微笑。我不得不承认我喜欢这种感受。我更进一步地关注这个小橙子，并且注意到它表皮的凹凸不平。我慢慢地剥开橙子，注意到一点点橙汁溅到空气中，仿佛小橙子很高兴被打开似的，这使我笑了。随后我闻到了空气中浓郁的香味。我注意到了橙子鲜艳外皮与浅白色内部的明显对比。橙子被剥去皮后，我把它拿到眼前，看见了它外膜的光滑和纹理。当我掰开一瓣橙子时，我看到了一小片、一小片独立的果肉都充满了果汁。最终，当我把一瓣橙子放在我的舌头上时，有种刺激的感觉跑到我的脸颊上。我把所有的注意力都集中在品尝橙子上。当我开始咀嚼时，我惊讶于橙子的味道，同时有一种强烈的喜悦涌上心头。在我的一生中，我已经吃过很多橙子，但我从来没有这样品尝过橙子。我注意到我之前悲伤的感觉消失了，取而代之的是平静和自在。

案例三　身体扫描

身体扫描正念是一种对当前身体体验的深层探查。它通过觉察和认同你体内的任何感受或感觉，对于应对压力、焦虑和身体疼痛非常有帮助。我们可能听说过对外界经历的正念，但此处身体扫描的目标集中于体内的感受。大多数人都可以通过发展这种觉察而获益。

有一个真实的故事可以用来说明这一点。在一次车祸中，贾同学失去了几个家人，他感觉自己失去了笑的能力。当别人对他微笑时，他会非常不自然，会立即转过脸去并且往下看。"当别人对你笑的时候，自己的身体感觉怎么样？"当咨询师问他这个问题时，他说他没有任何感觉。于是在接下来的一段时间里，咨询师让贾同学通过扫描身体，让身体感觉到更多的觉察。然后咨询师让贾同学想象自己在街上步行，并且注意对他笑的人们。在想象过程中，他的咨询师鼓励他注意身体内的感觉。贾同学开始觉察到胸闷、肩部紧张，头低下来时脖子也在转动。他开始了解到这些身体反应标志着恐惧、自我判断和看向别处等一系列无意识的反应循环。

随着贾同学继续练习身体扫描，他开始对身体感觉更加警觉，并且当他真的顺着街道走时，他开始注意这些感觉的产生。很快他可以把这些感觉作为一个提示，让自己走出无意识反应，注意现在并选择一个不同的反应。他选择把头转向冲他微笑的人，并练习着以微笑回应。很快，他笑得越来越自然，这使他感到振奋而激动，长期的身体紧张也消失了。

案例四　抱持的正念态度

记得有一次邻居一家四口下楼，最小的男孩下楼时磕到了头。幸运的是他伤得不厉害，但确实很疼，他哭得很大声而且撕心裂肺。小男孩的妈妈紧跟着跑来哄他，从口袋里拿出一块糖说："快来，不哭啦，给你糖吃。"孩子爸爸说没事儿，孩子哭是合理反应。小男孩的哥哥也跑过来给弟弟做鬼脸，想办法让他笑，并说："你最坚强。"孩子爸爸说不用逗他，头碰疼了哭是正常的。

小男孩继续哭，并且大喊大叫。孩子爸爸只是把他抱起来，并且看了下他碰到的部位。小男孩泪眼汪汪地望着爸爸："爸爸，当我们碰到头时，它会疼的。"爸爸回应道："是的，你碰到头时，它确实会疼。"最后，小男孩变安静了，过了会儿，他看着爸爸说："爸爸，我们回家吧。"

我意识到自己目睹了一次完整的经历。经过这么多步，这件事最终结束。如果小男孩因为吃到糖或者被逗乐而减轻他的疼痛，那么每次当他疼痛时，他就会这么做。爸爸的做法让小男孩知道哭和生气是不管用的，压抑或约束我们的情绪都不利于我们的健康和幸福。

案例五 走 近 情 绪

上学学心理学时，我曾经对能觉察到自己的情绪而感到骄傲，但事实上在这方面我还有些困难。之前，当悲伤或愤怒情绪出现时，我的神经系统把它视为一种威胁。我无意识的反应是改变话题，或尝试处理现在的情况。换句话说，就是不惜一切代价去避免那些情绪。当我的同学指出，有时我会尽量避免不舒服的情绪时，我并没有承认。毕竟我在自我觉察方面做了很多工作。

然而，现在我知道我的同学是正确的。当我有这种想法时，我开始认识到，当我与朋友、家人或熟人在一起时，有时我的身体会变得僵硬，或我的脸会变得紧张，我会利用任何机会以避免真正的互动交流。

当我意识到这个问题，并探索背后的原因时，我发现这常常发生于可能会引起我痛苦的互动交流时，而且最常发生在与我熟悉的人的交流互动时。这是有意义的，因为这些关系最有可能让人痛苦。

通过这些领悟，我意识到我可以把身体僵硬或面部表情紧张作为我不舒服的一个线索。但是这使我又面临一个新的问题，就是我的情绪词汇是有限的，我唯一能够用来形容我的情绪状态的词语就是"不舒服""痛"。于是我开始丰富我的情绪词汇，并开始意识到，我其实是急躁的、易激动的与忧虑的——所有这些情绪都与恐惧有关。随着我探索的深入，我能感觉到恐惧在我的胸口燃烧，就在我的心脏附近。然后在我心中闪现出一个图像，一个小男孩在我体内，正透过墙上的裂缝偷看，并说："噢，不，我不会出去。"在回应我体内那个痛苦的小孩时，我感到非常悲伤和同情。

一段时间之后，当那种逃避与他人建立联系的冲动出现时，我就能够感觉得到，这时我会让自己认同这个冲动，然后去觉察恐惧的体验——不去判断好坏，只是让它存在着，同时保持与他人的联系。这对我和我的人际关系是一种极大的治愈。

总结与考核

一、实训日志

日　期		天　气	
主要实训内容：			
体会与感想：			
努力方向：			

二、训练考核(第十周)

考核内容		分值	本周考核要求	本周自评得分
平时成绩(80分)	考勤	5分		
	训练过程	5分	1. 压力评估，0.5分； 2. 根据实际情况，选择列举的正式正念活动，做正念练习，了解认识正念，0.5分； 3. 根据实际情况，选择列举的非正式正念活动，做正念练习，0.5分； 4. 分享总结正念练习的感悟，1分； 5. 选择适合自己的正念练习并编制正念练习计划表，1分； 6. 将正念融入理念，应用到日常生活中，循序渐进，不断深入，0.5分； 7. 利用小知识解决正念中遇到的问题，0.5分； 8. 进一步拓展训练，深入探索正念、情绪和自己的关系，0.5分	
	训练表现	10分	1. 对压力评估的态度，1分； 2. 正式正念练习的接受程度，1分； 3. 非正式正念练习的接受程度，1分； 4. 分享感受的态度，1分； 5. 选择正念练习与自己的匹配程度及计划情况，2分； 6. 融入理念的程度，应用到日常生活的意愿，2分； 7. 正念小问题的提问情况，1分； 8. 对正念、情绪、自己的探索意愿及情况，1分	
	团队训练表现	30分	1. 是否同队友相互支持鼓励，拓展生活和体验，6分； 2. 是否同队友相互支持鼓励，寻找适合自己的正式或非正式练习，6分； 3. 是否同队友相互支持鼓励，计划正念练习，并按计划执行，6分； 4. 是否同队友相互支持鼓励，将正念思想理念应用到团队和日常生活中，6分； 5. 是否同队友相互支持鼓励，深入探索正念、情绪和自己的关系，6分	
	长程团队项目及个人任务进程监控记录，个人贡献与反思	30分	1. 拓展生活和体验的意愿，6分； 2. 是否发展出适合自己的正式或非正式练习，是否同队友相互支持鼓励，6分； 3. 是否计划自己的练习，并保持与计划一致，是否同队友相互支持鼓励，6分； 4. 是否将正念融入思想理念，是否将正念应用到团队和日常生活中，是否同队友相互支持鼓励，6分； 5. 是否展开正念、情绪、自己的探索，是否同队友相互支持鼓励，6分	
	本周平时分合计			
训练感悟(20分)	每个训练或团队项目的感悟与提升	20分		
备注	1. 平时成绩每课一结，个人自评，组长核查汇总。 2. 平时成绩每周总分80分，期末加总求平均分，作为期末成绩，占总成绩的80%。 3. 训练感悟得分直接计入期末总成绩，占总成绩的20%			

拓展训练

一、训练内容

1. 探索学习正念的意义

为什么要学习正念呢？这是众多正念探索中的第一个。在这些探索练习中，我们列举了各种各样的问题，请坐下来反思，无论当下这一刻自己的身心出现了什么样的感受或想法，都请写下来。在写的时候，没有必要去分析、判断或得出什么结论，仅仅是写下此刻在这个探索中体验到的想法、情绪或身体感觉。

在进行这些探索时，我们建议比平时稍微放慢点儿速度。没有必要急切地完成这些探索，慢慢来，感受自己的生活。如果喜欢或为了加深体验，可以写下简短的回答。试着写长一点儿，不要有停顿，然后看看脑中会浮现出什么。写下内心的体会，要知道无论花多少时间来写，对自己都是有好处的。如果需要更多的空间，可以写到单独一页纸上或写在正念日志上。

生活中发生了什么，需要正念减压？

_____

_____

通过学习，希望自己的生活发生什么改变？

_____

_____

能说出一些自己的积极方面吗？如果感到想不出来，就暂时想一些其他事情。当我们感到放松后，再回到此处。当想到自己的积极方面时，就把它们写在下面。

_____

_____

在继续学习之前，花点时间以怜爱之心去反省、认同，并整合自己在这次探索中所写下的一切吧。

2. 探索压力或焦虑对自己生活的影响

请大家考虑日常生活中的小压力对自己的思维、情绪的影响有多久。这些都会对自己的身体造成影响。当我们在银行排队站在最后一名，遇到交通堵塞，面临截止日期临近，或进行了一场不愉快的谈话时，我们都会感觉到压力，甚至可能因为预感或回忆这些事情而体验到压力反应。虽然这些压力似乎相当轻微，但可引起各种症状，如肌肉紧张、头痛、失眠、胃肠不适以及皮肤疾病等。长期的压力可以导致严重的疾病，如癌症、心脏病和老年痴呆症，特别是当我们以不健康的策略，如吸烟、吸毒、暴饮暴食或过度操劳等来应对压力时。

现在我们就一起来探索压力或焦虑是如何影响自己的生活的。

花一些时间去思考下面的问题，并关注自己出现的任何想法、情绪和感觉。如果我们准备好了，就在下面写下自己的想法。在某些问题上，自己可能比其他人有更多的感受要写，这很正常。

由人际关系产生的压力或焦虑是如何影响自己的生活的？

_____

_____

工作、学习上的压力或焦虑是如何影响自己的生活的？

_____

_____

这个世界带给自己的压力或焦虑是如何影响自己的生活的？

_____

_____

由食品和饮食习惯产生的压力或焦虑是如何影响自己的生活的？

_____

_____

睡眠和失眠问题产生的压力或焦虑是如何影响自己的生活的？

_____

_____

锻炼或缺少身体运动所产生的压力或焦虑是如何影响自己的生活的？

_____

_____

通过我们写的内容，了解并确认自己的生活是如何被人际关系、工作、世界观、饮食习惯、睡眠和体育运动所产生的压力或焦虑所影响的。随着自己的觉察力不断增长，逐渐能够更加清楚地看到，压力与焦虑是怎样对待生活中的诸多方面产生影响的。但是这很正常，事实上能觉察到压力及其对自己的影响，是迈向更加健康的第一步。

3. 探索有作用的和没有作用的经历

过去经历过的困难或痛苦遭遇，有时会对你现在的压力和焦虑造成影响。例如，许多人在童年时受过身体或情感上的创伤，还有很多人目睹过创伤性事件，或者曾在课堂中出丑，或者不被朋友接纳等。花几分钟回忆一下自己过去经历过的任何挑战，而它们有可能现在也伴随着自己。当我们想好时，以自己喜欢的方式，简短地或有深度地写下对此的回忆和思考。

在自己的人生旅程中，可能已经找到了处理压力、疼痛或疾病的办法。例如，我们可能会与朋友交谈、运动、正念、吃健康的食物，或者看一部有趣的电影。在处理压力的过程中，曾经尝试过的什么方法对自己是有帮助的呢？花几分钟静静地思考一下，注意头脑中出现的任何想法、情绪和感觉。无论是什么样的想法，都不要作任何评论。当我们想好时，以自己喜欢的方式，简短地或有深度地写下自己的回忆和思考。

有时我们可能选择了不健康的方式去处理所面对的挑战，可能疯狂地吃东西，看电视，上网，酗酒等。最初你可能觉得这些方法是有帮助的，但长远来看这些方法是毫无用处的。在处理压力或焦虑的过程中，哪些方法是曾经尝试过，但是最终似乎没什么作用的呢？花几分钟静静地思考一下这个问题，注意头脑中出现的任何想法、情绪和感觉。无论什么样的想法，都不做任何评判，如果有评判，就让它存在并把它记录下来。当我们想好时，以自己喜欢的方式，简短地或有深度地写下自己的回忆和思考。

在面对生活的挑战时，希望能够减少痛苦并促进心理弹性，它也是我们每个人都具有的内在力量。自己希望将来做什么？希望现在的自己有什么样的改变？想要什么样的生活？

充满希望，并弄清楚各种方法对自己是否有帮助，这些是通往幸福的旅程中的重要步骤。现在回忆起来了，甚至可能刚刚第一次意识到，哪些方法是真正对自己有帮助的。这将会帮助我们更有意识、更有效率地利用这些资源。相反，也会知道什么对自己没有用处，

这会促使我们去避免采用那些可能进一步给你带来灾难和痛苦的无效策略。人们的内心都有成为理想自我的梦想，自己的希望让我们与这个梦想建立了连接，并且提供了实现梦想的可能。花点时间专注地呼吸，并仔细地思考刚刚写下的内容，以怜爱之心去回顾、确认并整合从这次探索中所学到的东西。

4．探索识别体内的情绪

有时候人们认为存在一些基本情绪，其他所有的情绪都在这些基本情绪的基础上变化。虽然这并不能表现情况的复杂性，但它提供了一些结构，从而更有利于我们去了解各种情绪。在本项练习中，我们将情绪分为舒服的情绪和不舒服的情绪两种类型，这为帮助我们学习到更广泛的情绪词汇，使我们更好地觉察自己的情绪提供了一个跳板。当我们浏览下面的内容时，圈出看起来更熟悉的情绪。然后写下自己身体的哪些部分感受到这些情绪；它们是如何表现的；当我们读到这些描述情绪的词汇时，有什么感受。要培养出自己对情绪的敏感性，并能明白情绪在体内是如何工作的，这可能需要一段时间。如果不能把特定的情绪与身体的感受联系起来，或者自己想不出任何东西，就可以先不做这个练习，以后再进行此练习。

恐惧：担心、焦虑、窘迫、急躁、心惊肉跳、神经质、恐慌、紧张、担心、忧虑、惊恐、不安。

_____

_____

困惑：迷惘、不确定、茫然、迷惑、不知所措、混乱、模糊、不知道。

_____

_____

生气：恼怒、情绪激动、烦恼、破坏性、厌恶、嫉妒、沮丧、激怒、发牢骚、粗暴、狂怒。

_____

_____

悲伤：疏离感、痛苦、绝望、失望、忧愁、伤心、绝望、不安全感、孤独、痛苦、不开心、拒绝。

_____

_____

羞愧：内疚、尴尬、羞辱、遗憾、悔恨、屈辱。

_____

_____

爱：喜爱、激励、吸引、关怀、同情、渴望、爱好、痴情、友善、喜欢、向往、温暖、同情、感伤。

_____

_____

喜悦：乐趣、狂喜、知足、热切、得意、热情、愉快、兴奋、高兴、希望、乐观、愉悦、满意。

_____

_____

　　我们可能不会自然地注意到情绪在体内哪个部位停留。但当我们坚持练习身体扫描时，将会对自己的身体感觉以及身体与情绪的关系变得更加敏感。时常阅读一下本练习中的情绪词汇清单，在自己的日常生活中关注这些不同的情绪。当我们出现强烈的情绪时，花一些时间专注地去感受自己的身体，寻找任何与这种情绪相关的身体感觉。

　　现在花点时间去体会你身体的感觉。它是否在向你发送与自己的情绪或想法有关的信号？是否有紧张、疲倦，或者感觉很好？请注意当我们关注自己的身体和它呈现的信息时出现了什么，用心去聆听。自己的身体可能正试图与你沟通重要的信息。

二、个人训练任务周进程监控表

任务要求	周一	周二	周三	周四	周五	周六	周日	任务状态
同队友相互支持鼓励，寻找适合自己的正式或非正式练习								
同队友相互支持鼓励，计划正念练习，并按计划执行								
同队友相互支持鼓励，将正念思想理念应用到团队和日常生活中								
同队友相互支持鼓励，深入探索正念、情绪和自己的关系								
同队友相互支持鼓励，拓展生活和体验								
团队项目	分配的个人任务、要求完成时间、完成情况：				贡献与反思：			
本周其他情况说明								

训练十一

团 队 展 示

人的巨大的力量就在那里——觉得自己是在友好的群众里面。

——奥斯特洛夫斯基

一朵鲜花打扮不出美丽的春天，一个人先进总是单枪匹马，众人先进才能移山填海。

——雷锋

训练目标

(1) 了解团队的发展阶段，对照阶段任务，评价自己与他人的完成情况。

(2) 增强倾听他人、表达自己的能力，增强与团队融合的能力。

(3) 增强付出意识、服务意识、贡献意识和支持意识。

(4) 能确定并应用一些可行而有效的方法来处理生活中的一般发展性问题，解决冲突矛盾。

(5) 继续促进成员在职业生涯心理发展上的认知、情感、态度及行为等方面的成长与发展。

(6) 正确理解工作的意义，有效设定未来抱负，能用良好的心态面对工作世界，培养出良好、有效的社会行为。

(7) 清楚明了自己的职业偏好，基本确定职业发展方向，找到距离，具体化生涯要务，并采取行动。

(8) 修正个人的价值观，清楚了解自我概念及自我发展完善方向，并采取行动。

(9) 对团队概念有更全面直接的了解，更愿意，也能更顺利友好地融入生活工作中的团队。

训练内容简述

(1) 以小组为单位与大家回顾团队初建到结束这一过程，汇报团队成果。

(2) 回想自己的团队故事、冲突的发生与应对及个人感受，并与大家分享，从中得到温暖与支持。

(3) 引导团队成员分享自己将团队经验应用于日常生活中的经历。

(4) 对照团队成员及自己，找到队友和自己做得好的部分，同时找不足、寻方法、做选择、定计划，行动起来补差距。

(5) 在职业选择方面，根据拓展训练内容(一)进一步考虑自己的需要、兴趣、能力、人格特质等，基本决定自己的职业目标。

(6) 根据拓展训练内容(二)进一步明确个人能力与个人抱负之间的关系，并考虑今后所需要的教育、训练等条件。持续记录自己遇到的一些问题，寻找能自我强化的方法，以便继续发展。

(7) 通过拓展训练内容(三)、(四)寻找改变方向、方法，找到自己目前的突破点，并开始付诸行动。

(8) 通过拓展训练内容(五)处理分离和结束团队的情绪。

训练内容

活动　团队成果展示

活动目标

(1) 回顾历程，看成果。

(2) 让大家对团队有更全面、直接的了解。

(3) 深入而充分地体会团队的力量、精神。

(4) 对照团队、个人的发展变化，体会自己成长中团队所起的作用。

(5) 让大家在以后的生活、学习、工作中更愿意也更顺利地融入其他团队。

活动准备

团队制作成果展示 PPT。

团队成果展示

活动内容

具体的活动内容及步骤如下：

(1) 展示顺序的确定：积极者优先，无法决定优先顺序时抓阄决定。

(2) 团队项目展示：

① 小组登台亮相。

② 小组代表播放 PPT。PPT 的制作要求能真实呈现整个项目的过程，重要环节着重介绍。有实物成果的小组，可视情况带到课堂中来。

③ 解说。讲述成员分工、组内职务、成员各自梦想、团队目标、如何统整等；小组项目实施中在团队初期阶段、团队转换阶段、团队工作阶段、团队的巩固与结束阶段以及团队的追踪与评价阶段五个阶段各遇到了什么样的困难，是运用什么方式方法来解决这些困难的。

④ 小组成员收获分享。小组成员分别讲述自己的体会、感受、在小组项目中起到的作用，以及个人提升方向，对团队的感谢、期待等。

体验分享

(1) 整理并分享团队经验所得。

(2) 整理别人对自己的回馈，了解自己在团队中的表现。

(3) 团体项目结束了，此刻有什么想法或者记忆出现？分享给大家吧！

活动总结

伴着我们的课程，大家的团体项目结束了，愿大家带着收获继续自己的成长，愿大家快乐顺利地融入现实生活、学习、工作中的团队中，在那里找到与新团队的契合点，继续和团队一起实现下一个目标，结束即启程！

知识链接

一、团队发展的理论

Garland、Jones 和 Kolodny 认为，团队发展历程包括以下五个阶段：

(1) 组合阶段。接近与逃避是此阶段的显著特点。成员开始相互接触与认识的同时，伴随着要保持一定的距离、自我保护的心理倾向。

(2) 权力与控制阶段。成员开始角逐团队内的地位，开始权力的争取，有时会与团队领导者产生权力上的矛盾。有些成员会因不能取得权力而请求退出团队，或因不想受到团队规范的约束而有所变化。

(3) 亲密阶段。团队成员经过相互了解而彼此依赖，关系处于密切状态，并且有感情互转的倾向，而且要寻找团队的目标。

(4) 分辨阶段。团队已经达到整合，成员之间可以自由发表各自的看法与感受，彼此的沟通很融洽，不再出现权力的争斗。

(5) 分离阶段。团队活动的目的基本已经实现，当领导者提出结束团队时，往往遭到部分成员的拒绝。此阶段常见成员回顾团队的历程，此时团队领导者应组织一次评估与总结，使成员做好团队结束的心理准备。

Mahler 也将团队发展分为五个阶段：形成阶段、接纳阶段、过渡阶段、工作阶段和结束阶段。Warnetr 和 Smith 认为，团队过程包括团队的初始期、冲突或对抗期、凝聚力产生期、成效获得期和终结期。美国的团队专家 Gerald Corey 将团队历程分为团队组建之前的准备阶段、团队初期的定向与探索阶段、团队的转换阶段、团队的巩固与终结阶段以及团队结束后的追踪观察和评价阶段。

本书采用刘勇在《团体心理辅导与训练》一书中介绍的团队初期阶段、团队转换阶段、团队工作阶段、团队的巩固与结束阶段以及团队的追踪与评价阶段五阶段论。

二、团队初期阶段

1. 团队初期阶段的特征

团队的初期阶段是一个定向探索的时期：确定团队的结构，互相熟悉，探讨成员的期望。团队成员会习惯性地在刚开始的团队中保持一种所谓的"公众形象"，即成员表现出自认为是被社会所接受的各种行为和态度。

2. 领导者的主要任务

在团队初期阶段，领导者的主要任务包括以下方面：

(1) 告诉成员积极参与团队的一般指导原则和方法，以增加成员获得团队收益的机会。

(2) 建立团队的基本规则和规范。

(3) 教导成员有关团队历程的基本原理。

(4) 协助成员表达恐惧和期望，努力促进信任感的发展。

(5) 对团队成员坦诚相待，从心理上予以及时反应、关照。

(6) 明确责任分工。

(7) 协助成员建立具体的个人目标。

(8) 开诚布公地解决团队成员的担忧和问题。

(9) 提供一定的组织结构，它既不助长成员的依赖性，也不会造成不必要的停滞。

(10) 帮助成员袒露对团队中所发生的事情的想法和感受。

(11) 教授一些基本的人际交往技巧。

(12) 评价团队成员的需要，并促成这些需要的满足。

(13) 表达对这个团队的预期和希望。

(14) 说明团队成员对团队的发展方向和效果负有责任。

(15) 保证所有团队成员积极参与团队的互动，避免有些成员感到被排斥。

3．团队成员的主要任务

团队初期阶段的核心工作是建立团队的认同感和信任感。

团队成员可能会自我询问的问题有以下方面：

(1) 我要加入或退出这个团队吗？

(2) 我要在多大程度上剖析我自己？

(3) 我想冒多大程度的风险？

(4) 冒这种风险的安全系数有多大？

(5) 我能确实信任这些人吗？

(6) 我适宜和属于这个团队吗？

(7) 我喜欢谁？我不喜欢谁？

(8) 我能被接纳吗？还是被拒绝？

(9) 我仍能是我自己，同时又是该团队的一部分吗？

在初期阶段，团队成员需要完成的主要任务包括以下方面：

(1) 要采取积极的态度和行为创造一种信任的团队气氛。

(2) 要学习表达个人的情感和思想。

(3) 要愿意表达与团队有关的恐惧、希望、担忧、保留意见、期望。

(4) 要愿意使自己被团队的其他成员所了解。

(5) 要积极参与团队规范的建立。

(6) 要建立具体的、可行的个人目标。

(7) 要了解团队历程的内容，特别是怎样参与团队的互动活动。

4．不同类型团队聚会开始的方法

领导者需要在团队聚会开始时安排一段时间，将成员的注意力聚焦于团队。常用的方法有以下几种：

(1) 邀请成员讨论上一次的聚会，提示上次曾被讨论过的重要问题，然后和成员谈这次聚会的计划。

(2) 邀请成员谈谈上次聚会之后的生活，包括感受、想法、反应及所观察到的现象。

(3) 邀请成员报告自己的进步状况。

(4) 询问成员是否有问题，并用几分钟时间来回答成员的问题。

领导者需要掌握不同性质与目标的团队聚会开始的不同方法。

三、团队转换阶段

1. 团队转换阶段的特征

在团队转换阶段，团队中成员多表现出焦虑和各种抗拒。

2. 团队成员的任务

在这个阶段，团队成员的任务是认识和处理各种形式的心理问题，具体包括以下方面：

(1) 认识、表达各种负面的情绪、情感。

(2) 尊重一个人的抗拒情绪，但要有解决它的信息。

(3) 从依赖向独立发展。

(4) 学习怎样建设性地向别人提出问题。

(5) 因过去尚未解决的情感问题而针对团队领导者产生某些反应时，要积极地剖析和认识这些反应。

(6) 乐于面对和解决团队中发生的事件。

(7) 乐于去解决矛盾冲突，而不是回避它们。

3. 领导者的任务

在团队转换阶段，领导者需要以一种谨慎敏感的方式，选择恰当时机来采取有效的介入措施，既要给成员提供必要的支持，又要予以适度的挑战。如果能成功地经历和解决这些团队内的冲突，就能获得使团队工作向前推进的真正的凝聚力。

领导者的任务包括以下方面：

(1) 告诉团队成员认识和表达他们的焦虑情绪的重要性。

(2) 协助团队成员认识到他们进行自我心理防卫反应的方式，创造一种使他们能在团队中公开处理抗拒的气氛。

(3) 注意抗拒的迹象，告诉团队成员有些抗拒是自然的和有益的。

(4) 指出那些明显的旨在争取控制的行为，告诉成员如何接受他们对团队的发展方向所要承担的责任。

(5) 坦率、真诚地处理任何针对身为一个普通人的自己和专业领导者的挑战，为团队成员提供一个榜样。

(6) 帮助团队成员处理任何可能影响他们获得自主能力的各种问题和现象。

4. 焦虑与矛盾冲突的控制

团队转换阶段的焦点问题是团队成员的焦虑和心理防御行为的不断增加。这些负面情绪与行为将会被随后而来的各个阶段的真诚袒露和信任的建立所替代。

一般来说，焦虑产生于害怕让别人在超出一般公众认识的程度上认识自己，或害怕遭遇他人的批评和误解，或产生于需要更多的组织结构，或源于缺乏对团队情境中的目标、规范行为的明确认识。随着成员之间的熟悉和相互信任，成员能够逐渐地公开表露自己。

Yalom 指出，矛盾冲突在团队的转换阶段扮演着中心角色，成员可能对他人采取批评性的态度，却不愿意知道别人对自己的看法。转换阶段是团队成员之间和成员与领导者之间，建立一种社会等级秩序的时期。W. Schutz 认为，控制是团队转换阶段非常突出的核心问题，这种控制在团队中经常表现为竞争、敌对、运用各种手段谋求利益、争取领导地位、频繁地讨论决策和责任分派的程序。

团队内一些矛盾与冲突源于成员对领导者的挑战性、攻击性的评论。例如：① 你是个批判性的、冷漠的、严厉的人；② 无论我们做什么，我都有一种感受，觉得它不足以打动你，你对我们的期望太多太高了；③ 你并不真正关心我们个人，我觉得你不过是在完成你的一次工作而已，而我们算不了什么；④ 你不给我们充分的自由，你控制着这个团队；⑤ 你催得人太紧了，我觉得你不愿意听人说"不"。

应该如何面对并解决这些矛盾冲突呢？

(1) 领导者与团队成员要充分认识到这些矛盾冲突存在的客观性和不可避免性。如果团队中的矛盾和冲突被人为忽略，那么，最初产生这些矛盾冲突的因素就会进一步恶化，并破坏成员真诚接触交流的机会。

(2) 领导者要能够识别引发负面情感的团队行为，并主动承担主要责任。这些常见的负面情绪的团队行为有：① 个别或一些成员保持冷漠，处于观察者的角度；② 个别或一些成员过多的言语行为，如以询问、建议的形式，或是以干扰他人跳开原来主题的方式，主动地干预团队的历程；③ 个别或一些成员试图支配整个团队，讽刺、挖苦、贬低他人所付出的努力，以使得他人注意自己。

(3) 要采取合适的方法解决这些矛盾与冲突。Rogers(1970)指出，"此时此地的矛盾和冲突，往往和对其他团队成员或对团队领导者的负面态度有关"。根据 Rogers 的看法，表达负面情感是检查团队自由度和信任度的一种有效方法，团队成员会通过"当他们并不友善和蔼时，在多大程度上能被接受"这样的测试，来考察这个团队是不是一个能表达不同意见、产生并表露负面情感以及体验人际冲突的安全场所。

四、团队工作阶段

1. 团队工作阶段的特征

工作阶段是指团队成员认识到要对自己的生活承担必要责任的时期，其典型特点是团队探讨重大问题和采取有效行动，以促成团队成员理想行为的改变。

2. 团队成员的任务

工作阶段的核心任务是探索具有个人重要意义的内容。团队成员需要完成的任务包括以下方面：

(1) 要愿意将自己的问题拿到团队之中来讨论。

(2) 能为其他成员提供回馈，且能够开放性地接受来自他人的回馈。

(3) 承担一些领导功能，表达自己怎样受到他人存在的影响以及团队工作的影响。

(4) 日常生活中实践新的技能和行为，在团队聚会中报告自己实践的结果。

(5) 为其他团队成员提供挑战和支持，鼓励自我探索。

(6) 不断评价自己对团队的满意度，积极地采取方法来改变在团队中的参与程度。

3. 领导者的任务

(1) 对所希望的、促进凝聚力的和有效工作的团队行为提供系统支持。

(2) 在团队成员的工作中寻找一些具有普遍性的共同主题。

(3) 继续为成员示范适宜性行为，特别是真诚坦白地表露对团队此时此地的感受。

(4) 给愿意冒险的成员提供支持，协助成员将团队中所学的行为带到日常之中。

(5) 在恰当的时机解释行为模式的意义，使团队成员能够达到更深层次的自我探索，考虑替代性行为。

(6) 认识到那些具有产生改变作用的治疗性因素，以协助成员完成所希望的情感、思想和行为上变化的方式，实施处理或介入措施。

(7) 鼓励团队成员牢记从团队中获得的知识。

4. 团队凝聚力

团队工作阶段的一个关键性因素就是团队凝聚力的形成。所谓团队凝聚力(Group Cohesiveness)，是指团队成员与领导者共同努力采取行动而形成团队整体感的结果，是团队目标活动的心理结合力，包括团队的吸引力、满意度、归属感、包容度和团结度等指标，是团队成功的必要条件，为团队提供向前发展的动力。

D. Krech 曾经描述了高凝聚力团队所具有的主要特征：

(1) 团队的团结力量的形成主要来源于团队内部，而非起因于团队外部的压力。

(2) 团队成员没有分裂为互相敌对的小群体的倾向。

(3) 团队本身具有适应外部变化的能力以及具有处理内部冲突的能力。

(4) 团队成员之间有一种强烈的认同感，成员对团队有一种强烈的归属感。

(5) 每个团队成员都能明确团队的目标。

(6) 团队成员对团队目标以及领导者有肯定的、支持的态度。

(7) 团队成员承认团队的存在价值，并具有维护这个团队继续存在的意向。

Yaolm 的研究表明：凝聚力是一个团队建设性成果的重要决定要素，注重现时问题的团队几乎总是很有活力和凝聚力的，而那些只是谈论与现时无关问题的团队，很少会发展出很大的凝聚力。

需要说明的是，领导者也必须认识到有时团队凝聚力也会成为阻碍团队发展的力量，当凝聚力并没有伴随一种由团队成员和领导者共同促成的向前发展动力时，团队很可能陶醉于所获得的舒适与安全之中，此时团队就会开始停滞不前。

随着团队的凝聚力达到一定程度，成员会感觉到：① 在我的痛苦和问题方面，我并不孤独；② 我要比我想象中的自己更可爱；③ 现在我觉得我的感受和在这里的人的感受没有任何区别；④ 我对未来充满希望，尽管我知道我要走过漫长的道路，而且那条道路是很坎坷的；⑤ 这里有许多人令我感到很亲近，而且我明白我们是经由让他人了解自己而赢得这种亲密的；⑥ 亲密感是令人害怕的，但它也是有好处的；⑦ 一旦人们脱去他们的面具，他们会很美丽；⑧ 我了解到，我所感到的孤独是这个团队中大多数人所共有的。

5. 工作团队的效能

一个富有成效的工作团队通常会具备如下效能：

(1) 着眼于此时此地的问题解决。我们学会了直率地讨论在团队活动中所感到和所做的事，愿意进行有意义的彼此交流和分享。互相交谈，而不是谈论对方。更注重于团队中所发生的事情，而不是团队以外的人的经验。

(2) 更加充分地准备好确定自己的目标和关心的问题，并愿意承担责任。

(3) 愿意在团队之外工作和实践，以实现行为的改变。能够认真完成家庭作业，愿意将自己在实践新的思想、行为和感受方式中所遇到的任何困难带到团队聚会中来讨论。愿意努力在日常生活情境中整合情绪、行为和思想，能够更好地监控自己是否仍以原有的方式进行思考和行动。

(4) 感到自己被团队所包容。那些不太活跃的成员知道自己是被欢迎的，只是缺乏参与的行为表现并不会阻碍其他成员从事有意义的工作。那些一时难以体验联结或归属感的成员，可自由地将这个问题带到团队聚会中，成为有效工作的一个焦点。

(5) 团队似乎成为一个交响乐团，我们彼此互相倾听和共同从事有成效的工作。虽然我们可能有时仍会寻求领导者的指导，但我们也看到了发展的方向。

(6) 我们不断评价对团队的满意度，如果看到团队活动需要改变，就会采取积极的措施作出调整。在一个有成效的团队中，我们能够认识到在所获得的成果中有我们所付出的一份力量。如果我们没有得到想要的，通常也会觉得至少为别人作出了贡献。

6. 团队主题的引导

团队工作阶段的关键是思考与主题有关的各种重要议题，催化团队讨论与分享，以获得团队的效能。

五、团队的巩固与结束阶段

1. 团队巩固与结束阶段的特征

(1) 对于与团队分离的事实，团队成员会产生一些焦虑和伤感。

(2) 预见到团队即将结束，团队成员往往会表现出行为的退缩。

(3) 团队成员既有某种程度上的分离恐惧，也担心能否在日常生活中运用在团队中所体验到的、所学习到的感受和行为模式。

(4) 团队成员可能互相表达恐惧、希望和担忧，互相述说自己的体验。

(5) 与其他成员之间产生更为有效互动的角色扮演和行为预演。

(6) 评价团队经验。

(7) 追踪观察聚会或某些行为计划，开始执行计划。

2. 团队成员的任务

(1) 要处理好自己对分离和结束团队的情绪。

(2) 要准备将自己在团队中所学扩展到日常生活中。

(3) 要给他人一个比以前更好的形象。

(4) 评价团队的影响作用。

(5) 要针对自己想要作出的改变和如何实现这些变化，作出选择和计划。

(6) 要解决任何尚未解决的问题，无论是自己带到团队中来的问题，还是与团队其他成员之间的问题。

3. 团队领导者的任务

团队领导者在团队巩固阶段的任务是使团队成员能够认识他们在团队中学到的知识及其意义，协助成员把从团队中学习到的东西带到日常生活之中。领导者要完成的任务包括：

(1) 协助成员处理可能在团队结束时所产生的任何情绪。

(2) 提供机会让团队成员表达和处理在团队中任何尚未解决的问题。

(3) 协助成员确定如何将特殊的技能运用于日常生活中。

(4) 和团队成员共同努力建立起特定的契约和家庭作业。

(5) 让成员有机会互相提供有建设性意义的回馈意见。

(6) 协助成员建立一个概念架构，理解、整合、巩固、记忆其在团队中所学到的内容。

(7) 再次强调成员在团队结束之后保守团队秘密的重要性。

(8) 强化成员已经作出的改变，保证成员作出进一步变化的可使用的资源。

六、团队的追踪与评价阶段

1. 团队成员的任务

在团队结束之后，团队成员的主要收获是将在团队中所学习的内容应用到日常生活中。其主要任务有：

(1) 寻找能自我强化的方法，以便继续发展。

(2) 持续记录自己遇到的一些问题。

(3) 参加个别会谈，以讨论如何更好地实现自己的目标，或者参加追踪观察活动，向团队成员说明自己将团队经验应用于日常生活中的情况。

2. 团队领导者的任务

(1) 追踪观察团队活动或个别会谈，以评价团队对成员的后续影响和作用。

(2) 为那些想要或需要进一步咨询的团队成员寻找具体资源。

(3) 鼓励成员寻找继续学习的途径，以便团队结束后成员能不断进步。

(4) 协助团队成员建立相互联络的渠道，使成员在团队之外也能互相帮助。

(5) 评价团队的整体效果。

案例链接

案例一　团队初期阶段开场

(一) 教育团队成立之初开场案例

1．今天，我们打算要谈谈……为使大家思考这个主题，我希望你们按照我的指示来做。这些指示是……

2．我想先用几分钟时间谈谈……然后，我们谈一下你的反应、感受与想法。

3．我们先观看一段 20 分钟的录像资料，之后我们将讨论你们所提到的任何问题或建议。

4．在开始今天的主题之前，有没有人对上次聚会所发资料的内容有任何疑问或反馈？

(二) 治疗团队开场案例

1．我想我们开始吧！首先，有没有人有些事想提出来谈的？

2．我们开始吧！上次聚会你们当中许多人谈到了一些对你们而言很重要的私人性问题，我想如果你们能谈谈从那次以后你们对这些事情的反应和想法，那么这对你们是很有帮助的。我们先用几分钟时间来谈谈这个话题，然后我们再转向其他的人和其他的话题。

3．我想今天用不同的方式来开始这次聚会。我希望你们每一位想想有没有想谈的问题。然后紧接着我们用绕圈发言的方法谈，我只要你们简短地回答"有或没有"来表示你有无问题想谈。这个方法可以很快地让我们知道有多少人心中有事。我希望你们大部分的人都有事情想谈，不过，你也可以很安心地回答"没有"。

4．我们开始吧！我刚才和阿强在路上谈了一下，有些问题的确很困扰他。我希望我们能帮助阿强。阿真，你说你想要告诉团队当你看到你儿子时你的状况，现在谈谈好吗？

(三) 任务团队开场案例

1．让我们先来谈谈你们每个人任务完成的情况，谁想先开始？

2．让我简要地概述一下我们的工作情况以及所需决定的下一件事是……

3．在我们开始之前，你们当中谁有合适的事情想要分享？

(四) 成长团队开场案例

1．我们开始吧！我想了解大家上周过得怎么样？

2．对上次聚会有什么看法或谁想报告自己的进步情况？

3．今晚你们想谈些什么？你有任何想要谈的主题或问题吗？

4．我们开始吧！首先，我们可以先想想，自上次聚会后，在你的生活中所发生的最重要的事情是什么？一分钟后，我们进行绕圈发言。谁想先开始？我们将倾听每一个人的想法。

案例二　具有普遍性且有重要意义的主题提纲

(一) 有关自尊的主题提纲案例

1．重要议题：

(1) 自尊的内涵。

(2) 自尊的来源。

(3) 如何评价自尊。

(4) 一个人可能改变自己的自尊吗？

(5) 父母角色。

(6) 兄弟姐妹或朋友的角色。

(7) 配偶或恋人的角色。

(8) 成绩、聪慧与自尊。

(9) 外表或外貌与自尊。

(10) 体育活动与自尊。

(11) 工作与自尊。

(12) TA 分析，我好，你好；不好的儿童自我状态。

(13) RET 治疗，自我对话与自尊。

(14) 什么是赢家，什么是输家。

(15) 罪恶、羞耻与自尊。

2．引入主题的活动：

(1) 绕圈发言：如果 10 代表非常喜欢自己，1 代表非常不喜欢，你会给自己打几分？

(2) 绕圈发言：曾经有过哪些事件对你的自尊造成了影响？

(3) 纸笔书写：这是一张 1～10 的评定量表，10 表示非常满意，1 表示非常不满意。现在请针对你的外表、智慧、人格特点来评分。

(4) 纸笔书写：请用简短的语言文字来定义"自尊"。你认为自尊可以改变吗？如果可以，有哪些方法？如果不可以，原因是什么？

(5) 两两配对：讨论你对自我的感受，并说明这种感受的原因是什么？

(6) 语句完成活动：当＿＿＿＿＿＿＿＿＿＿＿＿＿＿＿，我的自尊心会起伏。

3．深化主题的活动：

(1) 绕圈发言：为了增强对自己的好感，你觉得自己需要做些什么事情？

(2) 绕圈发言：你经常对自己说什么消极的话语，导致自己不如他人。

(3) 配对活动：讨论在你成长过程中，是否重视他人是怎么描述自己的。

(4) 创造性道具：我请你们每个人都拿着这个塑料泡沫杯子，然后想象这个杯子代表你的自尊或自我价值。现在我要你们拿一支圆珠笔在这个杯子上打洞。这些洞就代表你自尊上的缺陷。多数人在自尊上的缺陷是来自童年、父母、学校以及其他的关系或事件的影响。现在你要花 2 分钟时间认真回顾一下，之后开始在杯子上打洞。

(5) 身体移动活动：现在请你们都站起来并面向我排成一排。在我面前画一条想象的线，这条线代表你对自己感到很满意。而你们现在站的位置则表示你觉得自己"很不好"。现在请根据你们对自己的感觉移动自己的位置。当我数到三这个数时，大家就开始行动。

(二) 有关认同感的主题提纲案例

1. 重要议题：

(1) 认同感的来源：父母、领导、孩子、朋友、配偶、恋人、老师。

(2) 认同感需要来自哪里？

(3) 人们如何寻求认同感？

(4) 你对认同感需要的程度。

(5) 人们获得认同感的途径。

(6) 自我信赖。

(7) 信赖、独立。

(8) 需要认同感与渴望认同感之间的差异。

(9) 如何降低认同感需要的行为。

2．引入主题的活动：

(1) 绕圈发言：他人对你的认同有多重要。请在 1～10 之间评分。

(2) 配对活动：请讨论你在家中的早期经验，是否曾有被赞赏的感觉？这种经验如何影响着你的现状？

(3) 绕圈发言或两两配对：你需要哪些人的认同？使用什么方法寻求这种认同？

(4) 纸笔书写：请列出你最渴求认同自己的对象，并依据重要程度排定顺序。

(5) 配对活动：讨论这些对象对你的意义。

(6) 语句完成活动：

① 如果父母不认同我，我将_____。

② 如果我的老师不认同我，我将_____。

③ 如果我的班长不认同我，我将_____。

④ 如果我的同学不认同我，我将_____。

⑤ 如果我的朋友不认同我，我将_____。

⑥ 我肯定自我的语言有_____。

⑦ 如果我感受到他人的不认同，我会_____。

3．深化主题的活动：

(1) 绕圈发言：认同需要对你而言是一种渴望、必需品或一种负担(强迫选择一种)。

(2) 纸笔书写：列出寻求认同的行为可能产生的收益与损失。

(3) 两两配对：讨论获得他人认同的方法，并区分出有效方法和无效方法。

(4) 绕圈发言：以"非常同意""无所谓""非常不同意"回答陈述"他人对我的认同比自我认同更重要"。

总结与考核

一、实训日志

日　期		天　气	
主要实训内容：			
体会与感想：			
努力方向：			

二、训练考核(第十一周)

考核内容		分值	本周考核要求	本周自评得分
平时成绩(80分)	考勤	5分		
	训练过程	5分	1. 以小组为单位与大家回顾团队初建到结束这一过程,汇报团队成果,1分; 2. 分享自己的团队故事,冲突的发生与应对及个人感受,从中得到温暖与支持,0.5分; 3. 分享自己如何将团队经验应用于日常生活中,1分; 4. 清晰明了团队的阶段性发展过程及任务,与之对照找到队友和自己的长处与短处,0.5分; 5. 根据拓展训练内容(一)进一步考虑自己的职业需要、兴趣、能力、人格特质等,确定自己的职业目标,0.5分; 6. 根据拓展训练内容(二)进一步明确个人能力与个人抱负之间的关系,并考虑今后所需要的教育、训练等条件,持续记录自己遇到的一些问题,寻找能自我强化的方法,以便继续发展,0.5分; 7. 通过拓展训练内容(三)(四)寻找改变的方向、方法,找到自己目前的突破点,并开始付诸行动,0.5分; 8. 通过拓展训练内容(五)处理分离和结束团队的情绪,0.5分	
	训练表现	10分	1. 对照阶段任务,自评及他评,2分; 2. 自我概念发展完善计划及行动力情况,2分; 3. 倾听他人、表达自己的能力,与团队融合的能力,1分; 4. 解决一般发展性问题及矛盾冲突的能力,1分; 5. 对自己的职业偏好的认识程度、职业发展方向的确认程度、自己与职业理想距离的了解程度,对缩短距离的计划及行动力,2分; 6. 融入生活工作中新团队的意愿与能力,2分	
	团队训练表现	30分	1. 团队项目体现的价值观、个人价值观的正确性,10分; 2. 成果展示情况,10分; 3. 项目中个人与团队目标的契合度,5分; 4. 团队中成员的付出意识、服务意识、贡献意识、支持意识,5分	
	长程团队项目及个人任务进程监控记录,个人贡献与反思	30分	1. 同团队的默契度、参与度、贡献度、获得感,任务完成情况,5分; 2. 个人对分离和结束团队情绪的处理,5分; 3. 将自己在团队中所学扩展到日常生活中的愿望及能力,5分; 4. 自认为团队对个体成长的影响作用,5分; 5. 个人形象是否比建队之初更好,自我的提升程度,5分; 6. 课程结束后的计划和目标,5分	
	本周平时分合计			
训练感悟(20分)	每个训练或团队项目的感悟与提升	20分		
备注			1. 平时成绩每课一结,个人自评,组长核查汇总。 2. 平时成绩每课总分80分,期末加总求平均分作为期末成绩,占总成绩的80%。 3. 训练感悟得分直接计入期末总成绩,占总成绩的20%	

拓展训练

一、训练内容

(一) 珍珠项链

1. 突围闯关活动。

(1) 突围：由一位成员自动站在团队中间，其他成员站立，用手臂互相交接形成圆圈。站在中间的成员可用钻、跳、推、拉、诱骗等任何方式，力求突围，而在外围的成员各尽心力，不让中间成员突围。一段时间后，换其他成员试之，最后分享突围的感受。

(2) 闯关：规则和突围游戏一样，请成员从外围冲入圈内，而围成圈的成员脸朝外。

2. 珍珠项链活动。

(1) 发给每个成员一张人格特质形容词检核表及四张"一串珍珠项链"图。

(2) 请成员根据形容词检核表，在一串珍珠项链的每一颗珍珠上写下自己五项好的人格特质形容词及五项尚需改善的人格特质形容词。

(3) 请成员自由邀请三位同伴，分别填写剩下的三张珍珠项链图。

(4) 请成员比较自填的与别人填的人格特质形容词，了解其差异状况。

(5) 组长说明人格特质与职业的关系，并请成员思考人格特质对职业的影响。

(6) 成员要根据自我的认识，在自填的表格下方，写下五项自己可胜任的工作。

(7) 请三位伙伴在其所填图的下方，写下五项所建议的工作名称。

(8) 成员再次比较所填工作名称的差异。

人格特质形容词检核表

我是……				
□有恒心的	□顺从的	□冲动的	□有说服力的	□有同情心
□有谋略的	□爱争辩的	□冷漠的	□周到的	□不切实际的
□害羞的	□有主见的	□理性的	□内省的	□有效率的
□缺乏想象的	□文静的	□富有想象力的	□精确的	□沉着的
□有条理的	□被动的	□善解人意的	□节俭的	□悲观的
□直觉的	□追根究底的	□活跃的	□依赖的	□细心的
□有责任感的	□乐观的	□擅言词的	□理想主义的	□有自信的
□好交际的	□友善的	□慌乱的	□柔婉的	□颖悟的
□好奇的	□助人的	□刚毅的	□含蓄的	□坦率的
□固执的	□独立的	□合作的	□喜欢表现的	□真诚的
□具体的	□富有创意的	□保守的	□拘谨的	□机智的
□爱冒险的	□实际的	□爱动脑的	□有野心的	□天真的
□情绪化的	□防御的		□慷慨的	□浮躁的

姓名：_____

建议的职业：

(1) _____

(2) _____

(3) _____

(4) _____

(5) _____

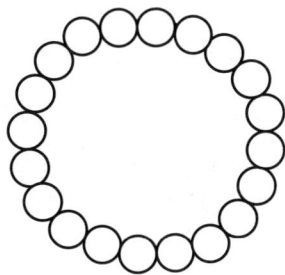

"一串珍珠项链"图

3．分享：这个拓展训练帮助大家看到了自己的一些没有被注意的人格特质吗？我们和自己喜欢的职业之间差了一些什么？花时间思考并写下来，如果愿意，还可以分享给大家。

_____

_____

_____

4．总结：人格特质并不是一成不变的，发现我们特质所适合的工作与自己希望中的工作不匹配也没关系，经过有意识、有目标的训练和生活的打磨它便会向着希望的方向改变。

(二) 招聘启事

1．发有关招聘的剪报给成员，每人一张，2 或 3 人为一组。

2．请成员先大略看看剪报。

3．根据剪报，进行抢答，并计分，其题目可为：

(1) 学历要求不高的工作有哪些？

(2) 要求初中或高中教育程度的工作有哪些？

(3) 高中(高职)毕业生可做的工作有哪些？

(4) 福利好的工作有哪些？

(5) 违法的工作有哪些？

(6) 某广告的工作内容如何？

(7) 某工作要求的学历如何？

4．列举两项或三项工作，询问会去应聘的成员，并请其说明原因。

5．引导成员思考：如果去应聘且被录用，所付出的代价是什么？予以归纳。

6．讨论应聘时应注意的事项，如安全、仪容、应对技巧等。

7．分享：如果去应聘且被录用，所付出的代价是什么？去应聘心仪的工作，我们需要具备什么条件，如何准备呢？

_____

_____

_____

8. 总结：我们自身的条件和心仪工作的要求还有些差距，这个发现很正常，也很及时。看看哪些地方我们通过努力可以改变，有哪些需要我们绕道而行，向着目标前进吧。

(三) 路无限宽广

1. 与成员共同回想过去团队训练的内容与收获。

2. 请成员整理自己的兴趣、性格、工作价值、向往的工作，认真地考虑未来可从事的职业，填写"停、看、听"表格。

3. 请成员思考欲达愿望和可能面临的阻力与助力，解释并举例。

4. 成员 3 或 4 人一组，相互讨论如何运用助力、减低阻力，之后再回到大团队。

5. 全体成员讨论一些在小组内无法解决的问题。

6. 组长分享这次聚会心得并告知成员于下次聚会时，带来自己目前最感困扰的问题。

停、看、听

我向往的工作	吸引我的原因	助力	阻力

7. 分享：想要达到的愿望与我们可能面临的阻力与助力有哪些？思考并写下来吧，如果愿意，也可以分享给大家。

_____

_____

_____

8. 总结：为实现我们的目标，团队可以提供给我们什么帮助？局限在哪里？我们自己又能带给大家什么？要想争取自己心仪的工作，我们面前势必有阻力，但也有助力。希望你能在团队得到助力，同队友一道克服阻力，也请你一直记得自己的方向。

(四) 秘密大会

1. 请成员将目前最感到困惑的一件事写在纸上，并将纸折叠好置于团队中央。

2. 组长抽出一张纸并读出其内容，请成员共同思考问题的解决方法。

3. 解决问题的方式可以采用讨论、示范、角色扮演、书面资料提供等。

4. 逐个解决成员写在纸上的问题。

5．组长整理团队所得，并引导成员思考如何从他人经验中学习成长。

6．分享：请同学们反馈感知到的新视角、新知识，与大家分享活动过程的感受与所观察到的现象。

_____

_____

_____

7．总结：原来在自己看来是死结的问题、困扰，放到团队中竟有了多种解法。人多智慧多，团队的力量要用好。希望大家自己建立一个概念架构，理解、整合、巩固、记住我们在团队中所学到的内容，持续记录自己遇到的一些问题，继续自我强化，继续发展。如果你愿意或认为有必要寻找专业帮助，记得心理健康服务中心欢迎你。也请大家记得成员在团队活动结束之后要保守团队秘密。愿我们拥有愉快的生活！

(五) 今宵多珍重

1．化装舞会。

(1) 事先通知成员将举行化装舞会，请成员打扮成未来自己最想从事职业的从业人员并准备所需用品及先思考未来可能有的生活方式。

(2) 活动开始，播放音乐。

(3) 每个人皆互相握手、打招呼及自由交换所扮演工作者可能有的心得及生活方式，并解释打扮的意义。

(4) 成员轮流站在中央，听取其他成员对自己的装扮及所选取工作的感想。

(5) 站在中央的成员分享自己打扮的过程并接受别人回馈的心得和感受。

2．送礼物游戏。

(1) 请成员假想自己有很多礼物，要送给每位团队成员一份礼物。礼物的内容是对方需要的东西、欠缺的人格特质或一些祝福的话语等。将想送的礼物事先写或画在纸上。

(2) 分送礼物。

(3) 分享收到礼物的感受。

3．组长请成员送给这个团队一些礼物，要求成员说出参加团队的感受与收获。

4．组长总结并结束团队活动。

5．分享：扮演感受怎样？收到了哪些意想不到的礼物，你有多喜欢它，为什么呢？如果你愿意同大家分享活动感受吧。

6．总结：我们的团队活动即将结束，把你的不舍、期盼、祝福都讲出来吧。听到队友对自己的祝福开心吧！虽然团队活动结束了，但是我们在团队中学到的新认知、新态度将留给自己，我们自己的成长也留给了自己。愿大家带着新的生活态度、新的认知寻找能自我强化的方法以便继续发展。

二、个人训练任务周进程监控表

任务要求	周一	周二	周三	周四	周五	周六	周日	任务状态
与团队共同完成成果展示								
对照阶段任务,正确自我评价并公正评价他人								
自我发展完善计划的实施及成果								
明确自己的职业偏好,职业发展方向								
对自己与理想职业之间距离的缩短作出计划并切实行动								
对融入生活、工作中的新团队充满希望与信心								
团队项目	分配的个人任务、要求完成时间、完成情况:				贡献与反思:			
本周其他情况说明								

附录　高校心理健康教育教学相关文件

附录一　全面加强和改进新时代学生心理健康工作专项行动计划(2023—2025 年)

促进学生身心健康、全面发展,是党中央关心、人民群众关切、社会关注的重大课题。随着经济社会快速发展,学生成长环境不断变化,叠加新冠疫情影响,学生心理健康问题更加凸显。为认真贯彻党的二十大精神,贯彻落实《中国教育现代化 2035》《国务院关于实施健康中国行动的意见》,全面加强和改进新时代学生心理健康工作,提升学生心理健康素养,制定本行动计划。

一、总体要求

(一) 指导思想

以习近平新时代中国特色社会主义思想为指导,全面贯彻党的教育方针,坚持为党育人、为国育才,落实立德树人根本任务,坚持健康第一的教育理念,切实把心理健康工作摆在更加突出位置,统筹政策与制度、学科与人才、技术与环境,贯通大中小学各学段,贯穿学校、家庭、社会各方面,培育学生热爱生活、珍视生命、自尊自信、理性平和、乐观向上的心理品质和不懈奋斗、荣辱不惊、百折不挠的意志品质,促进学生思想道德素质、科学文化素质和身心健康素质协调发展,培养担当民族复兴大任的时代新人。

(二) 基本原则

1. 坚持全面发展。完善全面培养的教育体系,推进教育评价改革,坚持学习知识与提高全面素质相统一,培养德智体美劳全面发展的社会主义建设者和接班人。

2. 坚持健康第一。把健康作为学生全面发展的前提和基础,遵循学生成长成才规律,把解决学生心理问题与解决学生成才发展的实际问题相结合,把心理健康工作质量作为衡量教育发展水平、办学治校能力和人才培养质量的重要指标,促进学生身心健康。

3. 坚持提升能力。统筹教师、教材、课程、学科、专业等建设,加强学生心理健康工作体系建设,全方位强化学生心理健康教育,健全心理问题预防和监测机制,主动干预,增强学生心理健康工作科学性、针对性和有效性。

4. 坚持系统治理。健全多部门联动和学校、家庭、社会协同育人机制,聚焦影响学生心理健康的核心要素、关键领域和重点环节,补短板、强弱项,系统强化学生心理健康工作。

(三) 工作目标

健康教育、监测预警、咨询服务、干预处置"四位一体"的学生心理健康工作体系更加健全，学校、家庭、社会和相关部门协同联动的学生心理健康工作格局更加完善。2025年，配备专(兼)职心理健康教育教师的学校比例达到 95%，开展心理健康教育的家庭教育指导服务站点比例达到 60%。

二、主要任务

(一) 五育并举促进心理健康

1. 以德育心。将学生心理健康教育贯穿德育思政工作全过程，融入教育教学、管理服务和学生成长各环节，纳入"三全育人"大格局，坚定理想信念，厚植爱国情怀，引导学生扣好人生第一粒扣子，树立正确的世界观、人生观、价值观。

2. 以智慧心。优化教育教学内容和方式，有效减轻义务教育阶段学生作业负担和校外培训负担。教师要注重学习掌握心理学知识，在学科教学中注重维护学生心理健康，既教书，又育人。

3. 以体强心。发挥体育调节情绪、疏解压力作用，实施学校体育固本行动，开齐开足上好体育与健康课，支持学校全覆盖、高质量开展体育课后服务，着力保障学生每天校内、校外各 1 个小时体育活动时间，熟练掌握 1~2 项运动技能，在体育锻炼中享受乐趣、增强体质、健全人格、锤炼意志。

4. 以美润心。发挥美育丰富精神、温润心灵作用，实施学校美育浸润行动，广泛开展普及性强、形式多样、内容丰富、积极向上的美育实践活动，教会学生认识美、欣赏美、创造美。

5. 以劳健心。丰富、拓展劳动教育实施途径，让学生动手实践、出力流汗，磨炼意志品质，养成劳动习惯，珍惜劳动成果和幸福生活。

(二) 加强心理健康教育

1. 开设心理健康相关课程。中小学校要结合相关课程开展心理健康教育。中等职业学校按规定开足思想政治课"心理健康与职业生涯"模块学时。高等职业学校按规定将心理健康教育等课程列为公共基础必修或限定选修课。普通高校要开设心理健康必修课，原则上应设置 2 个学分(32~36 学时)，有条件的高校可开设更多样、更有针对性的心理健康选修课。举办高等学历继续教育的高校要按规定开设适合成人特点的心理健康课程。托幼机构应遵循儿童生理、心理特点，创设活动场景，培养积极心理品质。

2. 发挥课堂教学作用。结合大中小学生发展需要，分层分类开展心理健康教学，关注学生个体差异，帮助学生掌握心理健康知识和技能，树立自助、求助意识，学会理性面对困难和挫折，增强心理健康素质。

3. 全方位开展心理健康教育。组织编写大中小学生心理健康读本，扎实推进心理健康教育普及。向家长、校长、班主任和辅导员等群体提供学生常见心理问题操作指南等心理健康"服务包"。依托"师生健康 中国健康"主题教育、"全国大中学生心理健康日"、职业院校"文明风采"活动、中考和高考等重要活动和时间节点，多渠道、多形式开展心理健康教育。发挥共青团、少先队、学生会(研究生会)、学生社团、学校聘请的社会工作者等的作用，增强同伴支持，融洽师生同学关系。

(三) 规范心理健康监测

1. 加强心理健康监测。组织研制符合中国儿童青少年特点的心理健康测评工具，规范量表选用、监测实施和结果运用。依托有关单位组建面向大中小学的国家级学生心理健康教育研究与监测专业机构，构建完整的学生心理健康状况监测体系，加强数据分析、案例研究，强化风险预判和条件保障。国家义务教育质量监测每年监测学生心理健康状况。地方教育部门和学校要积极开展学生心理健康监测工作。

2. 开展心理健康测评。坚持预防为主、关口前移，定期开展学生心理健康测评。县级教育部门要组织区域内中小学开展心理健康测评，用好开学重要时段，每学年面向小学高年级、初中、高中、中等职业学校等学生至少开展一次心理健康测评，指导学校科学规范运用测评结果，建立"一生一策"心理健康档案。高校每年应在新生入校后适时开展心理健康测评，鼓励有条件的高校合理增加测评频次和范围，科学分析、合理应用测评结果，分类制订心理健康教育方案。建立健全测评数据安全保护机制，防止信息泄露。

(四) 完善心理预警干预

1. 健全预警体系。县级教育部门要依托有关单位建设区域性中小学生心理辅导中心，规范心理咨询辅导服务，定期面向区域内中小学提供业务指导、技能培训。中小学校要加强心理辅导室建设，开展预警和干预工作。鼓励高中、高校班级探索设置心理委员。高校要强化心理咨询服务平台建设，完善"学校—院系—班级—宿舍/个人"四级预警网络，辅导员、班主任定期走访学生宿舍，院系定期研判学生心理状况。重点关注面临学业就业压力、经济困难、情感危机、家庭变故、校园欺凌等风险因素以及校外实习、社会实践等学习生活环境变化的学生。发挥心理援助热线作用，面向因自然灾害、事故灾难、公共卫生事件、社会安全事件等重大突发事件受影响学生人群，强化应急心理援助，有效安抚、疏导和干预。

2. 优化协作机制。教育、卫生健康、网信、公安等部门指导学校与家庭、精神卫生医疗机构、妇幼保健机构等建立健全协同机制，共同开展学生心理健康宣传教育，加强物防、技防建设，及早发现学生严重心理健康问题，网上网下监测预警学生自伤或伤人等危险行为，畅通预防转介干预就医通道，及时转介、诊断、治疗。教育部门会同卫生健康等部门健全精神或心理健康问题学生复学机制。

(五) 建强心理人才队伍

1. 提升人才培养质量。完善《心理学类教学质量国家标准》。加强心理学、应用心理学、社会工作等相关学科专业和心理学类拔尖学生培养基地建设。支持高校辅导员攻读心理学、社会工作等相关学科专业硕士学位，适当增加高校思想政治工作骨干在职攻读博士学位专项计划心理学相关专业名额。

2. 配齐心理健康教师。高校按师生比例不低于1∶4000配备专职心理健康教育教师，且每校至少配备 2 名。中小学每校至少配备 1 名专(兼)职心理健康教育教师，鼓励配备具有心理学专业背景的专职心理健康教育教师。建立心理健康教育教师教研制度，县级教研机构配备心理教研员。

3. 畅通教师发展渠道。组织研制心理健康教育教师专业标准，形成与心理健康教育教师资格制度、教师职称制度相互衔接的教师专业发展制度体系。心理健康教育教师职称评审可纳入思政、德育教师系列或单独评审。面向中小学校班主任和少先队辅导员、高校辅导员、研究生导师等开展个体心理发展、健康教育基本知识和技能全覆盖培训，定期对心理健康教育教师开展职业技能培训。多措并举加强教师心理健康工作，支持社会力量、专业医疗机构参与教师心理健康教育能力提升行动，用好家校社协同心理关爱平台，推进教师心理健康教育学习资源开发和培训，提升教师发现并有效处置心理健康问题的能力。

（六）支持心理健康科研

1. 开展科学研究。针对学生常见的心理问题和心理障碍，汇聚心理科学、脑科学、人工智能等学科资源，支持全国和地方相关重点实验室开展学生心理健康基础性、前沿性和国际性研究。鼓励有条件的高校、科研院所等设置学生心理健康实验室，开展学生心理健康研究。

2. 推动成果应用。鼓励支持将心理健康科研成果应用到学生心理健康教育、监测预警、咨询服务、干预处置等领域，提升学生心理健康工作水平。

（七）优化社会心理服务

1. 提升社会心理服务能力。卫生健康部门加强儿童医院、精神专科医院和妇幼保健机构儿童心理咨询及专科门诊建设，完善医疗卫生机构儿童青少年心理健康服务标准规范，加强综合监管。民政、卫生健康、共青团和少先队、妇联等部门协同搭建社区心理服务平台，支持专业社工、志愿者等开展儿童青少年心理健康服务。对已建有热线的精神卫生医疗机构及 12345 政务服务便民热线(含 12320 公共卫生热线)、共青团 12355 青少年服务热线等工作人员开展儿童青少年心理健康知识培训，提供专业化服务，向儿童青少年广泛宣传热线电话，鼓励有需要时拨打求助。

2. 加强家庭教育指导服务。妇联、教育、关工委等部门组织办好家长学校或网上家庭教育指导平台，推动社区家庭教育指导服务站点建设，引导家长关注孩子心理健康，树立科学养育观念，尊重孩子心理发展规律，理性确定孩子成长预期，积极开展亲子活动，保障孩子充足睡眠，防止孩子沉迷网络或游戏。家长学校或家庭教育指导服务站点每年面向家长至少开展一次心理健康教育。

3. 加强未成年人保护。文明办指导推动地方加强未成年人心理健康成长辅导中心建设，拓展服务内容，增强服务能力。检察机关推动建立集取证、心理疏导、身体检查等功能于一体的未成年被害人"一站式"办案区，在涉未成年人案件办理中全面推行"督促监护令"，会同有关部门全面开展家庭教育指导工作。关工委组织发挥广大"五老"优势作用，推动"五老"工作室建设，关注未成年人心理健康教育。

（八）营造健康成长环境

1. 规范开展科普宣传。科协、教育、卫生健康等部门充分利用广播、电视、网络等媒体平台和渠道，广泛开展学生心理健康知识和预防心理问题科普。教育、卫生健康、宣传部门推广学生心理健康工作经验做法，稳妥把握心理健康和精神卫生信息发布、新闻报道和舆情处置。

2. 加强日常监督管理。网信、广播电视、公安等部门加大监管力度，及时发现、清理、查处与学生有关的非法有害信息及出版物，重点清查问题较多的网络游戏、直播、短视频等，广泛汇聚向真、向善、向美、向上的力量，以时代新风塑造和净化网络空间，共建网上美好精神家园。全面治理校园及周边、网络平台等面向未成年人无底线营销危害身心健康的食品、玩具等。

三、保障措施

1. 加强组织领导。将学生心理健康工作纳入对省级人民政府履行教育职责的评价，纳入学校改革发展整体规划，纳入人才培养体系和督导评估指标体系，作为各级各类学校办学水平评估和领导班子年度考核重要内容。成立全国学生心理健康工作咨询委员会。各地要探索建立省级统筹、市为中心、县为基地、学校布点的学生心理健康分级管理体系，健全部门协作、社会动员、全民参与的学生心理健康工作机制。

2. 落实经费投入。各地要加大统筹力度，优化支出结构，切实加强学生心理健康工作经费保障。学校应将所需经费纳入预算，满足学生心理健康工作需要。要健全多渠道投入机制，鼓励社会力量支持开展学生心理健康服务。

3. 培育推广经验。建设学生心理健康教育名师、名校长工作室，开展学生心理健康教育交流，遴选优秀案例。支持有条件的地区和学校创新学生心理健康工作模式，探索积累经验，发挥引领和带动作用。

附录二 ××学院关于建立心理危机预防与干预体系的通知

各二级学院、各处室:

为贯彻落实教育部办公厅等十七部门印发的《全面加强和改进新时代学生心理健康工作专项行动计划(2023—2025 年)》、教育部办公厅《关于加强学生心理健康管理工作的通知》(教思政厅函〔2021〕10 号)、学校《××心理健康教育工作实施方案》等文件精神,进一步提高学生的心理素质,有效预防、及时控制学生的严重心理问题以及控制和消除由此可能引发的自伤或伤害他人等严重事件,保障学生的心理健康与生命安全,维护正常的校园生活秩序,保持学校的安全稳定,经研究,决定建立学校学生心理危机预防与干预工作体系,相关工作通知如下。

一、心理危机预防与干预的对象

心理危机预防与干预是指对处在心理危机下的个人及与其有密切关系的人,采取有效的措施,使之能安全度过危机,尽快恢复社会功能。

(一) 对存在下列特征的学生,应作为心理危机干预的高危个体予以特别关注:

1. 正在服用精神类药物控制病情,但仍在校坚持学习的学生。

2. 曾患心理疾病休学、病情好转又复学的学生。

3. 患严重身体疾病,治疗周期长,感觉痛苦的学生。

4. 既往有伤人、自伤、轻生未遂史或家族中有轻生者的学生。

5. 因学习、就业困难或考试失败而出现心理、行为异常的学生。

6. 大一年级首次考试不及格的学生、毕业班中预计不能按期毕业的学生。

7. 因各种原因受处分、留级、休学后复学、经常旷课或联系不上的学生。

8. 性格过于内向、孤僻或思想偏激,社会交往很少,缺乏社会支持的学生。

9. 严重环境适应不良导致心理或行为异常的学生。

10. 家境贫困、经济负担重、自卑感强烈、自我价值感低的学生。

11. 人际关系失调或恋爱情感受挫后出现心理、行为异常的学生。

12. 家庭发生重大变故、个人或家人遭遇不幸、身边同学或亲友遭遇突发事件的学生。

13. 因生活适应、自我适应等问题产生的适应不良,导致心理、行为异常的学生。

14. 家庭功能不良的学生,如单亲家庭(包括离异家庭、丧亲家庭、非婚生子女家庭等)、重组家庭、无双亲家庭(包括领养、长期寄养、孤儿等)。

15. 迷恋上网或形成其他不良习惯的学生。

16. 经历电信网络诈骗或非法校园贷的学生。

17. 因其他问题(如家庭不和睦、童年有较大创伤事件或经历、价值观冲突、性困扰、对社会不良现象存在困惑等)出现心理、行为异常的学生。

(二) 对发出下列警示信号的学生，应作为心理危机的重点干预对象及时进行危机评估与干预：

1. 谈论过自杀并考虑过自杀方法，包括在信件、图画或乱涂乱画中流露死亡的念头者。

2. 不明原因突然给同学、朋友或家人送礼物、请客、赔礼道歉、述说告别的话等，其行为明显改变者。

3. 情绪突然明显异常者，如特别烦躁，高度焦虑、恐惧，易感情冲动，或情绪异常低落，或情绪突然从低落变为平静，或饮食睡眠受到严重影响等。

二、心理危机干预的原则

1. 生命第一的原则。发现危急情况，立即采取保护措施，最大限度地保护学生的人身安全。

2. 亲属参与的原则。实施心理危机干预时，以最快的速度通知学生家长或监护人。

3. 全程监护的原则。实施心理危机干预过程中，安排专人对干预对象全程监护。

4. 分工协作的原则。实施心理危机干预过程中，相关师生要协调配合，履行职责，积极主动地开展工作。

三、组织机构及工作职责

(一) 组织机构

心理危机预防与干预体系分为四级结构：

第一级为由学院领导成立的心理危机预防与干预工作领导小组，领导小组设在心理健康服务中心，由负责学生工作的分管校领导任组长，心理健康服务中心、学生处、教学处、宣传统战部、安全工作处、后勤管理处(校医务室)及各二级学院主管领导任成员。

第二级为各二级学院成立的心理危机预防与干预工作小组，各二级学院主管领导任组长，专职心理辅导员任副组长，全体辅导员任成员。

第三级为班级心理危机预防与干预工作小组，由辅导员、班级主要团学干部、心理委员组成。

第四级为宿舍心理危机预防与干预工作小组，由宿舍联络员(宿舍长)组成。

(二) 工作职责

1. 心理危机预防与干预工作领导小组

全面规划和领导我校学生心理危机预防与干预工作，督促各级机构认真履行心理危机预防与干预工作，统筹规划整体工作，为重大事件做出决策与指示等。

各部门职责分别为：

(1) 心理健康服务中心：负责建立健全学生心理危机预防与干预机制，组织开展各项心理健康教育与咨询工作。对全体新生进行心理健康普测，将存有自杀危机的学生分等级反馈给各二级学院，并提供专业指导，收集与整理学生心理档案。接到学生心理危机报告后，对危机学生做心理评估，为二、三、四层级提供专业指导。收集心理危机学生资料，整理与保存心理危机学生的心理档案。

(2) 学生处：负责整体跟进、指导危机干预工作，为危机干预学生办理相关病假、休学、退学及复学手续等。

(3) 教务处：负责心理健康教育课程的开设与建设工作。

(4) 宣传统战部：负责应对新闻媒体和网络舆情等宣传工作。

(5) 安全工作处：负责学生安全工作。如发生学生自杀事件，须及时保护、勘察、处理现场，防止事态扩散和对其他学生造成不良刺激，并配合、协调有关部门对事件调查取证；如有学生存在伤害他人的意念或行为，安全处应立即采取相应措施，保护双方当事人安全。

(6) 后勤管理处(校医务室)：学生产生自杀行为后须及时处理伤情，立即就近将其送至医疗机构实施紧急救治，并第一时间通知相关领导及学生辅导员。

(7) 二级学院：做好统筹协调，部署学生危机预防与干预工作等。

2. 二级学院心理危机预防与干预工作小组

发挥承上启下的"纽带"作用，第一时间处理三、四层级发现的心理危机问题，并及时报送心理危机预防与干预工作领导小组。做好报送、传达与处置的统筹工作，积极协助学校做好学生心理危机预防与干预工作。

(1) 二级学院心理危机预防与干预工作组组长工作职责：

做好与学校心理危机预防与干预领导小组的联结工作。统筹安排专职心理辅导员和辅导员工作，全面负责二级学院心理危机工作。

(2) 二级学院专职心理辅导员工作职责：

① 配合二级学院领导的心理危机工作，做好与辅导员的沟通工作。

② 根据学生情况，负责心理危机学生的联席工作，联系各方相关人员(包括二级学院领导、心理健康服务中心、辅导员及相关三、四层级非心理危机干预学生)，必要情况下召开联席工作会议，从各方面了解学生当下心理状况，初步判断问题性质和严重程度，确定应对方案(包括下一步工作方案，通知学生家长的人员，建议家长送学生就医的方式，将学生送至专业医院的方式等)，并及时关注该生情况，做好工作记录。

③ 指导辅导员进行学生心理危机预防与干预工作，收集心理危机学生资料，并整理与保存心理危机学生的心理档案。

(3) 辅导员工作职责与流程：

① 接到心理普测与三、四层级报送的心理危机学生名单后，及时报送二级学院领导、学院专职心理辅导员与学校心理危机预防与干预工作领导小组。全程跟踪并持续关注学生心理健康状况。

② 第一时间对心理危机学生进行干预，学生家长到校前对心理危机学生进行安全监护，安排 24 小时陪护等。

③ 与心理危机学生谈心谈话，并做好谈话记录，必要时进行录音、保留聊天记录等。

④ 参加心理危机学生联席工作会，详细汇报学生各方面情况，配合联席工作会确定工作方案。

⑤ 通常情况下，负责通知学生家长。向家长陈述实际情况，告知家长到校，并保留通话录音与聊天记录等。做好家长到校后的双方交流工作，告知家长学生目前心理状态和风险、院班所做的工作以及院班提出的建议。

⑥ 做好家长沟通与转介工作，劝告家长将学生送往专业医院就诊。家长需签署"家长

知情同意书"(见附件 1)。必要情况下，陪同家长或在家长不能及时到达时经过家长授权送学生就诊。

⑦ 明确医生诊断。学生应提交医生诊断结果和建议，收集心理危机学生资料，并整理与保存心理危机学生的心理档案。

⑧ 配合各方力量，根据医生诊断结果，为学生办理病假、休学、退学和复学手续。复学学生需根据学校审批复学流程进行，提供学生康复证明、复学申请等。

3. 班级心理危机预防与干预工作小组

学校积极组建、大力扶持班级对学生心理健康的教育，充分发挥团学干部、心理委员在学生心理危机预防与干预中朋辈辅导的作用。班级心理危机预防及干预小组成员发现学生有自杀危机后，应立即报送辅导员，配合辅导员及各方领导做好该生的陪护工作，并密切关注该生动向。做到如有异动及时报送，并对危机学生信息做好保密工作。

4. 宿舍心理危机预防与干预工作小组

宿舍联络员(宿舍长)能够在自然环境里及时观察发现身边同学的变化，如发现存在心理危机学生应及时报送辅导员或班级心理危机预防与干预工作小组，并配合辅导员或班级心理危机预防与干预工作小组为心理危机学生提供必要的心理支持，帮助其走出心理困境。

以上各层级工作中须对心理危机学生信息进行保密，遵守"学生信息最少披露"原则，非必要不得向他人透露心理危机学生信息，并做好各方工作记录，无记录等同于未发生。

四、心理危机分类干预措施

(一) 对有严重心理障碍或心理疾病学生的干预措施

1. 对于有严重心理障碍或心理疾病的学生，心理健康服务中心应建议学生家长到专业精神卫生机构对学生心理健康状况进行评估或会诊，并提供书面意见。

2. 经评估可以在学校边学习边治疗的，心理健康服务中心、相关学院、班级辅导员应密切注意该生情况，开展跟踪咨询，及时提供心理辅导，必要时进行专家会诊。

3. 对于有心理障碍且出现突发症状的学生，应立即将该生转移至安全环境，并成立监护小组对该生实施 24 小时全程监护，确保该生人身安全，同时通知家长到校，并建议家长将其送往专业精神卫生机构进行诊断、治疗。

(二) 对有自杀意念、自伤行为的学生的干预措施

一旦发现或知晓学生有自杀、自伤意念，即该生近期有实施自杀想法或念头或自伤行为，学校、二级学院应立即采取以下措施：

1. 经了解、评估，立即将该生转移至安全环境，并成立监护小组对该生实施 24 小时全程监护，确保该生人身安全，同时通知家长到校。由家长带学生到专业精神卫生机构对该生心理状况进行评估或会诊，并提供书面意见。

2. 经评估需住院治疗的，应建议家长立即将该生送往专业精神卫生机构治疗。

3. 经评估需回家休养治疗的，应及时办理休学或请假，由家长将该生带回家进行休养治疗。

(三) 对实施自杀行为学生的干预措施

1. 对刚实施自杀行为的学生，须立即就近将其送往医疗机构进行紧急救治，并及时通知相关领导及家长。

2. 及时保护、勘察、处理现场，防止事态扩散和对其他学生产生不良刺激，并配合、协调有关部门进行调查取证。

3. 对于自杀未遂的学生，经心理健康服务中心评估，若需住院治疗有利于心理康复，则通知家长将该生送往专业精神卫生机构进行治疗；若需回家休养有利于心理康复，则由家长将其带回家进行休养治疗。

4. 现场目击危机发生者及参与抢救的同学往往心理会受到强烈冲击，同宿舍同学、好朋友、恋爱对象等也会因为学生死亡事件受到很大冲击，要主动了解学生的心理状况和需求，视情况向心理健康服务中心寻求帮助。

5. 正确应对新闻媒体，防止不恰当报道引发负面影响。

(四) 对有伤害其他人意念或行为学生的干预措施

1. 对有伤害他人意念或行为的学生，由学校安全工作处负责、学生处配合，立即采取相应措施，保护双方当事人安全。

2. 由二级学院通知家长带该生到专业精神卫生机构进行心理评估或会诊，并提供书面意见，学院根据评估意见进行后续处理。

五、建立愈后访谈及跟踪干预制度

1. 学生因心理问题休学后又复学后三天内，应提供相关治疗的病历证明、康复证明，由心理健康服务中心进行备案。

2. 学生因心理问题休学后复学后，心理健康服务中心指派专人定期对其进行心理访谈，了解其思想、学习、生活等方面情况。

3. 对于有自杀未遂史的复学学生(有自杀未遂史的人属于自杀高危人群)，心理健康服务中心应组织专业人员定期进行心理访谈及风险评估，密切关注，及时了解其学习、生活和思想状况，确保该生人身安全。

六、危机干预及自杀预防注意事项

1. 开展心理危机干预及自杀预防工作时，应坚持保密原则，维护学生权益，不得随意透露学生相关信息，并尽可能在自然环境中实施干预，避免人为制造特殊环境给被干预学生造成过重心理负担，激发或加重其心理问题。

2. 对心理问题严重或自制力不完全的学生，不得在学生宿舍实行监护，避免监护不当造成危害。

3. 相关学院与家长联系过程中，应注意方式方法，做好记录，妥善保存。

4. 干预措施中涉及学生需休学接受治疗的，应按照学校学生管理相关规定进行办理。

2023 年 8 月 30 日

附件：

家长知情同意书

同学的家长：

　　　　年　月　日＿＿＿＿同学(学号)＿＿＿所属班级＿＿＿辅导员＿＿＿和学院领导＿＿＿已将＿＿＿同学最近在学校身体和心理失常情况＿＿＿＿＿＿＿＿＿向您做了详细汇报，并对其心理问题的性质和严重程度，以及可能存在的各种风险进行了分析，解释了家长需立即带子女去专业精神卫生机构接受专业评估与治疗的必要性和重要性，现将有关要求进一步书面知照您：

1. 请您立即带其子女到我省市级以上专业精神卫生机构就诊，接受精神科医生的专业评估和专业治疗，并要求将各类医学检查、诊断和治疗方案正式记录于病历中，病历需进行复印和妥善保管。

2. 如果因您未带子女到符合上述要求的精神卫生机构接受正式心理评估、诊断和规范治疗，则学生人身安全问题和其他不良后果一律由学生本人和家长承担。

3. 若已经处于病休状况或已康复的学生需要复学，您须出示公立精神卫生机构出具的该学生已经康复且可以复学的证明书，并办理正式复学手续，之后方可复学。未经学校有关部门批准同意，学生擅自返校复学的，出现任何不良后果一律由学生及家长承担。

4. 对于病情较轻，不存在自杀等人身危险，可坚持边学习边治疗的康复期学生，可由您或其他具有法定监护权的亲属采取陪读方式帮助学生在校继续完成学业。陪读期间，由家长督促子女自觉遵从医嘱，按时足量服药，并随时与其辅导员老师保持联系，及时沟通学生心理健康情况，确保子女安全。陪读期间，该学生的人身安全或由该生引致的他人安全问题，由家长负责。

5. 如您不遵循双方知照约定的要求，学校有权按照学校学籍的有关规定对学生进行处理。

以上事项，校方已正式通知您，您表示知情并同意。

家长签名(盖手印)：　　　　　　　　家长身份证号：

家庭住址：　　　　　　　　　　　　家长电话：

家长工作单位：

辅导员签名：

　　　　　　　　　　　　　　　　　　　　　　　　×××学院
　　　　　　　　　　　　　　　　　　　　　　　　年　月　日

参 考 文 献

[1]　刘勇. 团体心理辅导与训练. 广州：中山大学出版社，2007.

[2]　樊富珉. 团体咨询的理论与实践. 北京：清华大学出版社，1996.

[3]　刘华山. 学校心理辅导. 合肥：安徽人民出版社，1998.

[4]　SEAWARD B L. 压力管理策略：健康和幸福之道. 北京：中国轻工业出版社，2008.

[5]　庞维国，韩贵宁. 我国大学生学习拖延的现状与成因研究. 清华大学教育研究，2009，30(6)：59-65.

[6]　柯维. 高效能人士的七个习惯. 北京：中国青年出版社，2010.

[7]　李笑来. 把时间当作朋友. 3 版. 北京：电子工业出版社，2013.

[8]　简·博克，莱诺拉·袁. 拖延心理学：向与生俱来的行为顽症宣战. 蒋永强，陆正芳，译. 北京：中国人民大学出版社，2009.

[9]　牧迪. 用微笑面对逆境. 北京：海潮出版社，2006.

[10]　倪海珍. 大学生心理素质训练. 北京：科学出版社，2009.

[11]　罗之勇，刘雪珍. 大学生心理素质训练. 北京：教育科学出版社，2011.

[12]　丁茂芬. 职业心理素质训练. 北京：清华大学出版社，2010.

[13]　郭霖. 大学生心理素质拓展. 武汉：湖北科学技术出版社，2006.

[14]　郑日昌. 大学生心理健康：自主与自助手册. 北京：高等教育出版社，2013.

[15]　冉超凤，黄天贵. 高职大学生心理健康与成长. 北京：科学出版社，2009.

[16]　哈多克. 意志力训练手册. 北京：中国发展出版社，2005.

[17]　菲尔图. 意志力是训练出来的. 长沙：湖南文艺出版社，2013.

[18]　陈照明. 实用管理心理学. 厦门：厦门大学出版社，2002.

[19]　赵慧军. 现代管理心理学. 北京：首都经济贸易大学出版社，2002.

[20]　孙时进，颜世富. 管理心理学. 上海：立信会计出版社，2002.

[21]　景怀斌. 组织管理的心理基础. 北京：北京大学出版社，2015.

[22]　殷智红，叶敏. 管理心理学. 北京：北京邮电大学出版社，2005.

[23]　周菲，张广宁，孙莹. 管理心理学. 北京：清华大学出版社，2013.

[24]　戴健林. 管理心理学简编. 北京：清华大学出版社，2014.

[25]　王琪. 有效沟通实务. 北京：中国人民大学出版社，2018.

[26]　吴婕. 有效沟通与实用写作教程. 北京：中国人民大学出版社，2017.

[27]　黄甜，韩庆艳，臧伟. 沟通技巧与团队建设. 北京：人民邮电出版社，2013.

[28]　王慧敏. 商务沟通教程. 北京：中国发展出版社，2017.

[29]　麻友平. 人际沟通艺术. 北京：中国人民大学出版社，2017.

[30]　王建华，徐飚，陆小琼. 沟通技巧. 北京：电子工业出版社，2017.

[31]　李映霞. 管理沟通理论、案例与实训. 北京：人民邮电出版社，2017.

[32]　余世维. 有效沟通. 北京：北京联合出版公司，2012.

[33] 郭津宏. 高品质沟通 有效说服他人的实用技巧. 沈阳：沈阳出版社，2017.

[34] 众行管理咨询研发中心. 冲突管理. 广州：广东经济出版社，2004.

[35] 广小利. 高职学生时间管理现状与能力培养研究. 北京：北京理工大学出版社，2018.

[36] 曾昭政，戴变，戴媛. 中职生学业拖延与心理健康的关系研究. 世纪之星(交流版)，2022(3)：31-33.

[37] 左艳梅. 中学生学业拖延的问卷编制及其与父母教养方式的关系研究. 重庆：西南大学，2010.

[38] 尼尔斯. 哈佛思维课：应变力自测. 南京：江苏凤凰文艺出版社，2014.